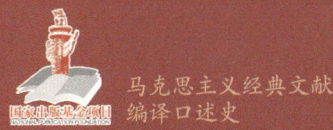

马克思主义经典文献
编译口述史

为了共同的事业

本卷主编：刘 强 柳 宁

中央编译出版社

《共产党宣言》（德文）宣传画

全书顾问：韦建桦　顾锦屏

总　　编：魏海生

副 总 编：徐　洋　刘　强　路　军

编　　委：（按姓名拼音排序）

方闻昊　冯　雷　龚格格　李春阳　李　平

李媛媛　刘中文　柳　宁　平建东　寿自强

郗卫东　杨大群　苑　洁　曾银慧　詹　珩

张甲秀　张文成　张远航　张忠耀

本卷主编：刘　强　柳　宁

总序
向"播火者"致敬

魏海生

在人类发展的历史长河中,有一种理论犹如壮丽的日出,照亮了人类探索历史规律和寻求自身解放的道路,为人们认识世界、改造世界提供了强大思想武器和精神力量,对世界产生了广泛而深刻的影响。它就是以全世界无产阶级和劳动人民的革命导师、近代以来最伟大的思想家马克思的名字命名的科学理论——马克思主义。

马克思主义自创立以来,跨越国度、跨越时代,在世界范围内得到广泛传播,以其强大的实践指导力、深邃的理论穿透力、巨大的精神感召力,不仅深刻改变了世界,也深刻改变了中国。中华民族有着5000多年源远流长的文明历史,为人类文明进步作出了不可磨灭的贡献。然而进入近代以后,西方列强入侵,封建统治腐败,中国逐渐成为半殖民地半封建社会,中国人民饱受战乱,生灵涂炭,中华民族遭受前所未有的劫难。为了改变这种内忧外患的悲惨境遇和命运,许许多多爱国先驱前赴后继,不懈探索。

魏海生为第十三、十四届全国政协委员,中央编译局原副局长,中央党史和文献研究院原副院长。

太平天国运动、戊戌变法、义和团运动、辛亥革命……一场场气壮山河的抗争接连而起；资本主义、改良主义、自由主义、社会达尔文主义、无政府主义、实用主义、民粹主义、工团主义……各种主义和思潮"你方唱罢我登场"。但最后都以失败而告终，没能解决中国的道路和命运问题。中国依然山河破碎、积贫积弱，中华民族依然被压迫、被奴役，中国人民依然生活在苦难和屈辱之中。中国迫切需要新的思想引领救亡运动，迫切需要新的组织凝聚革命力量。

"十月革命一声炮响，给中国送来了马克思列宁主义"，引导苦苦探索救亡图存之路的中国人民实现了伟大觉醒，走出了漫漫长夜，找到了前进方向。李大钊、陈独秀、毛泽东、邓中夏、蔡和森、李达、李汉俊等一批先进知识分子纷纷高擎马克思主义真理的火种，点亮神州大地。正是在马克思主义传播的历史大潮中，一个宣示以马克思主义为指导思想的政党——中国共产党应运而生。从此以后，马克思主义的命运同中国共产党的命运、中国人民的命运、中华民族的命运紧紧连在了一起，中国共产党人成为了马克思主义的忠诚信奉者、积极传播者、坚定实践者。

今天，中国共产党已走过了100多年的光辉历程。一部中国共产党的历史，就是一部不断推进马克思主义中国化的历史。马克思主义的中国化，首先是马克思主义文本的中国化，即将马克思主义的载体——马克思主义经典著作在中国编译、出版和传播。无论在战争年代还是在和平环境，无论在革命时期还是在建设、改革时期和新时代，我们党都始终高度重视马克思主义经典著作的编译、出版和传播工作。1921年9月，中国共产党成立仅仅两个月后，党中央就在上海成立了我党第一个出版机构——人民出版社，负责人是党的一大代表李达。李达拟订了丰富的出版计划，包括"马克思全书"15种，"列宁全书"14种，等等；1923年11月，党中央组建了上海书店，毛泽民担任经理，组织翻译出版了一批重要的马克思主义经典著作，1926年被查封；同年底，党中央在汉口建立了长江书店，在瞿秋白领导下，不到一年的时间就出版马克思主义书籍40多种，1927年遭查封；大革命失败后，白色恐怖笼罩中华大地，中国共产党人冒着被关押、被杀头的危险，秘密创办了华兴书局、上海神州国光社、北方人民出版社等，翻译出版了大量马克思主义经典著作；中央红军长征到达陕北后，为提高全党的理论水平，党中央于1938年5月5日，即马克思诞辰120周年纪念日当天成立了马克思列宁主义学院（简称马列学院），马列学院下设干部培训部和编译部，编译部专门负责编译马列主义著作，张闻天担任马列学院院长兼编译部主任，这是中国共产党历史上第一个专门编译马列主义经典著作的机构，也被看作是后来的中共中央马恩列斯著作编译局的前身。编译部汇集了一批精通外语、又有一定理论水平的同志，先后编译出版了《马克思恩格斯丛书》10册、《列宁选集》20卷以及其他马克思主义著作，对提高全党马列主义理论水平起了极其重要的作用。毛泽东同志热情称赞这些从事马列著作翻译工作的同志:"如果没有翻译工作者的努力,中国哪晓得什么是马列主义?","没有你们的工作,我们就是聋子瞎子",他鼓励翻译工作者"学个唐三藏及鲁迅,实是功德无量的";1943年5月,毛泽东同志主持中央书记处会议,作出关于翻译工作的决定,强调马列主义经典著作的翻译工作"是党的重要任务之一",决定由何凯丰、博古(秦邦宪)、洛甫(张闻天)、杨尚昆、师哲等同志组成翻译校阅委员会,并开始重新校阅马恩列斯著作的中译本,以提高译文质量;1948年,中央宣传部在河北平山县设立斯大林全集翻译组(1949年初改设为斯大林全集翻译室);1949年2月,党中央重新编审一套"干部必读"书目,包括《共产党宣言》等12种重要马克思主义著作,由毛泽东亲自审批推荐给党的七届二中全会,成为广大干部学习马列主义理论的必备书,为有效提高全党的理论水平起了十分重要的作用;1949年5月,中共中央作出《关于成立外文翻译机构的决定》,6月,中央俄文编译局正式成立,师哲任局长。新中国成立后,马克思主义经典著作编译工作更加有组织、有计划地大规模展开。1953年1月29日,毛泽东主席亲自批准了关于成立中共中央马恩列斯著作编译局的决定。决定指出:"中央决定将中央俄文编译局与中央宣传部斯大林全集翻译室合并,并以此二单位为基础成立马恩列斯著作编译局,其任务是有系统地有计划地翻译马克思、恩格斯、列宁、斯大林的全部著作。"中央编译局的成立,是马克思主义百年传播史上的大事,标志着马克思主义经典著作编译工作进入了一个崭新的阶段。根据党中央的要求，中央编译局全面实施三大全集编译工程，取得丰硕成果；改革开放以来，马克思主义经典著作编译工作开创了新的局面，特别是党中央组织实施马克思主义理论研究和建设工程，有力推动了马克思主义经典著作的编译、出版和传播；党的十八大以来，以习近平同志为核心的党中央立足强国建设、民族复兴伟业，高度重视理论强党，推动马克思主义经典著作编译事业进入新时代，取得新辉煌。习近平总书记多次围绕马克思主义理论主持中央政治局集体学习，要求"加大经典著作编译力度，坚持既出成果又出人才，培养一支新时代马克思主义经典著作编译骨干队伍。要深化经典著作研究阐释，推进经典著作宣传普及，让理论为亿万人民所了解所接受，画出最大的思想同心圆"。

  在党中央的坚强领导下，经过几代马克思主义经典著作翻译家的不懈努力，我国先后编译出版了《马克思恩格斯全集》中文第一版、第二版（至今已出版36卷），《列宁全集》中文第一版、第二版、第二版增订版，《斯大林全集》，《马克思恩格斯选集》《列宁选集》《斯大林选集》《马克思恩格斯文集》《列宁专题文集》《马列主义经典作家文库》以及大量的马克思主义经典著作单行本和专题汇编，已成为世界上翻译出版马克思主义经典著作最多、最全的国家，逐步形成了种类齐全、形式多样、系统完整、准确可靠的马克思主义经典著作版本体系，建立起全球最大的马克思主义理论宝库，为马克思主义中国化时代化提供了源源不竭的思想理论资源,充分彰显了中国共产党人对马克思主义科学真理的坚定信仰。

回首马克思主义在中国传播的百年历程,从第一本《共产党宣言》中文版的艰难问世到今天马克思主义经典著作的大规模编译出版,我们永远不会忘记那些追求真理、坚守信仰、呕心沥血、无私奉献,用汗水、鲜血乃至生命翻译和传播马克思主义的优秀中华儿女,他们就像希腊神话中的普罗米修斯一样,为盗取天火造福人类而历经磨难、百折不挠,在东方这个古老大地上播撒了马克思主义的火种,照亮了中国人民前行的征程。

在血雨腥风的革命年代,许多马克思主义"播火者",为传播真理而前赴后继、视死如归,有的遭到反动势力的迫害,有的甚至为此献出宝贵的生命,演绎出一曲曲荡气回肠的英雄赞歌。中国共产党的主要创始人、马克思主义在中国传播的伟大先驱李大钊,"铁肩担道义,妙手著文章",面对敌人的绞刑架,他"实践其所信,励行其所知,为功为罪,所不暇计",从容就义。中国共产党早期领导人蔡和森,在法勤工俭学期间不顾严重的哮喘疾病,废寝忘食地"猛看猛译"马克思主义著作,翻译了《共产党宣言》《社会主义从空想到科学的发展》《国家与革命》等著作的重要段落,回国后创作的《社会进化论》一书,是中国人以马克思主义唯物史观写就的第一部社会发展史,后被国民党反动派残酷杀害。与李大钊并称"南杨北李"的另一位传播马克思主义的先驱杨匏安,四次被捕入狱,最后英勇就义。被董必武称为自己的"马克思主义老师"的一大代表李汉俊,是《共产党宣言》陈望道译本的校对者,所翻译的《马格斯资本论入门》成为最早的《资本论》中文解读本,毛泽东等老一辈无产阶级革命家正是通过这本书对《资本论》有了最初的了解。后被反动军阀秘密杀害。马克思主义早期传播者瞿秋白,"在青年期走上了马克思主义的初步,无从改变",立誓"取得火种,把它点燃在中国的黑暗的大地",被俘后唱着自己翻译的《国际歌》走向刑场,慷慨就义。"黑地有灯,热焰不熄"的马克思主义播火者恽代英,曾翻译了考茨基的《阶级争斗》一书,该书被毛泽东称之为特别深地铭刻在自己心中,建立起他对马克思主义信仰的三本书之一。后遭蒋介石下令杀害。将翻译《资本论》作为自己毕生事业的潘冬舟,敌人因其"信仰马克思列宁主义,就非杀不可",后被国民党反动派秘密杀害,为真理献出了年轻的生命。中国共产党的主要创始人陈独秀,也是中国早期传播马克思主义的主要代表人物,为了自己的理想和追求曾经五度入狱,"出了研究室就入监狱,出了监狱就入研究室"就是他为真理而不屈不挠的真实写照。《共产党宣言》第一个中文全译本的翻译者陈望道,呕心沥血,食不知味,用真理的甘甜哺育灾难深重的中国,为中国共产党的诞生作了思想理论上的准备,而自己长期受到反动当局的监视和迫害。著名马克思主义传播者吴亮平,在遭受王明的打击和国民党的白色恐怖下,夜以继日地翻译恩格斯的《反杜林论》,首次把这部马克思主义重要著作介绍给中国人民，后被国民党关进监狱，历经磨难。人们熟知的郭沫若，也是一位马克思主义传播者，早年抱定全文翻译《资本论》的决心，虽因种种原因未能实现自己的抱负，但"为翻译《资本论》而死，那也是死得光荣的"的精神，激励着后来的翻译者。他翻译完成的《政治经济学批判》《德意志意识形态》第一章以及《神圣家族》部分章节，对马克思主义唯物史观和唯物辩证法的传播起了重要的作用。中国《资本论》翻译第一人陈启修，大革命失败后流亡日本，潜心研究和翻译《资本论》，1930年，他翻译的《资本论》第一卷第一分册在上海昆仑书店出版，成为我国最早的中文译本。还有侯外庐、王思华、郭大力、王亚南、吴半农等，他们不畏艰难，不计得失，先后投入《资本论》翻译事业，把马克思的这一宏伟巨著翻译、传播到中国，谱写了一曲曲马克思主义传播史的动人篇章。《共产党宣言》的翻译者华岗、成仿吾、徐冰、博古、乔冠华、谢唯真、陈瘦石等，以及在马克思主义传播史上彪炳史册的李达、邓中夏、邓恩铭、何叔衡、张太雷、何孟雄、施存统、张西曼、邵飘萍、杨明斋、朱镜我、朱泽淮、沈雁冰、沈泽民、张闻天、李立三、冯雪峰、艾思奇、柯柏年、李一氓、许德珩、周建人、何锡麟、王学文、何思敬、沈志远、曾涌泉、曹汀、曹葆华……他们用一部部闪耀着真理光芒的马克思主义文献译本，有力地推动了马克思主义在中国的广泛传播，生动地诠释了"理想之光不灭、信念之光不灭"的深刻意义。

新中国成立后，一代又一代马克思主义经典著作编译工作者赓续先驱者的精神，怀着对马克思主义的坚定信仰，日复一日、年复一年，殚精竭虑、无私奉献，让"代圣人立言"的崇高事业代代相承，让传播真理之火的神圣工作永续下去。师哲、陈昌浩、张仲实、姜椿芳，这一个个闪光的名字，是新中国成立后相当长一段时间马克思主义经典著作编译事业的领导者和翻译大家，为"三大全集"工程，即《马克思恩格斯全集》《列宁全集》《斯大林全集》的编译出版作出了重大贡献，树立了不朽丰碑。林基洲，《列宁全集》中文第二版的设计师和组织者、中央编译局原副局长，被同事们称为"拼命三郎"，为马克思主义经典著作编译和理论研究事业工作到生命的最后一息，生动地诠释了"人是要有一点精神的"这句话的深刻意义。周亮勋，国内权威的马克思恩格斯著作编译大家和带头人、全国"五一"劳动奖章获得者，年逾七旬仍全力以赴地从事马克思主义经典著作编译工作，最后病倒在工作岗位上，去世前能记得的只有稿件，说得最多的就是"我要工作"。宋书声，曾担任中央编译局局长16年，对马克思主义的坚定信仰和信念，对党对国家对人民的无限忠诚，对所从事的工作的无限热爱和执着，一直是支撑他的精神支柱，50多年如一日，始终坚守马列经典著作编译阵地，"甘为真理付韶光"，忠实地践行了"用我一生，去为党的事业贡献自己的力量"的承诺，如今虽已96岁高龄，仍关心着马克思主义经典著作编译事业的发展。曾长期担任中央编译局局长的韦建桦，自1978年起，已在马克思主义经典著作编译事业中耕耘了46个春秋，从满头青丝到两鬓斑白，清苦寂寞而乐此不疲，因为他在马克思主义经典著作编译中"找到了守志报国的阵地、安身立命的家园"，马克思在17岁时写下的名言"如果我们选择了最能为人类而工作的职业，那么，重担就不能把我们压倒"，一直是他恪守不渝的信念，为此而殚精竭虑、奋斗不息。顾锦屏，一位至今仍坚守在马列著作编译战线上的92岁老人，见证了新中国马列著作编译事业的起步与发展，正如他所说的那样："我把我的一生献给了传播马克思主义科学真理这一崇高事业"，"无怨无悔"。在新中国70多年的马克思主义经典著作编译事业中，这样平凡而又伟大的翻译家还有许许多多，这是一个坚守信仰、默默奉献的群体，是一个薪火相传、接续奋斗的群体，"一群人、一辈子、一件事"就是他们的真实写照。虽然他们的名字在这里无法一一列出，但为历史做出贡献的人们，历史终究不会忘记。在马克思主义中国化的百年史册上将永远镌刻着这些伟大而又平凡的"播火者"的名字！

为生动讲好这些"播火者"的故事，记录马克思主义在中国百年传播的艰辛历程，缅怀一代代编译人为马克思主义中国化作出的不可磨灭的贡献，致敬那些默默无闻播撒真理之光的马克思主义经典著作翻译家群体，激励后来者赓续马克思主义传播先驱的崇高精神，弘扬经典著作编译人的光荣传统，学习经典著作编译人的优良作风，为新时代推动马克思主义中国化时代化凝聚起砥砺前行的磅礴力量，我们编辑出版了这部"马克思主义经典文献编译口述史"丛书。

"马克思主义经典文献编译口述史"项目早在10多年前就启动了。2010年以来,中央编译局曾组织人员采访了几十位老翻译家,积累了一大批口述史料。但由于种种原因,一直未能整理出版。其间有多位接受采访或撰写回忆资料的老翻译家已离开了人世,这使我们感到深深的遗憾和愧疚。得益于国家出版基金的支持和许许多多老领导、老同志的鼓励和帮助,我们克服重重困难,终于可以使这部丛书与读者见面了。

首批推出的口述史丛书共五卷。第一卷《播撒火种的伟大先驱》,收录了53位马克思主义文献编译家、出版家本人或亲属或研究者的口述、回忆资料53篇,生动记述了马克思主义在中国早期翻译、出版、传播的艰辛历程。第二卷《跨世纪的宏伟工程》,收录了27位马克思主义经典文献编译家和年轻编译工作者本人或亲属的口述、回忆资料36篇,其中包括四任中央编译局局长的采访录。从不同侧面讲述了新中国成立以来几代编译人组织领导和参与《马克思恩格斯全集》《列宁全集》《斯大林全集》三大全集编译这项跨世纪工程以及其他经典文本编译的奋斗历程。第三卷《为了共同的事业》,收录了37位从事中央文献对外翻译、马克思主义理论和世界社会主义研究、马克思主义文献资源建设、马克思主义宣传普及以及学术交流活动等方面的专家学者的口述、回忆资料43篇。我们知道,经典著作编译是一项复杂的系统工程,新中国成立以来,中央编译局始终坚持中译外和外译中同行、翻译与研究及宣传普及并重，不同岗位的工作相伴相生、相辅相成，共同构成了经典著作编译事业的完整体系。本卷就是这些工作领域的真实写照。第四卷《人是要有一点精神的》，收录了37位马列经典著作编译者本人或亲属、同事的口述、回忆资料45篇，另附有媒体采访报道8篇。生动记述了新中国成立以来，老一代编译人"严谨治学、无私奉献、追求理想、传播真理"的崇高品格、精神风范、优良传统、工作作风、治学经验以及青春风采，彰显了他们对马克思主义编译事业的敬畏与坚守、热爱与奉献。这是他们用心血和汗水凝结而成的宝贵精神财富，将激励后来者一代接着一代干，一棒接着一棒跑，奏响接续奋斗、无私奉献的时代强音。第五卷《我与〈资本论〉翻译》，是马列经典著作翻译家张钟朴先生的个人口述录。作为一套开放的丛书，今后我们还将陆续推出其他一些马克思主义文献编译者的个人口述资料。

  需要说明的是，在马克思主义文献编译史上还有许许多多著名的翻译家，但由于我们无法查找到他们本人或后人有关这一方面的口述、回忆资料，因此未能在本丛书中得以反映，留下了很多遗憾。同时，由于历史久远，加之口述者个人的记忆有限，同一件事，可能在不同的口述者中有不同的说法，也难免有不准确的地方，但作为口述历史，我们不作考证和修改，原汁原味地呈现当事人及其后人的记述。此外，由于口述者讲述的内容繁杂，而且口语化，整理起来难度很大。本丛书难免有疏漏和不妥之处，谨请读者批评指正。

该丛书在编辑、出版过程中，得到了各方面的大力支持。李大钊的后人李亚中先生、陈望道的后人陈振新先生、李达的后人李典女士、恽代英的后人恽梅女士、秦邦宪的后人秦红女士、郭沫若的后人郭平英女士、郑超麟的后人郑晓方女士、何思敬的后人何理良女士、毛岸青的后人毛新宇将军、张仲实的后人张复先生、姜椿芳的后人谭琦女士、许德珩和齐淑文两代经典著作翻译家的后人许进先生，以及马克思主义军事著作翻译家鲍世修研究员，马克思主义在中国早期传播史专家、湖北大学马克思主义学院田子渝教授等，热情关心和支持本丛书的编辑出版，并欣然接受我们的采访或专门为本书撰写了回忆文章。编译局的老领导宋书声、韦建桦、贾高建、柴方国和顾锦屏、尹承东、张海滨、王学东、杨金海等，一直关注着该丛书的进展情况并给予多方指导，有的老领导还不顾高龄、病痛，手写或者口述了多篇回忆资料。中央编译局及机构改革后的中央党史和文献研究院所属的信息资料、老干部工作等部门的部分同志做了大量联络协调、采访、口述资料整理等工作。国家出版基金将该丛书列入资助项目，给予了鼎力支持。本丛书还转载了部分已出版、发表的口述或回忆资料，弥补了我们在一些编译者口述资料采集方面的缺憾。中央编译出版社的张远航、李媛媛等为本丛书的出版付出了辛勤劳动。在此，谨向所有关心、支持和参与本丛书编辑、出版工作的同志们、朋友们一并致以衷心的感谢！

目　录

文献翻译

中国共产党政治文献翻译史上的丰碑
　　——毛泽东著作翻译工作回忆 / 尹承东　003

新中国成立前后从事俄文翻译的点滴回忆 / 赵仲元　017

从事俄文翻译二三事 / 徐坚　025

毛主席看我们来了
　　——参加党的"八大"翻译工作的回忆 / 于沪生　033

难忘的经历
　　——回忆党的"八大"翻译工作 / 鞠惠芬　041

我从台湾来
　　——从事中央文献翻译事业的回忆 / 陈弘　049

厚积乃薄发　功到秋华实
　　——访中央文献译者卿学民 / 王婷婷　069

中外交流的"使者"
　　——中央文献翻译事业中的外国友人　085

　　日本专家川越敏孝的故事 / 陈弘　087

　　字里行间的中国情缘
　　　　——我印象中的西班牙语专家何力欧先生 / 于琦　093

　　以"翻译中国"为己任
　　　　——记阿文翻译处外籍专家叶海亚先生 / 霍娜　103

　　我愿意继续做一朵栀子花 / 戴维力　109

理论研究

我与五四运动研究 / 殷叙彝　115

关于中央编译局国际室的回忆 / 殷叙彝　127

我与国际共运史研究 / 李兴耕　153

"灰皮书"的二十年与我和同事们半个多世纪的学术生涯 /
　　胡文建　167

国际共运史编译和研究工作二三事 / 郑异凡　183

"灰皮书"重生记 / 王学东　201

调查研究是编译局的老传统 / 荣敬本　211

参与马克思主义理论研究和建设工程的回顾 / 杨金海　219

文献典藏

"为党存典"
　　——马克思主义文献典藏工程回顾 / 魏海生　239

马克思主义文献典藏工作断想 / 鲁路　257

"兵马未动，粮草先行"
　　——回忆图书馆工作逸事 / 高云鹏　273

我们的光荣与梦想
　　——我眼中的中央编译局图书馆　285

　　忆早期中央编译局图书馆 / 徐汶　287

　　青春岁月 / 田良英　291

　　"油印工"的经历 / 刘建设　295

　　闹市中的一方净土 / 魏海生　299

宣传普及

从马列著作传播展览会到大博物馆计划 / 梁明　305

马克思逝世100周年纪念活动侧记 / 胡永钦　311

在马克思故乡特里尔举办展览的经历 / 胡永钦　320

编辑出版马恩画传的前前后后 / 吴惕安　329

在参加马恩列画传编辑工作的那些日子里 / 李楠　347

追寻马克思的足迹
　　——电视文献纪录片《不朽的马克思》拍摄亲历记 / 冯雷　359

期刊工作

毛主席为我们题写刊名
　　——《学习译丛》的创办过程 / 冯申　375

一项光荣而又曲折的任务
　　——《和平和社会主义问题》杂志的中文翻译工作 / 张秀珊　381

走理论与现实结合之路
　　——《马克思主义与现实》的创办与发展 / 李洙泗　385

世界社会主义研究的重要阵地
　　——《当代世界与社会主义》的创办与发展 / 季正聚　393

当好中央的眼睛和耳朵
　　——《国外理论动态》的创办与发展 / 李其庆　405

与改革开放同行
　　——《经济社会体制比较》的创办与发展 / 荣敬本　　414

学术交流

为了传播马克思主义的共同事业
　　——追忆中央编译局与苏共中央马列主义研究院的早期合作 /
　　顾锦屏　　431

国际共运史研究的春天
　　——回忆第一次卢森堡思想全国学术研讨会 / 李宗禹　　439

从大连到东京、林茨
　　——追忆中央编译局国际所的重要学术交流活动 / 周懋庸　　449

"山雨欲来风满楼"
　　——1990年5月访苏札记 / 李兴耕　　457

域外参会散记 / 郑异凡　　469

编后记　　484

文献翻译 |

马克思主义经典文献
编译口述史

　　尹承东，中央文献西班牙文翻译家。译审。曾任中央编译局中央文献翻译部主任，中央编译局副局长，中国翻译协会副会长，西班牙、葡萄牙、拉美文学研究会副会长等。2009年荣获资深翻译家荣誉称号。2012年获中国翻译协会翻译事业特别贡献奖。享受国务院政府特殊津贴。参与《毛泽东选集》等领袖著作和中央文献的西班牙语翻译，并有二十余部中西文学翻译作品。

中国共产党政治文献翻译史上的丰碑

——毛泽东著作翻译工作回忆

尹承东

我于 1965 年夏从北京外国语学院（今北京外国语大学）毕业，分配到外交部工作。后来参加经典著作翻译，有一种"冥冥之中自有天意"的感觉，因为我年少时就有做"翻译家"的梦想。工作第二年就根据组织安排，被调到中央编译局翻译《毛泽东选集》，从此在这里干了近 40 年。新中国成立之后的经典著作中译外工作，也可以说是从毛泽东著作翻译开始的。

毛泽东著作翻译的缘起和发展

现有的史料表明，早在抗日战争时期，为加强国际宣传，中共中央南方局就已开始组织翻译毛泽东等领导人的著作。1943 年共产国际解散后，中共中央南方局和美国共产党中国局建立了直接联系。1945 年，董必武同志以中共

本文根据尹承东同志口述和回忆资料整理，整理者柳宁。收入本书时经本人审定。

代表身份参加中国代表团出席联合国成立大会。在董老主持下建立了中共在美工作领导小组，并交给徐永煐同志一批毛泽东著作，让美共中国局组织翻译审订。1948年陈瀚笙去美国时，又带去第二批《毛选》文稿。但当时国内形势已发生了很大变化，在美的中国同志都想早点回国，使翻译工作受到一些影响，最后《毛选》译稿由浦寿昌带回了国内。1949年年底，毛泽东出访苏联，翌年2月归国前，斯大林向他建议翻译《毛选》，以帮助人们了解中国革命的经验，党中央接受了这个建议。1950年3月，中宣部成立《毛选》英译委员会，徐永煐任主任。后来陆续参加该委员会的有金岳霖、钱锺书、王佐良、郑儒箴等名流学者，也有唐明照、浦寿昌、章汉夫、冀朝鼎等中共党内干部。前者多承担翻译，后者在工余审稿，办公地点在北京西城堂子胡同。1951年7月，《毛选》英译委员会改名中宣部英译室，至1953年底完成任务后撤销。这大概就算是起源吧。

据一些早期专家说，徐永煐等人当年开始译《毛选》时，《毛选》中文版的一——三卷还在编辑中。在1951—1953年期间，每年出一卷，与《毛选》英译进度大体同步。中文原稿的反复改动也给英文翻译带来困难，这是不言而喻的。到了1954年年初，英译《毛选》前三卷都完成了。中宣部遵照中央指示，把它交给了英国共产党中央。1954年，三卷英文版的《毛选》在英国伦敦由劳伦斯出版社出版。

上世纪50年代，关于毛泽东著作的翻译还有一件事，就是1958年由叶君健先生主持的对外英文刊物《中国文学》

《毛泽东选集》和《毛泽东著作选读》英、法、俄、西文版

首次刊登了毛泽东诗词18首。同年6月,在外文出版社英文组负责人于宝榘先生的大力协调和努力下,正式出版了毛泽东诗词19首(增加了当年发表在《诗刊》上的《蝶恋花·答李淑一》)的英文单行本。后来,经叶君健努力,时任中宣部文艺处处长袁水拍参加进来,并邀乔冠华和钱锺书加盟,正式成立了由叶君健主持的毛泽东诗词英译定稿小组,使这项工作锦上添花,继续往前推进。1966年"文革"开始后,这项工作被迫停止了。

1960年上半年,《毛选》第四卷出版,这是当时我国政治生活中的一件大事。中央从政治上考虑,决定将其翻译成外文出版。当时,只有英文、俄文两个组,1961年1月又成立了法、西两个语文组,人数都在20人左右。这个翻译班子归中央对外联络部领导,由伍修权部长挂帅。英文组长是著名教授、翻译家程镇球和徐永煐。俄文组长由德高望重的中央编译局副局长、老资格的俄文翻译家和出版家姜椿芳亲自挂帅。法文组由中央编译局副局长、后来的毛泽东著作翻译室主任曹若茗负责。西班牙文组由资深翻译家陈庆海和乔惠珍主持。中央还专门派了毛泽东主席的秘书田家英为这个翻译班子做中文答疑工作。当时还没有成立日文组,日文版的《毛选》第四卷是由中国外文出版发行事业局组织人员翻译的。大概用了半年左右时间,首先完成了《毛选》第四卷的英译工作。中央指定外交部常务副部长章汉夫组织审改和定稿工作,后又由国际关系研究所所长孟用潜主持审定。参加定稿的有:徐永煐、冀朝鼎、唐明照、钱锺书、裘克安、程镇球以及美国友人柯弗兰、爱德乐、爱泼斯坦和李敦白等人。1961年春夏之交,《毛选》第四卷英译文完成定稿,到1964年又陆续完成了其他文种的翻译工作,全部交由外文出版社出版发行。

在英译《毛选》第四卷告一段落时,发现已出版的英译《毛选》前三卷里有很多地方译得不够确切,于是在1961年又开始由孟用潜主持修订前三卷译稿,这一工作进行到1965年才完成。这一时期负责翻译和定稿的主要人员有些变动，有些负责同志如冀朝鼎、唐明照等因为工作繁忙而不得不退出，有的人则出国了。新增加的定稿组成员有钱锺书和吴文焘。此外，新华社外国专家夏庇若也开始参加定稿组的讨论。1965年，英文《毛选》一——三卷由外文出版社出版。所以说，由外文出版社出版的英文《毛选》，是先出版的第四卷，后出版的一、二、三卷。

毛泽东著作翻译室的成立

1960年，在《毛选》第四卷的翻译工作开始以后，一些翻译界人士，包括像伍修权和姜椿芳这些既是翻译家又是高级领导干部的重要人物，都认为中央有必要成立一个中译外的常设机构，以服务于对外宣传。1961年，中联部和中宣部联名向中央写了报告，同年12月15日，当时主持中央书记处工作的邓小平同志作出批示，同意成立一个专门从事中译外的常设机构。由于这个机构在完成《毛选》第四卷的翻译任务之后将要翻译《毛选》第一、二、三卷，所以就将其名称定为"毛泽东著作翻译室"，简称"毛著室"，归属中央编译局领导。这样，中央交办的经典著作外译中和中译外就珠联璧合有机地结合在一起了。随着工作任务的变化，"毛著室"在1982年更名为"中央文献翻译室"，1995年机构改革时又改名为"中央文献翻译部"。不过，不管这个机构的名称如何变化，它的主要任务始终是将我国党和国家领导人的著作和中央重要文献翻译成英、法、俄、西、日等外文。

《毛选》翻译的"全盛"阶段

　　毛泽东著作翻译的高潮时期是1966年"文化大革命"开始之后。当时的口号是"毛主席的话句句是真理，一句顶一万句"，"我们要把毛泽东思想的红旗插遍全世界"。所以翻译《毛选》便成了当时政治生活中的头等大事。中央一声令下，浩浩荡荡的翻译大军便开进了友谊宾馆的南配楼。除了英、法、俄、西、日五大语种外，还有德、意、葡、阿拉伯、印地、波斯、乌尔都、朝、越、印尼、荷兰，甚至非洲的斯瓦希里、豪萨，北欧的冰岛、丹麦等小国语言都不甘落后，总共不下30种。各翻译组的定稿员自然都是专家级的，如法文组的齐宗华、庞浩、胡祥雄；西文组的汤伯生、陈用仪、刘习良；俄文组的杨蕴华、刘华兰、张报……就连一般的翻译个个也都是精兵强将。当时，中央还专门设立了一个《毛选》翻译五人领导小组，成员有罗俊（中国外文出版发行事业局局长）、伍修权（中联部部长）、韩念龙（外交部副部长）、张仲实（中央编译局副局长）等。但是这个领导小组很快就被"造反派"给冲垮了，没起太大的作用。后来的翻译班子分外文局、中联部、编译局三摊自行运转，靠大家高度的政治觉悟，倒也运转得很好。这是那个特定历史时期的特殊现象。那时除了翻译《毛选》之外,还翻译了《毛泽东军事文选》《毛主席语录》《毛泽东著作选读》(甲种本),以及当时红极一时的《红灯记》《沙家浜》《红色娘子军》等样板戏。

这种情形持续的时间不长。到了1970年前后,我们所有参加《毛选》翻译的同志就都"失业"了,没有事情可做。我们在内部提出要求,要加强政治学习,搜集有关资料,提高业务水平,为翻译《毛选》第五卷做准备。但好几年过去了也没有任何消息。有的同志就"转业"去搞马列的外译中工作了。我当时担任毛泽东著作翻译室的负责人,也在1975年被下放到江西省进贤县中央办公厅"五七干校"去劳动锻炼了。然而,我在五七干校只待了5个月便被紧急

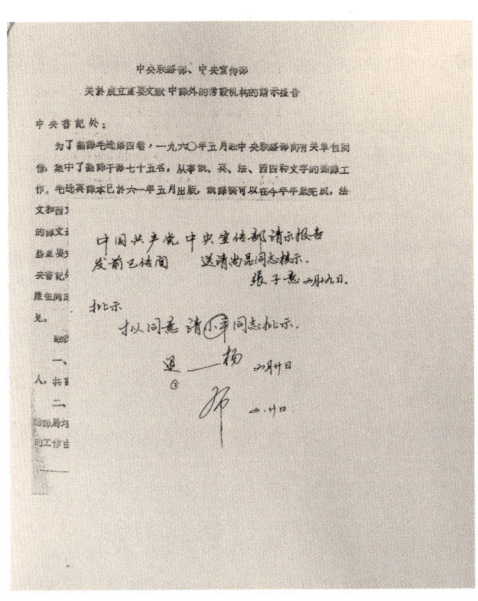

邓小平同志批示同意关于成立中译外常设机构的请示报告

调回了北京。

1975年10月，党中央决定在保密的情况下开始翻译尚未出版的《毛选》第五卷。这项工作由邓小平同志亲自负责。第一次在中南海召集领导小组成员开会的是胡乔木，直接联系这个小组的是熊复，行政事务和财务上的事直接由当时的中央办公厅主任汪东兴负责。翻译班子由一个五人领导小组主持，组长为外交部的柯柏年大使，副组长为中央办公厅的贾步斌、计委的浦寿昌、外文出版发行事业局的冯锡良，我也是副组长之一。后来中联部又主动派林丽韫同志作为领导小组成员来支援这项工作。

中央编译局"毛泽东著作翻译室"的全体干部都参加了《毛选》第五卷的翻译工作。同时又从外交部、新华社、中联部、外文局、全国总工会、对外友协、北京大学、外语学院等单位调集了大批高级翻译人才，甚至从外地调来著名教授和翻译专家，组成十分壮观的英、法、俄、西、日五个翻译组。当时中央编译局"毛泽东著作翻译室"还没有日文组，这个组的翻译人员主要来自外文局和当时的中央广播事业局。每组都配备2—3名外国专家。有的专家，像外文局的日文专家川越敏孝和中央编译局的法文专家毛赛尔都是急电从日本和瑞士催来的。各翻译组的组长都是翻译界的名人：英文组是新华社的钱行，法文组是中联部的王麟进，俄文组是中央编译局的赵仲元，西班牙文组是中央广播事业局的刘习良，日文组是外文局的康大川。经过一番紧锣密鼓的筹备，1975年10月25日，全体人员正式进驻中直招待所,在严格保密的情况下开始了翻译工作。除了近120人的翻译班子外,还有一个以刘大年和王子野为负责人的由著名学者组成的20余人的注释组,他们除负责为《毛选》第五卷正文加注外,还负责翻译组在中文理解上的答疑工作。

《毛选》翻译工作者的精神

我作为第一、二、三、五卷《毛选》翻译的亲历者,自然感慨颇多,但我只想谈谈感触最深的。正如毛主席所说,人是要有点精神的。那么,《毛选》翻译工作者的精神是什么呢?我以为我们那一批从事《毛选》翻译工作的人最可贵的精神有三点:一是对事业的奉献精神;二是精益求精的工作精神;三是学而不厌、诲人不倦的钻研精神。而正是这几种精神,打造出了我国中译外翻译史上的经典作品,也培养了一批真正的中译外专家、一批翻译界的楷模。

作为一个翻译工作者,当时如果能参加《毛选》的翻译工作,无疑是莫大的荣誉,别人都会投以羡慕的目光。所以这些同志都是带着一种自豪感,兢兢业业、一丝不苟地工作,没有一个懈怠者,而且环境气氛也不容许有任何懈怠者。当时住在招待所里,为了全身心地投入工作,大家都很少回家,每天7点左右就开始工作,几乎每晚都加班到11点之后,夜餐大多只是一碗面条,如果偶尔面条里加了两个鸡蛋,大家就会对厨房赞扬一番。在这个工作班子里，没有牢骚，没有怨言，听到的只是如何把工作做得更好。为了保障译文的精益求精，达到最高水平，大家有时会为了一个冠词的使用而争论几个小时，为了一个专有名词的译法争论几天。而且，即使这种在质量上可称得上万无一失的译文，送到外文出版社付排时，他们还要再审校一遍后交外国专家审读。所以，参加这项翻译工作的同志既是贡献者也是受益者。他们既付出了艰辛，也大大提高了自己的翻译水平，可谓"天道酬勤"，苦在其中，乐也在其中，虽苦犹乐矣。就我本人而言，退休后有些大学请我去做翻译讲座，我也总是把《毛选》翻译的经历作为重要的讲稿内容之一，而且还强调两点：一是如果谁发现《毛选》有翻译错误，就应该获得奖金。这话我讲了许多年、无数次了，至今无一位提出领奖金者；二是有志于将来做翻译家的同学，尤其是有志于从事中译外事业的同学，最好在离开校门之前就认认真真地、字斟句酌地读一本外文版的《毛选》，而且要读三遍，先读一遍外文，再中外文对照读一遍，最后详细做着笔记读一遍。如果哪一位同学真这样做，那他肯定会受益终生。

《毛选》翻译的延续和拓展

《毛选》翻译任务完成之后，本来还有一个翻译《毛泽东文稿》的计划。也许是由于这个任务过于庞大，所以最终没有实现。从上世纪80年代初到本世纪初，中央编译局

2000年首届全国中译外研讨会全体人员合影（一排左六为尹承东）

"中央文献翻译部"在兄弟单位的大力支持下，陆续翻译了英、法、俄、西、日五种文版的《周恩来选集》《刘少奇选集》《朱德选集》《陈云文选》《邓小平文选》《江泽民文选》和《江泽民文稿》（俄文）。出版自然依旧是外文局的任务。

从上世纪60年代中期开始，与经典著作翻译并行的另一大项中译外工作就是全国党代会、人代会，还有稍后一点的全国政协会议的文件翻译任务。党代会的文件译成外文在1956年党的八大时就开始了。1969年的九大和1973年的十大的文件翻译是由外交部和新华社牵头，从各单位调集翻译人员集中到人民大会堂进行。党的十一大召开时正值翻译《毛选》第五卷，因此，这次党代会的文件是由《毛选》翻译班子完成的。从1978年的五届人大一次会议开始，党代会、人代会和政协会议的文件翻译都转由中央编译局负责了。当然，这项任务始终是以中央编译局的翻译人员为主力，在兄弟单位的大力支持下共同完成的。

中央文献翻译工作在我国的中译外事业中占有非常重要的地位，是严肃的政治任务。翻译工作的程序由于时限的要求虽不及《毛选》翻译时那么繁杂，但大致也还是类似的。所以这些文件的译稿同样代表着我国中译外的最高水平。这些译稿除供大会代表们使用外，还提供给新华社、广电总局、中联部、外交部、外文局等兄弟单位使用，有的大学还把这些译稿作为讲稿使用。

我这里所谈的领导人著作和中央文献翻译只是新中国成立以来我国中译外事业的一个部分，这项工作以其高度的政治性和译文的高水平,越来越受到国内外的广泛关注,在我国对外传播中发挥着越来越重要的作用,有着深远的影响,为我国的社会主义建设事业做出了应有的贡献。

赵仲元,马列主义经典著作和中央文献俄文翻译家。编审。1949年进入中央俄文编译局,曾任翻译组组长。1957年后,先后在中央办公厅、中联部、中央编译局、中国大百科全书出版社等部门工作,历任中央编译局中央文献翻译室副主任、中国大百科全书出版社副总编辑等。2001年荣获资深翻译家荣誉称号。曾参与《毛泽东选集》等重要文献的俄文翻译工作。

新中国成立前后从事俄文翻译的点滴回忆

赵仲元

初到中央俄文编译局

我是1949年9月6日，中华人民共和国成立前夕，由哈尔滨外国语专科学校经选拔进入刚刚成立的"中共中央俄文编译局"的。当时，中央俄文编译局的两位老干部殷铁铭与徐鸿，专程来到我们学校，从学校一部（哈尔滨南岗大直街）与二部（哈尔滨马家沟）两处学习俄语的学员中挑选50名经过"忠诚老实运动"、家庭成分清楚、学习努力且成绩优秀的学员，直接带回了北京的中央俄文编译局。以此为基础，局里成立了北京俄文专修学校，校址在西单南宽街13号。学校初期只设三个班，即一、二、三班，一班、三班是从哈尔滨调来的学员，二班是从大连调来的学员，后来又增加了四班，是从华北大学来的学员。随着学习俄语学员的增多，俄专的班数最后增加到23个。学校校址迁到了太平湖。

当时由于提倡向苏联学习其各方面先进经验，我国党、

本文根据赵仲元同志的部分回忆资料整理，整理者路军。

早期中央编译局院景

政、军、群各部门的干部包括领导同志,都积极地向苏联学习,所以学习俄语也就成了一门主课。再加上政府还选拔一批干部赴苏留学,他们在去之前也都在俄专学习一个时期的俄语,这样在国内学习俄语的人就多起来了。

此前,中央俄文编译局只有一个翻译室,何匡同志任主任,老干部刘水任副主任。老干部还有陈山、秋江、易惠群、刘舒等人。其后,又陆续调进来一些外语干部,如从大连来的林基洲等一批干部;后任中央编译局局长的宋书声从华北大学转到大连,后由大连调来北京。1952年,姜椿芳同志任校长的上海俄专一部分学员,如顾锦屏、周亮勋等,随同姜老调入中宣部斯大林全集翻译室,后来这些同志也随姜老调入由俄文编译局和中宣部斯大林全集翻译室合并成立的"中共中央马恩列斯著作编译局"。

中央编译局成立初期，设立有马恩室、列宁室、斯大林室、学习译丛室。马恩室主任是舒林，成员有宋书声、樊以楠等。列宁室主任是易惠群，成员有陆梅林、林基洲、张慕良、孙岷、张企等；斯大林室主任是陈山。学习译丛室主任是刘水，成员有易克信、陈为汉等人。

在南宽街 13 号院翻译组的日子

原北京西单南宽街 13 号是京剧大师马连良的私人宅邸。他本人在新中国成立前去了香港，故此处住宅经有关方面决定就由刚刚组建不久的中共中央俄文编译局使用。这所住宅分为前院、内院、西院与后院。房间不少，很宽敞，且许多房间都可做办公用房。这个大院是院里有院，一进大门向左拐，北面就是一个方方正正的小四合院。编译局第一任局长师哲同志一家就住在这个小四合院里，正房中间大厅是他的办公室。大厅西侧是他和周惠年同志的卧室，东侧是保姆与孩子们的卧室。西厢房是客厅兼做图书室，东厢房是饭厅。小院中植有四棵大海棠树。

师哲住的小院的西院，则是一个较大的院子，中间是个长方形草坪，草坪四周有小径可行人。东边紧靠师哲客厅西门的是一棵树龄很长的紫丁香，被高高架起在门厅外，春季开花，满院飘香。西边小径西侧，靠院墙处有几棵梨、枣等果树。北面是后院，有一排房子，西头是两间大办公室，它的里间是放电话机的地方。当年翻译《毛选》时，俄国女打字员就在这外间办公室打字。后来，这两大间办公室也成了我们翻译组办公的地方。林利与欧阳菲两位女同志住在东边的一套房间里。

1952年秋天，我同王颂清结婚就住在南宽街13号，一进大门往左拐，进入前院，前院南边有三间大房，西边里间则成了我们的新房。中、东两间做翻译组的办公室。

在南宽街师哲局长处工作的主要有周惠年老大姐，她是师哲的夫人、长征老干部，兼做师哲的机要秘书。还有林利，她是林伯渠的大女儿。欧阳菲是师哲身边翻译组副组长、革命烈士的后代，在苏联长大，俄语水平很高，是个好大姐，终身未嫁，在"文化大革命"中受迫害致死，思之令人难过，不禁泪下。在南宽街师哲局长身边翻译组先后工作过的有：任田升（翻译组首任组长），张纪恒（第二任组长，干部子弟，本人也是个老干部）。在任田升任组长时，其组员曾有赵仲元、杨志超、李枫、张秀珊。后期，师哲局长身边翻译组的组长是赵仲元，组员有张钟朴、吴惕安、高宁哲、于沪生、楼嵩等人。

翻译组先后承担了很多任务。比如，在师哲与费德林合作翻译《毛选》时，俄国女打字员打字，我们承担了校对、核对、做卡片、查找资料等工作；中央各部委收到的苏共中央文件或资料，大多由翻译组译成中文；遇到重大节日，如苏联十月革命节，我党政机关、各部委举行庆祝十月革命周年纪念大会，邀请苏联专家作报告时，编译局都派翻译组同志去做翻译;南京军事科学院收到苏联赠送的一批军事教学示意图表,均附有俄文说明,这些也是由南宽街的这个翻译组翻译成中文的。

印象深刻的几项俄文翻译任务

在师哲局长身边工作期间,编译局及其我所在的翻译组经历了好几项重大任务的考验,令人难忘。

一是在1949年底,毛主席写的重要文献《论人民民主专政》出版发行。此时,苏联、东欧九国共产党和工人党情报局设在罗马尼亚首都布加勒斯特的机关刊物《争取和平与民主,争取人民民主!》编辑部向我党索要毛主席写的这

早期中央编译局人员工作照

本小册子拟予以发表。这项任务就由翻译组内曾在苏联长大并受过高等教育、精通俄语的欧阳菲大姐承担。她将这本《论人民民主专政》的小册子译成了地道的俄文，交给了《争取和平与民主，争取人民民主！》全文发表。

二是在1952年初，苏共中央联络部通过中共中央联络部，向印度、缅甸、泰国、马来西亚、新加坡、菲律宾、印度尼西亚、越南、老挝、柬埔寨等国的共产党中央索要它们的情况材料。中共中央联络部收到这些材料后，首先将其译成中文，然后交给中央编译局统一译成俄文后，由中央联络部转交给苏共中央联络部。这批译成俄文的资料均由翻译组的林利与欧阳菲两位老大姐进行了最后的核校。

三是在1952年10月，由苏联著名经济学家集体编写、斯大林本人亲自审定的重要经济学著作《苏联社会主义经济问题》俄文版出版，并很快传到了中国，引起了我党中央领导同志的高度重视。我局的多位老同志，如何匡、刘水、陈山以及陆梅林等都参加了该书的翻译工作，编译局副局长陈昌浩、姜椿芳和中宣部的曹葆华等进行了审校，最后又请李立三同志做了终审。

四是在1956年初，苏共中央第一书记赫鲁晓夫主持召开苏共第二十次代表大会，他在向大会所做的报告中大肆推销他那套修正主义货色，污蔑马克思主义的基本理论，从而在国际共产主义运动内部掀起了一股反马克思主义、反列宁主义的修正主义浪潮。我党挺身而出，旗帜鲜明地批评苏共的错误。为此，中国共产党中央委员会先后发表两篇重要文章:《关于无产阶级专政的历史经验》与《再论无产阶级专政的历史经验》。这两篇文章首先由在我局工作的苏联专家,如安东诺夫、谢德明等译成俄文,然后又交给在《中苏友好报》工作的两位苏侨,即易国尼科夫与小基里洛夫从俄文角度加以修饰。不久,这两篇文章均以单行本的形式出版发行,在国内外引起很大反响。

五是在1956年赫鲁晓夫访英后,苏共中央将赫鲁晓夫同英国首相艾登会谈的长篇记录(俄文本)送给中共中央。记录很长,像本厚书。中央将其交给师哲带回局里,由何匡牵头组织一些笔译熟练的同志,我记得有林基洲、顾锦屏、陆梅林、周亮勋、赵仲元等,在南宽街连夜奋战,加班加点。译出初稿后,交给何匡、陈山、刘水等领导同志审校。在对俄文的理解上如有不清楚的地方,则请俄文水平很高的欧阳菲、林利两位大姐给予帮助。这份会谈记录译出后,即报送党中央毛主席、少奇同志和周总理处,供领导同志参阅。

　　徐坚,马列主义经典著作和中央文献俄文翻译家。译审。参加过抗日战争和解放战争,为毛泽东同志做过俄文翻译。曾任中央编译局毛泽东著作翻译室副主任。2001年荣获资深翻译家荣誉称号。享受国务院政府特殊津贴。曾参与《毛泽东选集》俄文版及中央文献翻译工作。

从事俄文翻译二三事

徐坚

"扔掉洋拐棍"

翻译工作是将一种语言文字,用另一种语言文字表述出来。中国的汉字(方块字)不同于西方的字母拼音以及文法规则,这就使中文翻译工作具有一定的特殊性、繁复性

《毛泽东选集》俄文版

本文节选自徐坚同志口述资料《回顾往事》,题目为编者所加。

与艰巨性。

"扔掉洋拐棍"的提法来自周恩来总理,具体指的是,不依赖外国专家,由中国同志自行承担中译外的翻译、改稿、定稿和审稿的全过程。

《毛泽东选集》第四卷俄文翻译组最初只有一位俄侨专家易国尼科夫。但在"文化大革命"期间,他受到不公正待遇,离开了中国迁往澳大利亚定居了。失却了专家后,我作为《毛泽东选集》翻译组的负责人向上级提出另行聘请专家的问题。由于当年中苏关系日趋恶化,向苏方敦聘已不可能,因而周总理的答复是:"你们能否丢掉洋拐棍!?"

《毛选》组的领导人、翻译界老前辈姜椿芳同志随即开始物色、聘任、培养"中国人的俄语定稿员"。在各有关单位的大力协助下,集聚了几位精通俄语的翻译专家,经过不懈的努力、培训和实践,终于形成了由中国人自己组成的"中译俄的定稿班子"。在此后的一段较长时间内,这个班子独立自主、自力更生地完成了老一辈无产阶级革命家的著述以及中央重要文献的中译俄的大量翻译、定稿和出版任务。

俄语中"主席"二字的含义

"文革"初期,我国以多种外文出版了《毛主席语录》,其他外文版本的书名都是《毛泽东主席语录》,唯独俄文版本没有"主席"二字,只是《毛泽东语录》。

部分老编译工作者出席在人民大会堂举行的庆祝中央编译局成立50周年座谈会（右二为徐坚）

略去"主席"二字,这就引起了轩然大波,特别是在"文化大革命"处于高潮时期,这被认为是对毛主席的最大"不忠",是反革命的有意破坏。

然而,俄语上所做的"省略"是有其依据的:

其一,当年苏联拥有数十万个集体农庄,每个农庄都有一位主席,再加上政府各部门、各群众团体的"主席"实在是太多了,真是成千累万多如牛毛,已失去了应有的亲切感,不再是一种令人景仰的尊称,倒有点儿像在中国称"科长""处长"的感觉。

其二,马、恩、列、斯经典著作的书名从来没有"官职"之类的称呼。

在即将发稿前,就"主席"一词的取舍问题仍争论不休,莫衷一是。"毛著室"(即中央编译局毛泽东著作翻译室——编者注)的红卫兵小将们反对得最厉害,作为"毛著室"俄文组的负责人,我曾被带到中南海接受"革命造反派"近四个小时的批斗审讯。最后请示到我党中央宣传口的最高领导人,幸好他通晓俄语,得以完美解决。这位领导下令放人,并肯定了俄文本的"省略"方案。

为毛主席当俄语翻译

上个世纪五六十年代,我曾多次为毛主席接见苏联和东欧国家的党政军和文化代表团做俄语口译工作。

记得1949年6月的一天深夜,在古色古香、雕梁画栋、悬挂着大红灯笼的中南海怀仁堂，毛主席接见了即将前往欧洲参加第二届世界民主青年联欢节的中国青年代表团全体成员，作为代表团的随从翻译人员，我也受到了接见。慈祥、和蔼的毛主席向大家招手致意，他体态魁梧、精神抖擞、红光满面、目光炯炯。他那掌心红润、刚劲有力的手势，昭示着中国人民从此站立起来了的豪迈气势。在座的周恩来总理代表毛主席和党中央，向青年代表们发表了热情洋溢、语重心长、谆谆叮嘱的讲话，博得了阵阵雷鸣般的掌声。

当年接见外宾时，毛主席总是彬彬有礼，笑容可掬，无拘无束，谈笑风生，十分自然，营造起友好融洽的晤谈氛围。客人们也心情舒畅，谈笑自若，气氛格外宽松融洽。毛主席的热门话题往往是唯物辩证法，哲理深邃，索而论道，评说古今中外，入情入理，意趣横生。纵谈国际形势，评介敌、我、友三方态势以及未来的展望，则是另一个离不开的话题。国外嘉宾，尤其是各国的党、政、军首脑，对毛主席讲话的顺理成章、精辟分析、英明论断，总是表示深切敬意，衷心感谢，对能受到毛主席的接见感到高兴和鼓舞。

毛主席谦逊质朴，平易近人，给他做翻译时我并不感到怯场，不感到张皇和不安。然而，翻译工作中遇到的困难却是很大的。主席的湖南口音很重，有些听不太懂；立论深邃，时而吃不太透；受外语水平所限，难以确切表述等等。如今回想起来，在此种条件下，一般能确保70%—

80%的通译效应就算很不错了。

我记得1957年的"五一"劳动节，毛主席在天安门城楼上检阅游行队伍，我作为匈牙利工人党总书记卡达尔和苏联最高苏维埃代表团团长阿里斯托夫的随行俄文翻译登上了天安门城楼。我忽然看到，刘少奇主席在城楼大厅的柱子间来回踱步，见到我赶紧让我进去，告诉我是一个词在翻译上出现问题，当时苏方译员也在场。俄语中的"Часть"一词是"部件""部门"的意思，但"Интернациональная Часть"在这里应是"部队"的意思，即国际纵队的含义。苏方提出在1959年国庆节时，苏联要派出国际纵队参加中国的游行检阅，并走在第一方队。这个建议毛主席没有同意。这一建议好似赫鲁晓夫也曾提出过，但记不太清楚了。

我还记得有一次苏联画家费诺格诺夫为毛主席临摹一幅半身肖像。当天，毛主席侧身坐在画屏前，几乎整个上午未得稍许宽舒和挪动，烟也不抽，水也不喝。诚然，这期间前来呈文禀报者也不乏其人，毛主席都一一迅速做了处理和批示，继续端坐在原位上，让大师作画。忙碌着的苏联艺术家一边作画，一边赞许毛主席是一位毅力非凡、纪律严明的领袖。

午间，绘画告成。人们看到慈祥亲切的毛主席肖像悬挂在厅堂里，赞赏称道不已。尔后，毛主席还亲自协助苏联画家折叠画架，整净画具，清理场地等，他还热情送客至中南海丰泽园院门外，再次表示谢意，挥手道别，目送车子离去后,才返回府上。目送客人乘车离去是毛主席待客的惯例。

事后,费诺格诺夫逢人便说,中国人民的领袖蔼然可亲、宽容厚道、诚挚友善,堪称中华美德、吾辈楷模。

　　于沪生，马列主义经典著作翻译家。副研究员。曾任中央编译局世界社会主义研究所处长。2002年荣获资深翻译家荣誉称号。主要从事马克思主义经典著作编译和国际共产主义运动史研究工作，曾参加《马克思恩格斯全集》中文第一版编译，参与编写《中国大百科全书·社科卷》和《国际共产主义运动史辞典》等。

毛主席看我们来了
——参加党的"八大"翻译工作的回忆

于沪生

1956年9月15日至27日,中国共产党第八次全国代表大会(以下简称"八大")在新建的政协礼堂隆重举行。"八大"是党在新中国成立后召开的首次代表大会,世界各地有61个国家的党派代表团出席了这次会议。

根据党中央的指示,在"八大"筹委会统一领导下,我局承担了组建"八大"翻译处的工作。翻译处的任务是:(一)把"八大"文件译成10种语言(俄、英、法、德、西、日、印尼、蒙、维、朝);(二)大会期间组织9种语言的同声传译工作(朝鲜代表团未设朝语传译);(三)负责派出有关领导同志与外宾谈话的口译人员。

翻译处从7月开始筹备到10月底结束工作,前后历时3个多月,其间进行了大量的组织工作。首先是成立10个语文部,然后从全国各地各部门抽调不同语种的外语干部。根据中央交代的任务,翻译处的工作有这样几个显著的特点:第一,主要是汉译外;第二,既要译得好,又要译得快;第三,既要能笔译,还要能同声传译。按照这样

本文为1993年纪念中央编译局成立40周年所作,题目为编者加改。

的要求，除了调用一般翻译干部外，更需要抽调外文水平高、业务能力强、政治素质高的骨干翻译兼定稿力量。当时，调入"八大"翻译处的各种语文的翻译干部422人，直接参加笔译和口译的达357人，其中正、副教授和正、副研究员加在一起将近60位，如老一代的名教授钱锺书、冯至、季羡林、罗大冈、杨承芳、许国璋、武剑西、廖馥君……均参加了工作。工作人员中，除党员、团员外，还包括民主党派人士、外籍专家，甚至天主教徒。这些来自四面八方、素不相识的人团结一致，兢兢业业，加班加点为"八大"工作。在两个多月的翻译过程中，以汉文原稿计算，10种语文共翻译1000万字以上，9种语文同声传译530万字左右。

艰苦的同声传译工作

如果说10个语文部是后方，那么自大会开幕之日起，同声传译部就成了前方。翻译处此时的中心任务是动员一切力量，保证同声传译工作顺利进行。同声传译部是从9个语文部各抽调5—6名能胜任口译的同志组成，在"八大"翻译处驻会场办公室的领导下每天进会场担任传译工作。当时，我们对同声传译的工作经验不多，新建不久的政协礼堂没有同声传译室，最后只好在礼堂二楼两沿长廊设不同语种的9个传译箱，箱子一人多高，面积只容两人并坐，小桌前上方有块方玻璃可观看主席台。为了不混进杂音，传译时，厚厚的箱门必须紧闭，箱四周也不得有走动的声音。开会期间，天气虽已进入9月中旬，但箱内气温仍相当高，穿着单衣进去，出来衣服湿如雨淋。传译员恼火的不是这种困难，最使他们担惊受怕的是传译稿不能提前或哪怕按时送入箱内，造成主席台上已有代表开始讲话，而外宾却听不到各自国家的同声传译的局面。大会进入代表发言和兄弟党代表致辞阶段，会议日程常有变动，有的甚至是临时更改。这包括发言人换了或原不准备发言的兄弟党代表要求发言等。这看起来不算什么问题的变动，却大大增加了传译工作的难度。这是因为传译与一般的口译不完全相同，它具有自身的特点。如果有传译稿在手，译员的主要力量用在控制速度上。外宾一般不喜欢传译太快，反映译得快，只能辨别是何种语言，而意思连贯不起来。他们要求不但要听清语句，而且希望能对每个报告和发言获得完整的概念。根据这种情况，当时规定把传译速度控制在每小时1万至1.2万字的范围，要求译员根据这个速度，逼真悦耳地把传译稿的内容传译出去。另外，对传译中的发音、口齿、情绪、气氛、改错、删节……也有一定的要求。如果手中没有传译稿，就是另一回事了。这时传译员在没有任何准备的情况下，要十分敏捷地选用术语、句型，还要配合发言人的速度，不出差错地迅速传译。加之外宾使用了远多于大会所使用的语言以外的语言（如希腊语）发言，而我们缺乏这方面的外语干部，还得把其他外语译成10种以内的语言，这就难上加难了。可以想见，即使对外语和汉语水平较高的译员来说，要做到应付自如，也是有一定困难的。当

中共八大会场

时这种日程临时变动、无法供给传译稿的情况曾不止一次地出现,但通过担任传译工作的同志们的共同努力,克服重重困难,最终保证了传译质量,完成了任务。

毛主席看我们来了

外宾对我们的笔译和同声传译工作基本满意。法共代表团团长杜克洛认为我们的法文翻译很好,临走时取走了全部大会材料的法文译稿。英共代表团专门由波立特、加拉赫和卡博恩三位同志亲笔签名致函英语部的同志,感谢中国同志"所做的良好的翻译工作",帮助他们了解了大会的内容和进行的情况。苏共代表团团长米高扬称赞欧阳菲(局内同志称她菲菲）的俄语发音优美，传译悦耳动听，和苏联人讲话没有什么两样，十分惊讶中国有这样好的俄语人才。

中央领导同志对我们的工作十分关怀，给了巨大的支持。周总理关心干部无微不至，开会的第一天就亲临会场翻译处询问情况和慰问，以后各天中央的其他同志、将军和元帅也来翻译处慰问，并把他们听到的各种反映转告我们。大会快闭幕时，毛主席在政协礼堂二楼大厅接见了会场翻译处的全体工作人员，使同志们深受感动。

毛主席曾对师哲同志说过：翻译工作不仅要精通两国语文，也还要熟悉它们的文学、艺术、历史、风俗、生活习惯、人情世故，而且要不断学习，汲取新东西，以充实自己，否则就难以应付局面。毛主席的话表明他对翻译工作的理解和重视。他在大会百忙中抽空来看会场翻译处的工作人员，不能不使同志们十分振奋。

记三位老局长

"八大"翻译处的组建工作主要由编译局负责牵头。局里有30多位同志参加该处的固定工作。如果加上因随时需要而进进出出的同志，我局参加工作的人数就更多了，组建翻译处的繁重任务是在我局的三位老局长的领导下逐步开展起来的。当时，我们的局长师哲任翻译处处长，主持全面工作，副局长陈昌浩任常务副处长，副局长姜椿芳任副处长兼俄文部主任。另外两位副处长是外文出版社的吴文焘同志和俄文

《中苏友好报》的卢竞如同志。我们的三位老局长师哲、陈昌浩、姜椿芳是翻译界的专家和老前辈。我以为,"八大"翻译处之所以云集了全国各地的杰出专家和优秀翻译人才,除了其他因素,与他们三位出任领导和奋力工作不无关系。

师哲局长政治理论水平高,业务能力强,给我的印象是善抓大事,又能放手大胆使用干部。"八大"期间,他除了领导翻译处的工作外,还担负了大会的其他重要任务。因此,他来不及关照的事,均由陈、姜两位副局长协助处理。

陈局长是翻译处常务副处长,除全面照顾业务工作外,还具体抓后勤安排和人事调动。他是处里了解全面情况、

中共八大文件英文版

接触方方面面人员最多的一位领导。无论工作多么细小，多么繁杂，陈局长都极为耐心地加以解决。"八大"闭幕后，他还负责翻译处的扫尾工作。其间，他多次和参加翻译处工作的部分教授和翻译界同仁座谈，总结外语教学和外语干部培养工作中的经验教训，倾听他们的意见，并在此基础上写成《从外语教授的子女不愿学外语谈起》一文，投发《人民日报》。他在文章中就外语教学、外语干部的培养使用以及他们的地位和待遇等问题提出了值得关注的意见。

姜局长不仅参与翻译处的领导，还主持俄文部的工作。俄文部是翻译处的重要语文部之一，它又是一个大部，人员最多时达90人，其中包括苏联专家和从苏共中央请来的俄文打字员。当时中译外的整个形势是任务重、时间紧，有时刚译完和定好外语稿，中文稿又有修改或大的改动，只得反复译反复审。俄文部当时的翻译和审稿速度都比较快，这不仅是工作本身的需要，还因为有的语文部需要参照俄文稿进行自己的工作。所以俄文部的负担就更重了。姜局长作为俄文部的主任，自始至终担负了俄文稿的审定工作，晚上睡得很少，有时通宵达旦苦干。除审稿外，他还要处理翻译处和俄文部的有关行政事务。姜局长为人谦和，考虑问题细致周到，善于团结同志，同志们遇到难办的事愿意找他，他都尽力帮助解决。

概而言之，在三位老局长和其他处长的直接领导下，通过翻译处全体工作人员的努力实践，"八大"翻译工作圆满地完成了。

鞠惠芬，中央文献翻译家。编审。曾任中央编译局中央文献翻译部资料处处长。主要从事党和国家领导人著作和中央文献翻译工作。2002年荣获资深翻译家荣誉称号。

难忘的经历

——回忆党的"八大"翻译工作

鞠惠芬

1956年9月15日至27日是中国共产党第八次全国代表大会召开的日子，也是新中国成立后第一次召开的党的全国代表大会。这在党史上是一件大事，而作为负责此次大会翻译工作的中央编译局，在局史上也是一件大事。那时，我只是"八大"翻译处下面几个语文部之一的俄文部的一个普通工作者，如今打开尘封数十年的记忆闸门，搜索星星点点的人和事的回忆。

当时，"八大"翻译处下设十个部，即七个外文部、三个少数民族文部。七个外文部为：俄文部、英文部、法文部、西班牙文部、德文部、日文部、印度尼西亚文部；三个少数民族文部为：维吾尔族文部、蒙古族文部、朝鲜族文部。翻译处的总负责人为中央编译局局长师哲，负责日常工作的是副局长陈昌浩。开会时，姜椿芳、卢竞如、吴文焘参加，称之为"五处长会议"。卢竞如是《中苏友好报》总编，能用俄文表达自己的思想，大家都称她为"卢大姐"。姜椿芳，是中央编译局副局长，兼俄文部负责人。

本文根据鞠惠芬同志口述资料整理，整理者路军。

中共八大会址

吴文焘,是外文出版社英文各种出版物的负责人,兼英文部负责人。当时确定了一个原则,就是如发生意见不统一时,即以俄文稿的理解为准绳。由于有了此规定,果然过了一段时间,从苏联又调来了十多位年轻的中译俄的译者,无论如何,他们的俄文水平比在中国长大的人要强得多。其中有一位,即是连任两届俄罗斯驻华大使罗高寿,其父A.罗高寿是一位老汉学家,是百回本《西游记》俄文译本"绪言"的作者,是前五十回的俄译者,并为前五十回写了一些俄文注释。

回想起来,当时"八大"翻译处俄文部的筹备工作开始于1956年7月份。首先要做的事情是登记报到者。7月底或8月初,各地推荐的俄文翻译人才的报到地点设在崇文门内一家不供应伙食的旅馆，几天后便迁至西苑旅社，与其他语文部在一起。在这些同志中，我印象最深的是俄文部的何长谦同志，他是中调部某处副处长，汉文、俄文、英文俱佳。他的眼睛是蓝色的、头发是浅色的，已有些稀疏，其实那时他还只有三十七八岁，为人谦和，是地下党员。其次，在崇文门旅馆报到期间，还有一位给我印象较深的是从哈尔滨来的苏侨易国尼科夫。记得报到后他曾问我们："崇文门又叫哈德门，你们知道吧？！"我回答："不知道。但哈德门我听说过，不知道哈德门就是崇文门。"当时他年约三十三四岁，在中国长大，汉语说得很好。我局有位女同志还认识他，说他是中长铁路哈尔滨分局翻译处处长。与他同时来报到的还有一位女士，叫牛宗岱，可能也来自哈尔滨，他们都是铁道部系统的人。另外还有一位叫刘鳞祥的同志，也是铁道部系统的人，是在我们已迁到西苑旅社时来报到的。他来报到时，我觉得他分明是个外国人，为何却有一个地地道道的中国名字，令人诧异。他看出了我的疑惑，便马上解释道："我是中国人，外国相。"他讲的普通话没有一点外国人的色彩，有的中国人讲普通话时还带有南腔北调，可是他没有。刘鳞祥是铁道部武汉长江大桥工程局的处长，他汉译俄、俄译汉、口译、笔译都能胜任。再往后，我发现他身上流露出的中国人的风尚习性很多，我们猜想他很可能成长于中国人家庭，基本上受的是中国传统教育，那时他年约三十一二岁。另外，还有一位是李铁根同志，他也是在我们迁到西苑旅社时来报到的。

新中国成立后,他从苏联回国,在中央美术学院工作。报到时他声称自己俄文水平不够,担负不了翻译工作,但愿意做任何其他工作,领导就派他做打字校对组组长。他整天跑来跑去忙于送译稿、取译稿,是年,他已49岁或50岁,算是俄文部的年长者了,但他做这些跑跑颠颠的工作非常勤快而泰然,毫无架子,并不觉得有失他的身份。据当时的俄文部副主任之一的易定山同志说,在苏联时他曾见到过李铁根同志,说他年轻时多么精神,高高的个儿,真是一表人才,并说在苏联卫国战争时,李铁根同志的军衔是少将。后来,我们在与李铁根同志交谈中得知他的年轻的苏联妻子是在战时生孩子时去世的,孩子也夭折了,我们为他深深感到遗憾。由此可见,苏联人在战时的生活条件、医疗条件也是相当差的。

我所在的俄文部分工明确,力量强大。当时,"八大"翻译处俄文部有1个主任、4个副主任。主任是姜椿芳,副主任是:徐坚,时任人民大学翻译组组长;李越然,时任外国专家局翻译科科长;易定山,时任时代出版社副社长;刘群,时任北京高级党校翻译室主任。俄文部像其他语文部一样,工作主力是从事翻译工作的同志,而当时翻译工作分两个组,即笔译组和同声传译组。

笔译工作者中,俄、汉文俱佳,并能独立笔译者及定稿者有何长谦、易国尼科夫、牛宗岱、刘麟祥、李越然、徐坚、王沫以、吴佚民、刘莫阳、高莽、李新春、刘承尧、袁振民、梁天。笔译组还有几位刚回国的中国留苏学生,我记得有李枫、孙念恭、龚维泰。

另一个翻译主力是同声传译组。俄文同声传译组的主要成员有来自人民大学的徐滨、外文出版社的欧阳菲和二机部的刘华兰。俄文同声传译组的工作地点在政协礼堂，与其他语文部的同声传译组在一起。工作期间，我们和同声传译组的同志只能偶然遇上一次，甚至连笔译组其他语文部的同志几乎也见不到。虽然同住在西苑旅社，但大家在各自的房间内默默地、紧张地工作。据同事说，有的年轻苏联译者在翻译时，笔经常从手中滑落，因为实在太困倦了，而且要翻译的内容也实在太多了。

此外，翻译处还设有打字校对组，组长为李铁根，副组长为戴光晰。打字员有魏庆征、高淑兰、杜燕琼、宁惕，以及苏共中央派来支援的两位苏联女打字员等。魏庆征的打字质量和速度，可能当时在全国是数一数二的，连两位来自苏联的女打字员都比不过他，对他十分钦佩。1954年日内瓦会议期间，他作为俄文打字员跟随周总理带领的中国代表团去了日内瓦，当时他刚过20岁。此外，还有一些北京俄语学院的学生、研究生和助教参加了俄文稿的校对工作。打字校对组的同志也非常辛苦，俄译稿不知打了多少遍，校对了多少遍，而且初稿和改稿大多是手写的，要辨认每个人的字迹也不是一件容易的事。

在人员分工方面还有一个秘书组。组长是编译局秘书处的陈慧生同志。组员，我现在记得的均来自编译局从事俄译中的同志，可能有方为文、刘焱、陈素行、洪汉健、鞠惠芬等。秘书组的工作很杂,从中外人士的报到登记、具体生活安排,一直到原稿的收发、转抄、修改、校对、保管文件等等,都必须负担。

1956年10月,大会闭幕后外文出版社要求每个文字部都留下一部分同志参加善后工作。经过选稿、定稿,出版了俄文版的"八大"文件汇编。每个参加工作的人都发有一套,以作留念。俄文版的"八大"文件汇编,共三册。第一册包括毛泽东《中国共产党第八次全国代表大会开幕词》、

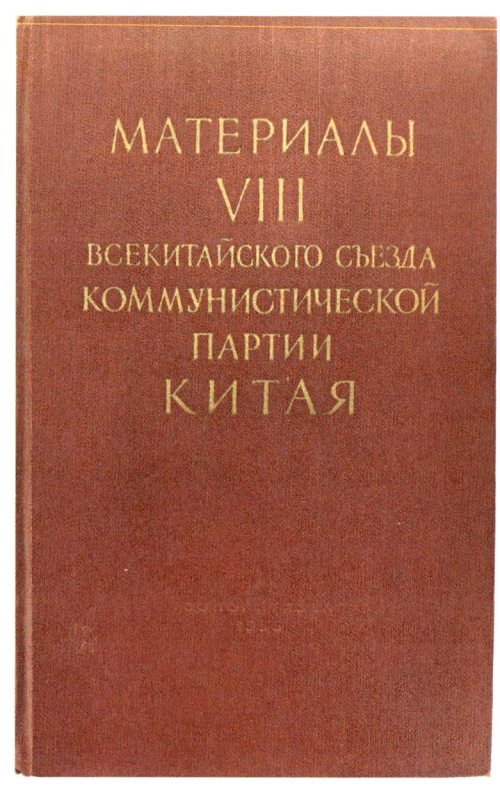

中共八大文件俄文版

刘少奇《中国共产党中央委员会向第八次全国代表大会的政治报告》等文献7篇。第二册是大会发言和祝词、致辞等。第三册为外国兄弟党的祝词、贺词、贺电等61篇。

总之,"八大"的翻译工作是前无经验可循的,工作量之大、调动人员之多、语文种类之多、外国来宾之广、时间之紧迫等等,是前后数十年党代会以及人代会、政协会所少有的。现在的情况和"八大"时有很大不同了。首先,编译局因为翻译《毛选》已经有了一个中译外的多语种的固定队伍,民族翻译局也有了自己的多语种的固定班子,无须大规模地临时从各地凑班子了。其次,只要求各语种翻译主要文件,这就大大地减少了翻译的工作量。

"八大"的翻译工作在克服不少困难中最终胜利完成了。这是与各语文部的中外翻译人员不计个人得失、不计身份地位、夜以继日地奋力工作的高尚情操分不开的。同时,这与其他方面工作的全面配合也是分不开的。这一切说明,我们的工作是一个环环相扣、息息相关、互相配合的有机整体,所取得的成绩是大家共同努力的结果。用当今的话来说,这是团队精神的体现。在"八大"翻译工作中所表现出的这种高尚情操和团队精神都是我们必须继承并使之发扬光大的。

陈弘，中央文献日文翻译家。译审。台湾基隆人。抗战胜利后以台湾"公费生"入复旦大学学习，新中国成立前夕留在大陆从事革命工作，后来在中国记协、人民日报社、中央编译局工作，担任过周恩来、邓小平同志的日语翻译。曾任中央编译局中央文献翻译部日文翻译处处长。2001年荣获资深翻译家荣誉称号。享受国务院政府特殊津贴。参与了《毛泽东选集》《邓小平文选》等党和国家领导人著作以及中央文献的日文翻译工作。

我从台湾来
——从事中央文献翻译事业的回忆

陈弘

  我是土生土长的台湾人，是台湾省籍。我这一生经历过三个时代：一个是日本统治时期，台湾作为殖民地，台湾人民成了日本的二等公民；一个是国民党统治时期，时间不是太长；第三个是新中国成立到现在。抗日战争胜利后，台湾重归祖国怀抱，1946年国民党台湾省政府教育处选派100名（实际到校92名）"升学内地大学公费生"，其中就有我。同年11月，我进入上海复旦大学经济系学习。复旦大学的经历成为我人生的转折点，我在这里接受马克思主义进步思想，从"白纸一张"成为中共地下党员。上海解放前夕，我没有选择返回台湾，毅然留下来参加革命工作。新中国成立后，我参加了审判日本战犯工作，后来到中国记协和人民日报社工作，还曾担任周恩来、邓小平的日语翻译。1977年，我被调到中央编译局从事中央文献翻译，发挥了自己的专业特长，作了一些工作，为国家站了最后一班岗。

  本文根据陈弘同志口述资料整理，整理者柳宁。

从"亡国奴"到翻译家

甲午战争失败后,清廷被迫与日本签订了丧权辱国的《马关条约》,台湾和澎湖列岛被割让。日本在台湾推行殖民统治,台湾人民在自己的土地上是二等公民,甚至连二等公民都算不上,日本殖民者骂我们是"清国奴",意思是没有国家的奴隶。我就是在这种环境下长大的。

日本人为了殖民统治需要,在台湾普及小学教育,而台湾学生受到不平等待遇,考入中学很难,考上专科学校或者大学更是难上加难。我通过努力考上了基隆中学。1941年11月的一天,我们台湾学生筹备了毕业前的惜别晚餐会,那天27名台湾同学互相倾诉受到日本人的压迫,表达了愤怒和反抗日本的心情,并在纪念册上写下"以血还血"等留言。不幸的是,一位同学的纪念册被日本同学偷看后告密,日本宪兵队和警察就追究我们的责任,去家里搜查,并抓了5名同学。这就是基隆中学"FMAN事件"。这使我生平第一次深深体会到日本殖民者的恐怖。

抗日战争胜利后,台湾回归祖国,台湾人民摆脱了"亡国奴"的悲惨境遇。为了稳定台湾局势,加强两岸交流,国民党台湾省行政长官公署教育处于1946年6月发布"升学内地大学公费生"公告,计划招100名台籍青年到大陆中央大学、北京大学、复旦大学等9所高校学习深造。我是第一批实际到大陆学校学习的92名公费生之一。1948年,台湾当局又招录了50名自费生，此后两岸关系陷入僵局，没有再招录"公费（派）生"了。1946年11月中旬，在参加3个月的"台湾训练团"学习国语等之后，我们陆续从基隆出发前往大陆，我被分到复旦大学。

复旦大学的经历是我人生的转折点，深刻影响了我的人生道路。我受到复旦大学新闻系主任陈望道、经济系主任漆琪生，以及余开祥、张薰华等教授影响，阅读《共产党宣言》《经济学大纲》《第二贫乏物语》《女工哀史》等进步书籍，向进步思想转变，接受了马克思主义，并且在优秀传统文化的熏陶下，加深了对祖国的热爱。此外，我也通过"二二八事件"，看清了国民党的丑恶面目，认为不能跟着国民党走。

1949年5月27日，上海解放。复旦大学有1200多名学生响应党的号召参加革命。我是经济系应届毕业生，计划留在上海从事财经工作，后来组织安排我去华东军事政治大学工作。1949年8月，中央军委下令成立台湾干部训练团（"台训团"），我因是台籍知识分子，被调到"台训团"担任宣教干事，后来担任第二中队的副指导员。朝鲜战争爆发后，为了培养军队需要的外语人才，我带着一批"台训团"懂英文和日文的同志到南京参与建立华东军区外语学校，为抗美援朝输送了一些外语人才。

1953年10月，根据周总理的指示，最高人民检察院牵头成立东北工作团处理在抚顺关押的日本战犯。很快从全国各地抽调干部300多人，其中翻译100余人，在这些翻译中有我和另外 7 名台湾同胞。让人欣慰的是,在这项工作中,我们台湾同胞没有缺席。我作为台湾人,全程参加审讯和审判过程,很荣幸、很难得,确实感到扬眉吐气、挺起胸膛了。

1956 年七八月份,审判日本战犯的工作结束。此后,我在中国人民外交学会承担了一段时间的翻译工作,曾在毛主席接见日本外宾的时候做过记录,第一次近距离地见到毛主席;还曾为周恩来同志和邓小平同志做过日文翻译。因为翻译工作做得不错,好几家单位都邀请我去,最后我选择到中国记者协会工作了。一方面是因为我爱人周元敏在中国记协工作,另一方面是因为在新闻界做翻译,跟日本接触的机会比较多,可以利用特长发挥更大的作用。特殊时期,我也受到冲击,被关了"牛棚"。1974 年,我到人民日报社国际部工作,主要处理有关日本方面的稿件。1977 年 9 月,被调到中央编译局,筹建日文处。除了中间有两年多时间被人民日报社借调派驻日本,直到 1990 年办理离休,在这里一直从事党和国家领导人著作和中央文献翻译工作。

电影《云水谣》的故事原型

我与同时代的人一样,大多经历坎坷,我的坎坷还多了一段心酸的感情经历。这段因时局变化而生的不幸往事,就是 2006 年上映的电影《云水谣》的故事原型。

1946 年,在赴上海求学前,我与恋人杨惠华定下婚约,约好4年后毕业就完婚，我的母亲还为未来的儿媳戴上了订婚戒指。虽然隔着深深的海峡，我们书信往来不断。1948年，最后一个暑假结束，登上驶往上海的客轮时，我和惠华都憧憬着未来。让人万万没想到的是，那一次分离，竟生生地隔断了我们的爱情。蒋介石政府败退台湾后，两岸关系断绝，但我相信台湾会很快解放，回到台湾的日子不会遥远。可是朝鲜战争爆发后，希望烟消云散，我回到台湾与惠华成婚变得遥不可及。碍于时局和家庭，上天没能给予缘分，我们只能无奈解除婚约，后来各自组建了家庭。但是，惠华做了我父母的义女，担起了我应尽的一份孝道。我母亲瘫痪在床10年，惠华总去陪伴她，母亲去世时，惠华披麻戴孝以女儿的身份为老人送终。这些情况，我是在1980年驻日本东京时通过朋友联系到家人，弟弟妹妹来东京看望我时听说的。听到这些情况，我无法表达自己的心情，只是默默流泪。惠华听说我在东京，竟然带着儿子来看望我，我终于见到了32年前的恋人。面对走过沧桑岁月的惠华，我扑地而跪，32年的思念、愧疚、痛苦、遗憾、感恩，不是这一跪能表达完全的……

　　幸运的是，我遇到了另一段纯真的感情。1951年，我认识了周元敏，她原是金陵女大音乐系的学生，到华东军区外语学校学习英文，我是英文队的副指导员，我们在这里相识、相知、相爱。周元敏的外祖父是著名爱国人士张治中，父亲周嘉彬将军于1949年领导了国民党部队的起义。在周元敏踏上朝鲜战场前夕，我向她求婚了。1953年，周元敏从朝鲜战场归来,次年我们在抚顺战犯管理所举行了"监狱中的婚礼"。我的一位老朋友说我真幸运,今生今世得到了两次纯洁的爱情,这也许是上苍对苦难悲情的补偿吧!

参加《毛泽东选集》翻译工作

我们党一直重视对外介绍毛泽东的著作。1960年《毛泽东选集》中文版第四卷出版。中央外事小组和中央对外联络部在给周总理报告中说:在当前情况下,尽快地翻译和出版《毛选》外文版是一项具有重大意义的政治性任务。随后,周总理指示:目前应集中力量把英、法、西、俄、日等5种外文版出好。以上5种外文版《毛选》的出版、印刷和发行,由外文出版社和国际书店分别进行,后确定由伍修权、姜椿芳负责,从有关单位抽调了一批高水平的翻译干部组成翻译班子。

1961年初,中央组织部下达命令,向全国调集最优秀的日文翻译干部,在北京成立《毛选》翻译班子,属中央宣传部代管的日语翻译机构,日文翻译干部和英、法、俄、西等其他语种的翻译干部一样,都是被中央组织部调集来的。其他语种的翻译干部都在中央组织部招待所(北京万寿路甲15号)工作,也在那里居住,唯独日文组在中国外文局工作。因为日文组的川越敏孝、菅沼不二男、池田亮一等3人都是《人民中国》杂志的日本专家,为了方便起见,日文组挂靠中国外文局。在中国外文局的专家楼里面,特意腾出一层楼给我们日文组,我们就在那里工作。当时翻译《毛选》的日文组除了上述3名日本专家以外,我们国内的翻译同志有丁民、康大川、黄幸、段元培、刘永鑫、陈瑞华和我,一共7个人;另外,在我们那里还有做事务工作的,有安淑渠、李佩云等人。

到了1962年,中央扩大《毛选》翻译组的整个编制,英、法、俄、西等语种都在增加人数,于是就搬到中直招待所(对外称北京金台饭店)了,我们日文组也过去了。那时候是以邓小平总书记的名义调人,没有一个单位不服从的,而且每个单位都高度重视,把最好的翻译人才送到中央组织部,送到《毛选》翻译组来。因为是中央调集干部要翻译《毛选》,被调集的干部受到组织信任的同时,自身的外语水平也得到认可,所以大家都有崇高的荣誉感,非常愿意来,而且来了以后工作很积极、很认真。这样就逐渐培养了《毛选》翻译班子的优良作风,从而保证了翻译任务的顺利完成。《毛选》外文版的问世,向全世界广泛传播和介绍毛泽东思想,曾是我国政治生活和对外文化交流中的一件十分重要的事情。那时候,许多外国读者认为,毛泽东思想"不仅属于他的人民,而且属于全人类",毛泽东著作"是给人鼓舞力量的源泉"。

当时,在全国物资供应紧张的情况下,我们得到了很多照顾,在中直招待所吃的比较好,住的条件也不错,特别是我们日文组,因为有日本共产党派专家来,我们党对日本共产党专家特别照顾。有一年夏天,我们日文组去北戴河，有康大川、张香山、赵安博、漆克昌等人，住在友谊饭店分店，一边工作一边休养，我们每天很早就起来开始翻译，翻译完了就去游泳，每当大家回忆起那段难忘的经历就特别愉快。

我们在翻译《毛选》的过程中，积累了很多宝贵经验，总结出了很多翻译技巧和工作方法，养成了严谨的学风、译风和文风。《毛选》翻译任务结束后，临时借调的翻译干部回到各自单位，因为这些同志都很优秀，他们在以后的工作中成为我国外事、外宣、外语教学等岗位上的骨干。比如，丁民担任过外交部亚洲司的副司长，段元培担任过中央对外联络部日本局的副局长，陈明担任过国际关系学院的副院长，苏琦担任过北京第二外国语学院的副院长，陈瑞华担任过全国总工会联络部的副部长。参加翻译《毛选》的这些同志跟我一样，现在差不多都是八九十岁的人了，要让他们帮忙再翻译什么也没有可能了。在我们那个年代，翻译全国党代会或全国"两会"文件的时候，如果工作需要，我们只要给这些同志打个电话，黄幸等人就会马上过来，他们是很愿意帮忙的，因为他们认为这是一件非常光荣的工作，没有人拒绝。

翻译《毛泽东选集》日文版的成功经验

翻译《毛选》日文版的工作比较成功，而且大家得到了很多的锻炼和教育，我总结有以下几点经验。

第一,整个《毛选》的翻译工作是在姜椿芳同志的亲自领导下完成的,他坐镇中央组织部招待所,带领政治水平比较高、翻译经验比较丰富的老同志开展工作。在姜椿芳同志的领导下,《毛选》翻译工作有计划、有秩序地开展,每两周开一次组长联席会议,那时我们日文组在中国外文局,每次去中央组织部招待所开会的时候,日文组组长康大川有时也带我去。召开组长联席会议,可以交流工作经验,了解工作进度,还有就是讨论质疑问题。各个组提出质疑问题,先在组长会议上交换意见和看法,实在解决不了的问题,就报中央质疑解答小组,解决翻译过程中的疑难问题。据说这个质疑解答小组是中共中央指定田家英主

《毛泽东选集》第1卷日文版

《邓小平文选》日文版

持的，很有权威性。《毛选》翻译工作与其他中央文献翻译比较起来，在翻译界里具有相当高的评价，享有良好的声誉，原因在于由党和国家掌握、配备翻译干部，而且针对翻译内容质疑的解答都是最权威的，还组织辅导讲座，比如解放战争时期"三大战役"的情况请部队的同志来介绍，农业合作化的情况请农业专家来做报告，这都对正确理解《毛选》的内容和精神有很大的帮助。

第二，《毛选》翻译英文组先行。当时的英文组负责人是程镇球，他曾经是外国语大学的教授，后来调到外交部翻译室，他领导的英文组比较强。大家采取的办法是让英文组先翻译出来，然后把英文稿子交给其他各组作为参考，这对我们有很大帮助，我们在翻译的过程当中遇到的一些问题会得到启发。如果我们从英文组先行提供的翻译稿子当中发现问题，倒过来也给他们提出意见。总之，大家互相取长补短，有效保证了《毛选》翻译工作的顺利开展。

第三，我们日文组和其他组有一个不同的地方，当时我们党和日本共产党的关系很好，中日两党都成立了翻译委员会。日本共产党不仅成立了《毛选》翻译委员会，1964年还派日本专家来中国，在中方协助下从事《毛选》第一——三卷日文版的翻译。然后，我们把翻译的初定稿寄到日本，日共《毛选》翻译委员会经过讨论、研究后，再把翻译意见反馈中国。1965年9月《毛选》第一卷日文版在东京出版。日本共产党派的专家是浅川谦次、安藤彦太郎、尾崎庄太郎、桥本幸男。浅川谦次是一名老翻译家，很有翻译经验，是有名的中文专家，曾在上海待过。安藤彦太郎是早稻田大学的教授，是秘密党员，他来中国的时候，我们把他请到我们这边来了，后来跟我们保持了长时间的联系，成了很有名的"亲中派"，他在日本是比较有名的"左"派，敢于说话，曾担任日中学院的院长。他的夫人是岸阳子，也是早稻田大学教授，教中国文学。尾崎庄太郎也是老翻译家、老中国通，写了一本《中国工业论》。最重要的是，中日双方还成立了定稿委员会，日本共产党派了一名懂中文的常任干部委员会委员，叫安斋库治，相当于政治局常委，还兼着书记处书记，是日共《毛选》翻译委员会最高的定稿负责人。我们这边，译文定稿委员会由廖承志、赵安博、张上明、王晓云、康大川等同志组成，廖承志同志是《毛泽东选集》翻译委员会的最高领导。所以，中日双方都由政治局委员担任最高的定稿负责人。日文组翻译《毛选》时，有中日两党的高度重视和翻译委员会的领导，这是独一无二的，在所有的《毛选》外文版当中，我们日文版应该是最权威的，由日本新日本出版社出版。糟糕的是，中苏关系恶化后，我们跟日本共产党的关系也恶化了，日共方面就不再出售《毛选》方面的书籍了，《毛选》日文版费了那么大的劲儿，翻译出来竟然不能出售，没有办法，我们只好将《毛选》改译，由外文出版社出版。

第四，在工作中保持和发扬民主作风。我们在讨论译词的过程当中，发扬民主、畅所欲言，一个译词就讨论半天，经过充分地讨论再得到准确的译词，这对学术、译词等方面都是有好处的。正确的意见我们采纳，可以坚持，不分上下，这样可以培养良好的工作作风。在这个阶段，大家都全身心地投入工作，组织上信任，工作上愉快。大家一致认为，参加这项翻译工作有崇高的荣誉感和使命感，从而培养了《毛选》翻译班子的优良作风和优良传统。《毛选》的翻译工作，采取个人负责、集体讨论决定的办法，设立初译、核稿、改稿、再核、再改，以及定稿委员会和请日本专家当第一读者等关卡，并在必要时参考英文稿，从译者和读者两个不同角度审视译文的办法，使译文忠实完整地再现原作，保证了《毛选》日文版的权威性。

主持中央编译局日文处的工作

中央编译局"中央文献翻译部"的前身是"毛泽东著作翻译室"（简称"毛著室"），"毛著室"初期是为翻译《毛选》第四卷组成的临时工作班子，设有俄文、英文、法文、西班牙文等4个组，1961年12月，经中共中央书记处批准成为常设机构，归属于中央编译局。1977年6月，"毛著室"增设日文组。1982年，"毛著室"更名为"中央文献翻译室"，1994年改称"中央文献翻译部"。

大家应该听说过王效贤，他曾做过毛主席、周总理的翻译，后来担任中日友协常务副会长。在中央编译局日文处成立之前，王效贤曾动员我到中央编译局工作。王效贤等同志考虑，《毛选》翻译工作结束以后，这个翻译班子就要解散了，英、法、俄、西等语种都在中央编译局有一个机构，唯独日文没有，所以他们就考虑应该成立日文处，于是，就给我做思想工作，征求我的意见。我考虑这并不仅仅是王效贤一人的意见，应该是跟林丽韫等同志商议后推荐的我。在我们日文翻译的这个群体里，大家互相都很熟悉的，而且一直保持着联系。我想自己长期做日文翻译工作，"文化大革命"期间受到冲击，结束后也想换换环境，经过再三考虑，我就答应了王效贤，决定到中央编译局日文处工作。

1977年9月，我来到中央编译局，1979年9月，中央编译局成立日文组，让我任临时负责人。日文组作为"毛著室"的常设处室，排在第5位，虽然是最晚的，但是《毛选》的日文组并不晚，跟英、法、俄、西等其他的语种同步进行。我在中央编译局工作期间，有两年又被借调到人民日报社工作，被派到日本做驻东京记者。因为人民日报社确实找不到既懂日文、了解日本情况，又熟悉新闻业务的人。当时日文组的工作还没有开始，就在日本专家川越敏孝的指导下开展翻译练兵，讨论《毛选》第四卷的翻译，日文组的同志先看日文稿，然后提出问题，一起讨论，共同学习，翻译练兵进行了将近两年。由于中央文献的翻译任务还没有下来，我也觉得可以离得开，于是就答应人民日报社的借调。这样，1979年至1982年，我在日本做了两年多记者。一般情况下驻外是4年，人民日报社也希望我再干两年，但是《邓小平文选》翻译任务来了，局里希望我回来主持日文翻译工作。

我从日本一回来就被任命为日文组组长，投入《邓小平文选》翻译工作。1982年初，日文处的同志经过加班加点地工作，用了不到半年的时间就把《邓小平文选》翻译出来了。鉴于当时国内的外文印刷厂工期太长，耽误时间太多，一般印刷一卷就要半年。因此我将翻译好的《邓小平文选》带到日本，与日本的东方书店共同出版，日方负责印刷、装订，做的很漂亮。我们在东京举行了出版发行仪式。在会上我们才知道，日本也翻译了《邓小平文选》，比我们国内翻译得还早。我们比日方晚出版了一个星期，不过关系倒是不大，在NHK（日本广播协会）广播邓小平语录的时候，用的是我们和东方书店共同出版的《邓小平文选》，说明日本方面对我们翻译的《邓小平文选》还是比较认可的。

1982年，我在中央编译局获得了"先进工作者"称号，

陈弘（台下左一）在东京参加《邓小平文选》日文版出版发行仪式

我非常珍视这个荣誉,因为这不是授予我个人的荣誉,而是给日文处的全体同志的,是大家的功劳,我是作为代表去领奖的,所以这个"先进工作者"奖状我一直保存着。我在中央编译局工作10年间,评上了高级职称译审,获得国务院政府特殊津贴,也被中国译协评选为第一批全国资深翻译家,我感到十分荣幸。

1990年,我在中央编译局办理了离休手续。之所以办了离休,是因为我得了高血压,后来的冠心病也是从那时候开始的。那一年,在全国"两会"文件翻译工作的最后一天,就在译文定稿的时候,我正在和章辉夫(《北京周报》日文版负责人)、川越敏孝3个人在办公室讨论,突然感到身体不舒服,胸闷、头晕,我就和他俩说暂时走开一下,就到医务室了。大夫问我怎么来的,我说走过来的,她说那可不行,就叫"毛著室"副主任尹承东过来,告诉他我的心脏跳动不正常,应该赶快送往医院。后来,把我送到人民医院去抢救,还算是及时。其间,我还一直惦记着全国"两会"的翻译工作,好在对最后一天的"两会"文件的翻译定稿没有影响。就在那个时候,人民医院的医生给我定性为早搏、冠心病,让我回家休息。后来,我就办理了离休手续。

很巧的是,除了我在中央编译局工作过,还有其他3名台湾公费生也先后在中央编译局工作过。一个叫尤宽仁,是比较早到中央编译局的,在此之前,他在中央宣传部翻译室,翻译《斯大林全集》第1—3卷,1953年调到中央编译局来，1954年又调去了哈尔滨工业大学。所以，他在中央编译局的时间不算长，在档案里也没有体现。一个叫杨威理，他是北京大学毕业的，毕业后就到中央编译局来了，他是中央编译局图书馆馆长，懂好几种语言。还有一名叫白明，我到中央编译局以后，就把他也调来了，大概比我晚两三年吧，他年龄比我大一岁，杨威理年龄比我小一岁。

中央编译局日文处的工作经验

我在中央编译局日文处所做的事情，主要是围绕尊重和爱护专家、培养同志们团结奋斗的工作精神、建立工作制度、重视总结工作经验等方面展开的。

第一，尊重、爱护专家，我们日文处是做的最好的，对几名老专家非常照顾。我们知道，在找专家这个事情上，找川越敏孝是找对了，这为我们日文处打下一个很重要的基础。川越敏孝这人完全是书生气，独立生活能力较差，在这种情况下，我们专门安排同志对他的生活进行悉心照料，因为他晚上加班加点都在办公室，生活起居需要照顾，他把全部精力都投入到工作中去了，将心比心，我们应该把他的一些生活琐事承担下来，让他感到很温暖。

第二，养成团结战斗，不怕苦不怕累，保持旺盛精力的工作精神。我到日文翻译处比较早，后来的同志都说我是元老级人物，可我不敢这样说，我只不过继承前人的优良作风和光荣传统，尽可能地将"团结战斗"这个作风保存下来贯彻到了今天。我们日文处的同志都是这样的,工作任务一来,特别是全国党代会和全国"两会"文件翻译,要跟时间赛跑,用我们睡觉、吃饭的时间来赢得时间,来完成任务。一方面我们培养责任感、荣誉感,做工作要严谨,一丝不苟,这是在我们的翻译当中表现出来的;另一方面,以身作则,吃苦在先,领导坚持到最后。在我们日文处,面对翻译任务,处长没有特殊,也一样承担翻译,这是我们一直坚持下来的。这样做还有一个好处,处长本身也可以提高业务,也可以得到锻炼,宝刀不老嘛!从过去的"毛著室"到现在的"文献部",一直保持着无私奉献、甘当无名英雄、任劳任怨、分秒必争的工作作风。

第三,建立工作制度。在当时没有电脑的情况下,要到印刷厂去印刷,很费时间,有很多程序,既累又烦。在那样的情况下,我们建立工作制度,工作程序有二十几道,现在把印刷厂的那一套去掉的话,至少也有十五六道工作程序,这一套程序很严密的,这是在长期工作中积累出来的结晶。按照这些程序,每次译稿按部就班,不会出问题,特别是进行最后的"三合一"(一人看原文,一人看定稿,一人看改稿),到现在仍在沿用。

第四,重视总结工作经验。在工作中不断地摸索,积累经验是很重要的。每次参加全国"两会"文件翻译工作,事先有布置,事后有小结,交流工作经验,把好的译词积累下来,做成卡片,这在我们的工作制度里面也是一个工序。有质疑的卡片,还有译词的卡片,工作结束后把它们都保留下来。我看到现在那些工作卡片都放在箱子里面，要好好地保存，千万不要丢掉，这是很不容易的。当然，有些词汇还要充分斟酌，因为在当时极"左"路线下，有些译词可能偏左，一定要加以甄别。

第五，要加强政治学习。在工作中有一个重要的经验，就是我们做中央文献翻译，政策性强，需要加强政治学习，要吃透政策，了解、领会中央文件精神，正确理解中央政策，这对我们翻译工作者的政治素质要求极高，要我们能以高度的政治责任感对待这项意义重大的工作，通过不断的政治理论学习，提高自身政治修养，坚持正确的政治方向、政治立场、政治观点，不断提高政治鉴别力和政治敏锐性。在吃透文件精神、准确理解原文的基础上，反复推敲，精益求精，用严格的标准来确保翻译质量。我举个例子。在我们对台湾的大政方针里，"一国两制，和平统一"是基本方针。"一国两制"是一个国家、两种制度，我们翻译成"一国两制度"；"和平统一"曾经翻译成"和平·统一"，这被理解成两件事情。当时我就觉得这个理解有错误，虽然这四个字中间有黑点，其实应该是"和平的统一"，是"用和平的方式去统一台湾"，而不是"和平"和"统一"两码事。我们曾经翻译过"和平"和"统一"中间加一黑点，后来就改成了"和平的统一"。这虽然是一个字的问题，但意思就不一样了。现在又有了"两岸的和平发展"的提法，文字里面有"和平发展"，"和平"指台海的和平稳定，"发展"指台海的经济社会发展，跟那个"和平的统一"倒过来了，这个是"和平和发展"，不是"和平的发展"，因为现在的时代特征是和平与发展，战争的时代特征是战争与革命。例如，在政府工作报告里提到，"中国要与国际社会一道，为人类和平与发展事业不懈努力"，"和平与发展"是两个意思，不是"和平的发展"。所以对政策的理解，一个字和两个字就不一样。

卿学民，译审。现任中共中央党史和文献研究院第六研究部副主任。全国宣传文化系统"四个一批"人才。参与习近平总书记重要论著、《邓小平文选》《陈云文选》《江泽民文选》《胡锦涛文选》《中国共产党的七十年》《中国共产党历史》以及全国人代会、党代会等重要文献的对外翻译和组织工作。

厚积乃薄发　功到秋华实
——访中央文献译者卿学民

采访者：王婷婷

上海外国语大学日语专业的卿学民甫一毕业即分配到中央编译局工作，投身中央文献翻译事业近四十年，是中央文献翻译发展与创新的见证者和亲历者，从老一辈翻译家一笔一划手写译文到翻译技术的引入应用，再到新时期翻译、宣介、研究共同发力宣介矩阵的构建，中央文献翻译几经变革，他始终与其同行。他参与了多部领导人著作以及党的全国代表大会、全国人民代表大会等重要会议文件的对外翻译、审定工作，转职领导管理岗位后，又参与了多个重大翻译项目的组织协调工作。在他眼中，中央文献翻译是一件十分富有挑战性又极具魅力的事情，他认为，中央文献翻译不仅是两种语言之间的文字转换，还必须有基于历史维度以及宏观角度的思考。在中央编译局成立七十周年、中央文献翻译即将迎来百年历程之际，卿学民接受了本次访谈，希望与各位一同回顾中央文献翻译、了解中央文献翻译、展望中央文献翻译。

王婷婷现为中共中央党史和文献研究院第六研究部日文翻译。本文采访于2023年。

结缘中央文献翻译

采访者： 您是如何与中央文献翻译结缘的？

卿学民： 1987年我即将大学毕业，当时外语人才奇缺，很多单位来学校招人，其中不乏收入高、条件好的单位。考虑到自己的兴趣，我最后选择了来中央编译局，成为了一名中央文献翻译工作者。

采访者： 看来您和中央文献翻译是双向奔赴的缘分呀，那在此前您是否对中央文献翻译有所了解呢？能否请您为我们简单地介绍一下中央文献翻译的发展史？

卿学民： 说实话，入职前我对中央文献翻译的了解仅限于《毛泽东选集》的外文译本，因为那时外语专业的学生都把它当作重要的课外翻译教材。作为学习者，我当时惊叹于《毛泽东选集》外文译本的翻译水平之高，可以说把信达雅、形神兼备这些评判标准用在它身上都不为过。但那时我还未将其与中央文献翻译发展史联系起来。直到入职后，我才通过老前辈们的讲述以及多方查找资料，对中央文献翻译发展史有了一个大致的了解。其实，通过梳理可以发现，中央文献翻译发展史与党的百年奋斗史密切相关，反映了党在不同历史时期的实践和理论创新。其发展过程经历了从零散、无序，到组织化、制度化的演变。

中央文献翻译的开启可以追溯到新民主主义革命时期。中国共产党在成立后不久就加入了共产国际，成为共产国际的一个支部。当时，由于工作需要，大量中央文件被译成外文，部分译文还发表在了共产国际的刊物上，其中就包括毛泽东的《湖南农民运动考察报告》，该著作外文译文分别刊登于1927年5月和6月的共产国际执委会机关刊物《共产国际》俄文版和英文版上，也是最早被译介到国外的毛泽东著作。不过，此时的中央文献翻译主要依靠的还是共产国际的力量。全面抗战爆发后，党中央开始探索自主开展重要中央文献的翻译，毛泽东的《论持久战》《论联合政府》便是由当时设立的各外事机构独立完成翻译的。这个阶段的翻译，为毛泽东思想的海外传播起到了一定的推动作用，但也存在翻译标准不统一、翻译未成规模、不成体系的问题。

新中国成立后，为了巩固新生政权，也为了介绍中国革命斗争真实情况和胜利经验，鼓舞全世界民族解放运动和社会主义力量，党中央开始有计划地组织开展毛泽东著作的翻译工作，中央文献翻译逐渐趋于组织化、规范化。在这个阶段，主要完成了《毛泽东选集》一至五卷的英、俄、法、西、日文版的翻译和修订，《毛泽东军事文选》《毛主席语录》等多种毛泽东著作的翻译，以及党和国家其他领导人重要讲话的翻译。与此同时，为了向全世界展示中国共产党作为执政党的新形象及其路线、方针、政策，宣传中国社会主义革命和建设取得的伟大成就，党的全国代表大会、全国人民代表大会、中国人民政治协商会议文件的多语种翻译工作也在同步进行。

十一届三中全会以后，我们拉开了改革开放和社会主义现代化建设的大幕。为了进一步对外宣介马克思主义中国化理论成果，让国际社会更加全面地了解中国特色社会主义的发展道路和创新实践，中央文献翻译的工作内容进一步拓展，工作机制进一步规范，部分重大翻译任务逐步制度化。在此期间，《周恩来选集》《刘少奇选集》《朱德选集》《陈云选集》《邓小平文选》《江泽民文选》等党和国家领导人著作的英、俄、法、西、日文版译著相继出版发行。2009年，我们还开始了《求是》杂志海外版的常规翻译。此外，中国共产党历史相关著作、国民经济和社会发展五年规划（计划）、《中华人民共和国宪法》等具有重大意义的中央文献也纳入对外翻译的范畴。

党的十八大以后，中国特色社会主义进入新时代，中央文献翻译也开启了新篇章。为了让国外受众第一时间了解党在新时代治国理政的新理念新思想新战略，以及党和国家事业取得的重大成就，及时回应国际社会关切，党中央对中央文献翻译工作提出了更高的要求。不仅常规翻译任务增加了，而且临时交办任务越来越多，从接到翻译任务到交付定稿的翻译时限也大幅度缩短。在这种严峻挑战的倒逼下，中央文献翻译也迎来了飞速发展阶段。我们先后翻译出版了一系列习近平总书记重要著作和重要文献，包括《习近平关于实现中华民族伟大复兴的中国梦论述摘编》《习近平关于全面深化改革论述摘编》《习近平关于党风廉政建设和反腐败斗争论述摘编》《习近平关于全面依法治国论述摘编》《论坚持推动构建人类命运共同体》《习近平关于尊重和保障人权论述摘编》《习近平在庆祝中国共产党成立100周年大会上的讲话》《中共中央关于党的百年奋斗重大成就和历史经验的决议》等。

经过多年的发展,中央文献翻译事业已经成为一项高度组织化、制度化的系统工程,形成了一套科学完整的翻译流程,翻译内容也基本固定下来,主要包括以下几大类:一是党和国家主要领导人重要著作,如《毛泽东选集》《邓小平文选》《江泽民文选》《胡锦涛文选》等;二是中国共产党历史,如《中国共产党历史》《中国共产党简史》《中国共产党的一百年》等;三是党和国家重要会议文件,主要是历次党代会、中央全会、历年全国"两会";四是其他重要文献,主要有党和国家领导人重要讲话、《中华人民共和国宪法》、国家历次五年规划(计划)、中央交办的其他重要文献、《求是》海外版等。总之,都是政治性、思想性、理论性很强的文献。

采访者:我们讲中央文献翻译,就必然绕不过您所在的翻译部门,能否请您简单介绍一下这个低调且神秘的部门,让我们对它有更深入的了解?

卿学民:现在这个部门叫中央党史和文献研究院第六研究部,它的前身是毛泽东著作翻译室,正是上面提到的中央文献翻译制度化发展的产物,也是我国第一个从事中央重要文献翻译工作的常设机构。在其成立之前,每次有重大翻译任务都要临时从各单位调人搭班子,工作起来十分不便，于是 1961 年 12 月由中央联络部和中央宣传部联名向中央提出关于设立一个专门的中央文献翻译常设机构的请示报告，当时主持中央书记处工作的邓小平同志很快作出同意该机构成立的批示。由于该机构当时主要承担翻译《毛泽东选集》的任务，故而定名为毛泽东著作翻译室，隶属于中央编译局，人员班底主要是之前从各大单位抽调参加《毛泽东选集》翻译任务的外语专家。部门成立之后，逐步承担起原来较为分散、无固定牵头单位的各项中央文献翻译任务，并成为之后中央文献翻译的主力军。我们从 1977 年党的十一大开始，组织党代会主要文件的翻译工作；从 1978 年五届全国人大一次会议开始，组织全国人大会议主要文件的翻译工作；从 1995 年全国政协八届三次会议开始，承担全国政协文件的翻译工作；从 2014 年党的十八届四中全会开始，负责中央全会主要文件的翻译工作。部门成立之初只有英文、俄文、法文、西文四个语言组，1977年增设了日文组，2012 年，根据工作需要又增设了阿文处和德文处。1982 年更名为中央文献翻译室，1994 年改称中央文献翻译部。2018 年深化党和国家机构改革，中央编译局和中央党史研究室、中央文献研究室合并组建中央党史和文献研究院，中央文献翻译部随之更名为第六研究部。

在职责定位方面，第六研究部仍以对外译介为主，主要负责中国共产党历史和理论对外翻译宣介，包括翻译习近平著作以及其他党和国家主要领导人著作，翻译党和国家重要文献，翻译宣介中国共产党历史等。在此基础上，根据时代发展需求，新增了重要术语译文审定和对外话语体系研究的职能。如今，第六研究部已发展成为融翻译、宣介、研究于一体的综合性中央文献翻译"国家队"。

初探中央文献翻译

采访者：作为中央文献翻译职业生涯的起点，您入职后接触的第一项工作内容是什么？

卿学民：我们那个时候基本上不会让刚入职的年轻人立刻上手翻译的，都要从最基础的工作做起。我接触的第一项与中央文献有关的工作是做卡片，就是在重大翻译任务结束后，把工作中出现的重要术语的译法以及其他一些好的译法誊写到卡片上，然后按照顺序依次排好，翻译时遇到对应的词就去翻卡片确认。虽说这个工作听起来并不那么高大上，也早已不做了，但在当时电脑还不普及的年代，卡片其实充当着现在数据库的角色，也有助于译法的规范统一。而且，千万不要小看做卡片，想要做好也是需要花费一番功夫的。不仅要细致有耐心，选哪些词也是需要仔细斟酌的。做卡片的工作我大概做了四五年，在这个过程中我既学到了专业方面的知识，对词汇的敏感度也得到了很大提升。

采访者：您提到刚入职时电脑还不普及，那个时候的工作模式是什么样的呢？

卿学民：是的，那个时候每个语言处只配备一台电脑，所有电脑放在同一个房间，每个处只有一把钥匙，由专人保管。当时，会用电脑的人很少，而且老一辈译者习惯在纸面上翻译和改稿，所以大部分的翻译工序都是在纸面上完成，再由年轻人或是专职打字员录入电脑形成电子版。有的老专家喜欢在纸面上反复修改，加之部分老专家笔迹潦草，难以辨认，录入时极易出错，需要特别小心。尤其是两会文件翻译工作，时间紧、修改多，电脑上录入工作强度很大，不能出一点差错。我很幸运，入职第二年就参与了"两会"文件的初译工作，也是部门第一个新入职就能在类似重大翻译任务中参加翻译环节的人，很兴奋，也很紧张。那次承担的翻译任务并不重，只有大概一页半的内容，初译完成后的主要工作就是译文录入了。操作时两人一组，分工协作，一人负责打字录入，一人坐在旁边两眼紧盯屏幕，负责确认。译稿交付前两天，我们要面临时间和中文改稿的双重压力，老专家们都会通宵达旦地工作，我们录入小组也会随之实行24小时轮班，每两个小时一轮换，以保证译文的及时录入与交付，现在回想起来也是十分宝贵的经历。

采访者：您与那么多优秀的翻译界前辈共事，能否谈一下您对老一辈中央文献译者的印象以及对您影响比较大的前辈？

卿学民：老一辈中央文献译者身上有很多值得我们学习的品质。首先是他们对翻译工作的热爱。上世纪八九十年代正值改革大潮，选择下海经商或是跳槽去高薪企业就职的例子比比皆是，尤其是掌握外语技能的人才面临的机遇很多。但是，我们部门的老一辈翻译家都能忍得住清贫，顶得住诱惑，甘愿坐冷板凳沉下心来专心搞翻译。还有，就是他们身上那种精益求精的作风，从词汇的译法到标点符号的处理，每一个细节都会认真揣摩、反复斟酌。在他们的言传身教之下，我逐渐养成，或者说传承了坚守、踏实、认真的中央文献翻译精神。其中，对我影响比较大的人之一是陈月霞女士，她是我的指导老师，也是我从事中央文献翻译的领路人，她几乎是手把手教我如何对译文进行初改、核稿以及如何挑选术语、制作卡片的，在生活上也给予了我无微不至的关怀。还有一位业务上对我影响比较大的人是邱茂老前辈，他曾跟我说做文字翻译要"素直に"（老实，不要小聪明），不要搞旁门左道，译者要认真对待翻译这项工作，文字也是有生命、有呼吸的，要尊重她。他对翻译

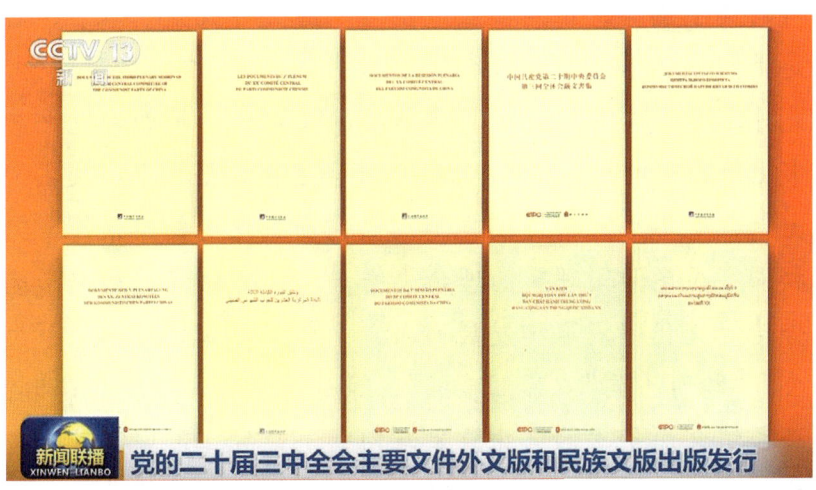

中央文献翻译成果

的这种见地让我受益至今。

感悟中央文献翻译

采访者：与中央文献打了这么多年的交道，您认为中央文献文本区别于其他文本的特点是什么？

卿学民：我认为，准确把握中央文献文本特点是做好中央文献翻译的基石，是一切关于中央文献研究的前提与条件。基于多年接触中央文献的经验，我认为中央文献文本主要有以下几个特点：政治性、理论性、文化性、时代性。首先，中央文献是党的文献，姓党，有着鲜明的政治立场，天然具有政治属性。其次，从某种意义上讲，中央文献是一个完整科学的理论体系，各个文献之间并不彼此孤立，其内容是相互关联的，所以，中央文献翻译不是简单的文字翻译，不是孤立地翻译一篇文件或是一本书，而是译介一个思想理论体系，这说的就是中央文献的理论性。此外，中央文献文本还具有典型的文化性，正如习近平总书记所指出的那样，"中国特色社会主义植根于中华文化沃土"，"中华优秀传统文化是我们党创新理论的'根'"。党和国家很多治国理政的理念思维与经验方法都是从中华优秀传统文化中汲取和发展而来，比如"大道之行、天下为公""和而不同""亲仁善邻"，等等。在翻译相关理念时，必须结合深层次的文化意象与内涵。最后，中央文献文本还具有时代性，一些重要概念的内涵和外延并非是一成不变的，会随着时代的变化而变化，比如，"小康"这一概念就经历了从主要着眼于经济指标的"小康水平"到经济、政治、文化、社会、生态五大建设协调发展的"小康社会"的演变，对应的译法自然也要随之发生改变。因为这些特点，译者在翻译重大概念时就不能仅仅停留在字面意思上，需要从整个历史脉络的维度进行考量。

采访者：从您给我们介绍的中央文献文本的特点中，我们已经能够感受到要想译好中央文献不是一件容易的事情，那能否请您给我们具体讲讲中央文献翻译的难点在哪里？

卿学民：说到中央文献翻译的难点我想通过一个例子来说明，就是对于党的二十大报告中出现的"中国式现代化"的翻译，如果单纯从语言角度看，其实这个词的翻译并不难，需要纠结的只是"式"字该译成什么，是 type、model、pattern、style，还是别的什么词？但是如果我们从历史逻辑对中国式现代化这一理论的形成发展进行分析，结合其内涵特征等来考虑译法的话就会发现，我们不应该被"式"字所困，因为中国式现代化不以西方国家现代化为模板，不走殖民掠夺、强国必霸、先污染后治理的老路歪路，创造的是一种全新的人类文明形态，基于其重大创新意义，我们跳出了"式"字的束缚，提出了 Chinese modernization 的译法，并得到了认可。由这个例子也可以看出，要想译好中央文献，不能简单地按照字面翻译，而是要真正读懂吃透原文，精准把握好原文作者所要传递的

2013年中央编译局成立60周年文献部合影

精髓要义。理解得不到位，产出的译文自然会有所差异。我非常敬重的一位外国专家川越敏孝先生，曾用图形的方式对此做过一个十分形象的阐释：如果将原文作者想要表达的意思比作一个圆，那么一般来说落在纸面上的原文呈现出来的会是一个近似于圆的八边形，此时如果译者在未加理解或是理解不到位的情况下进行翻译，那么产出的译文有可能会是一个六边形，基于此再刨去读者在理解上的偏差，最后读者接收到的信息可能就只是一个四边形了；如果译者能在译前完整充分理解到原作者的所思所想，达到圆形，那么产出的译文就有可能是一个近似于圆形的十边形，这样即便译者在信息接收上有所损耗，最终也能接收到等同于原文八边形大小那么多的信息量。至于译者如何能够做到精准理解到原作者想要传递的信息，这就离不开译者在语言之外下的功夫了，好的译者要对其所涉及的领域有足够深入的了解，一名优秀的中央文献译者至少要是半个理论方面的专家。

采访者： 您刚才提到了外国专家，作为为数不多聘请外国专家的中央文献翻译常设机构，您认为外国专家在中央文献翻译中扮演着什么样的角色？

卿学民： 外国专家参与中央文献翻译是我们长期翻译实践过程中摸索出来的一套行之有效的工作模式，也是我们的特色和优势所在。不仅是中央文献翻译，很多在国外备受赞誉的优秀文学译著其实也是中外译者合作的产物。中央文献翻译在中外合作模式下，中外译者相互配合，各有分工侧重，中文译者重点负责确保中文理解的准确性，外国译者主要负责外文的润色表达。不仅如此，在合作过程中，外文译者还可以从第一受众的视角出发，提出一些基于目的语文化背景下的意见和看法，再经双方有效沟通，可以碰撞出既不失原文文化信息又兼顾受众接受度与思维习惯的译文。

展望中央文献翻译

采访者：您认为中央文献翻译目前是否面临困境？如果有的话是哪些困境？

卿学民：中央文献翻译目前处于两个"少"的境况。第一个"少"是从事中央文献翻译的专门人才少。一方面，中央文献译者多为党和国家机关以及各事业单位中与外语工作相关的工作人员，本身译者群体规模就不大。此外，在专业人才的输送方面也存在短板。一直以来高校外语教学内容都以文化、文学为主，涉及中央文献翻译的课程并不多。不过，随着"三进"工作的推进，这种情况已有所改善。第二个"少"是中央文献翻译高端人才少。主要指的是具有定稿水平的译者少。中央文献译者的成长离不开经年累月的知识积累以及各种翻译任务的历练，一名优秀的定稿人不仅需要具备熟练的双语转换能力，还要有极其敏锐的政治敏感度与扎实丰富的内政外交国防等各方面的知识储备，强大的抗压能力和组织能力，这些能力没有个十来年是培养不出来的。如果将中央文献翻译人才队伍比作一座金字塔，那定稿人就是金字塔的塔尖，属于比较稀缺的人才。

从业者基数少，再加上行业整体收入不高，工作也比较枯燥，难免会有人才流失的情况发生，此外，随着我国外宣事业的发展，翻译量递增与译者不足之间的矛盾也愈发突出，如何培养并留住人才成为当下亟需解决的课题之一。

采访者： 一直以来，党中央都高度重视对外话语体系建设，党的二十大报告指出，要加强国际传播能力建设，全面提升国际传播效能。作为外宣事业的重要组成部分，您认为应当如何做好中央文献翻译能力建设？

卿学民： 中央文献翻译是国家话语对外传播的重要载体，做好中央文献翻译能力建设是提高国际传播能力的重要举措之一。高水平的翻译能力要求不仅要译得好、译得准，还要译得快。要想译得好、译得准，就要从加强人才队伍建设上下功夫，例如，通过进一步完善"以老带新""选派优秀人员出国访学""开展学术交流"等机制，可以培养造就一批高水平高素质的翻译人才。而要想译得快，仅靠人力是很难实现的，还需要借助翻译技术的力量，我们已经引入的计算机辅助翻译软件（CAT）就在提高翻译效率、重要术语规范化等方面起到了一定的作用，但是要根本解决中央文献翻译越来越紧迫的供需矛盾问题，还是不够的。当前人工智能飞速发展，给传统翻译领域带来了不小的冲击与变革，机器翻译＋译后编辑（MT+PE）的翻译模式逐渐成为趋势与主流。至于未来这种模式是否会应用于中央文献翻译，我想，如果真能实现的话，应该会在缓解中央文献翻译供需矛盾上起到很大的助益。不过，实现高质量的机器翻译并不是一件容易的事，需要一个庞大的数据库来支撑，还需要花费大量的人工与时间来训练模型。当然，需要明确的一点是，机器翻译不可能完全替代人工翻译，尤其是中央文献翻译，文本十分特殊，现有的翻译技术恐怕还胜任不了。

采访者： 非常感谢您接受这次访谈，为我们揭开了中央文献翻译的神秘面纱，让我们了解到了中央文献翻译筚路蓝缕、玉汝于成的发展历程，感受到了老一辈翻译家们的情怀与担当，看到了中央文献精神的传承与发扬，也见证了中央文献译者的初心与使命。我们相信，有着这样一种精神传承的翻译团队一定可以接好"讲好中国故事、传播好中国声音"的接力棒，无论面临何种艰巨繁重的任务与挑战，都能迎难而上、向胜而行。

卿学民： 也很感激有这个机会能对近四十年的中央文献翻译生涯做个回顾与总结，我很庆幸自己选择了这个职业，这是一项光荣的事业，也很感恩和这样一群同事共事，他们都是我的良师益友，是非常棒的译者。如果从上个世纪二十年代算起，中央文献翻译事业如今已走过百年发展历程，历经风雨洗礼，曾经那颗纤弱的小树苗正茁壮成长，永远昂扬向上，它今后必会愈发枝繁叶茂。

中外交流的"使者"
——中央文献翻译事业中的外国友人

编者按：中央文献翻译队伍中有一群特别的人，他们是各语种外籍专家。早在20世纪五六十年代，爱德乐、柯弗兰、夏庇若、爱泼斯坦、李敦白等外国专家就参加了《毛泽东选集》等翻译工作。随着时代的发展，参加中央文献翻译工作的外国专家更多了，他们亲华友华、热爱中国文化。他们都在工作岗位上为译介中国、读懂中国做出了贡献。这里选编的4篇忆述，生动记叙了外国专家担当中外交流"使者"的故事。

　　川越敏孝（1921—2004），出生于日本神户，东京帝国大学经济系毕业后考上高等文官，供职于日本大藏省会计局。1944年被强征入伍，派往中国东北。抗日战争结束后，进入苏军收容所任俄语翻译，后服务于中国人民解放军后方医院，自此参加中国的革命和建设工作。通晓日、俄、中等多国语言，先后承担过《毛泽东选集》《周恩来选集》《刘少奇选集》《朱德选集》《邓小平文选》《陈云文选》的中译日改稿和定稿工作，并为我国培养了大量翻译人才。

日本专家川越敏孝的故事

陈弘

我来到中央编译局第一件事就是找日本专家,这是很重要的,如果找对了专家,会发挥很大的作用,这一点大家都有切身体会。我先找到的第一位日本专家就是川越敏孝。我和川越敏孝是怎么样的关系呢?1954年,我们东北工作团到了抚顺,在那里对日本战犯进行认罪教育、审讯、了解、调查、罪行认定等工作,结束后,回到北京卧佛寺的旅馆,秘密地翻译起诉书和判决书,因为当时审判日本战犯是保密的,所以不能离开卧佛寺。在卧佛寺翻译日文起诉书、判决书的时候,请来一名日本专家,就是川越敏孝。川越敏孝是审判日本战犯的唯一日本专家,因为和日本有关系,所以对他的信任程度可想而知。我就是在那个时候认识他的。后来,我们翻译的判决书、起诉书拿到外文印刷厂去印刷,川越敏孝也跟着我们一块儿到印刷厂的车间里。夏天的晚上很热,而且有蚊子,川越敏孝跟我们一起校对,我们发现什么问题,就地和他商量。他很能吃苦,所以我对他的印象很深。日本战犯的审判工作结束后,

---

陈弘为日文翻译家,曾任中央编译局中央文献翻译部日文翻译处处长。本文根据陈弘同志口述资料整理,整理者柳宁。

川越敏孝就到《北京周报》工作了。

川越敏孝的经历很传奇。他1921年1月24日出生于日本神户，是日本京都帝国大学经济系毕业的高材生，毕业时通过了日本高等文官考试。在日本，走仕途之路要经过各种文官考试，在文官考试及格的人当中，前10名都要到大藏省担任高等文官。资本主义国家对财政工作非常重视，大藏省的官僚是最重要的，也是最优秀的，川越敏孝就是其中之一。川越敏孝被调到大藏省去当官，他的前两期有一名叫做宫泽喜一的，就是因为通过了高等文官考试，后来当上日本首相；川越敏孝同期有一名叫高远的，是国铁总裁，算部长级干部；还有一名日本最高裁判所的长官也是他的同学。总之，川越敏孝的好几名同学，在战后都做了高级官员，而川越敏孝作为大藏省的官僚，1944年被日本军方征兵了，被送往我国的东北地区。在日本，中学毕业以后，通过相关的考试可以成为干部候补生，可以当预备军官，一般的学生都能考得上，而像川越敏孝这么优秀的学生，一定会考上的，考上以后在预备士官学校里面再学习一年，出来就当少尉了。可是，川越敏孝不去考，也不去当官，在我国东北的哈尔滨学习了俄文。日本战败投降后，如果川越敏孝回到日本大藏省，可以继续当官，而且还要官复原职的，不仅如此，当兵期间的薪水也要全部补发给他，而川越敏孝在1946年参加了中国人民解放军，为我国的解放事业做贡献。这点是很可贵的，非常不容易。川越敏孝开始在我们东北联军的后勤部，也干过炊事员等，后来，调到《民主新闻》（东北抗日联军创办的刊物）做翻译工作。虽然吃了不少的苦头,但他一直坚持工作,对我们东北联军、对我们党有所了解,有共鸣。他就是这么一个人。

川越敏孝非常热爱中国,对毛主席很有感情,对毛泽东思想非常信仰,始终将之作为信念,痛恨日本军国主义发动的战争,毕生祈念中日友好,是中国人民永远的朋友。川越敏孝曾回忆自己的经历:"1943年,我从京都帝国大学经济系毕业,到大藏省工作才半年,一纸征兵通知便成了日本军队的一名小兵。我先被送到朝鲜,后被转送到哈尔滨,学习当翻译。虽然我幸免成为战争的直接罪人,但我是一直将这段经历看成是自己历史上的一个污点的。"有两个事情能够说明川越敏孝的信念和品格。第一个事情是在"文革"期间,中国外文局很乱,所有专家都被赶回本国去了,还被说"在中国享受特权、养尊处优","给你们吃那么好的东西,剥削中国,也干不了多少好事"之类的话。这种背景下,川越敏孝回日本了,他不想当官,又干不了什么事情,生活得很艰苦。最可贵的是,20世纪70年代,川越敏孝亲自到东京街头叫卖我们中国出版的《人民中国》《北京周报》《中国画报》三种报刊,这种事一般人是做不到的。如果让我在街头卖报纸,我也会考虑考虑面子等,而对川越敏孝这么一个京都帝国大学毕业、又是大藏省的高等文官,他居然做到了,而且还向买报刊的人介绍中国的情况,宣传中国。川越敏孝虽然被赶回了日本,但他没有一点儿埋怨,这是很不容易的,如果不热爱中国,是绝不会这么做的。还有一件事情是川越敏孝的儿子遇难。他的儿子叫川越亮,在"文革"期间响应毛主席的号召到工厂去学工。有一个星期天,他照常去帮师傅打扫机器,结果被机器的传送带给带起来,撞到了墙上,失去了生命。本来星期天可以不去上班的,但这孩子比较认真。川越敏孝失去儿子后,不仅一句埋怨的话都没有,而且还说"我的儿子能够为中国的社会主义建设献身是光荣的"。川越亮可是他亲生的、唯一的儿子呀!这件事情让人非常感动,我觉得川越敏孝就是白求恩式的国际主义战士。

川越敏孝的日文水平很高,尤其喜欢翻译工作。新中国成立后,他先后在《人民中国》《北京周报》等单位工作。川越敏孝文笔非常好,在《人民中国》的时候,他改出来的文章,日本人看了,就会觉得《人民中国》杂志的日文保持了很好的日文传统,而现在日本报纸上的日文很乱,外来语用得很多,跟正统的日本文字格格不入。

1978年,川越敏孝被调入中央编译局。他学识渊博,治学严谨,工作认真,责任心强,把全部精力都投到翻译事业中,大家都看在眼里。川越敏孝在语言方面造诣极深,为我国培养了大量翻译人才,我们都是很有体会的。如实说,像丁民我们这几个人,常说我们都是"川越学校"毕业的。川越敏孝在工作方面一点都不客气,在改稿中精雕细刻,改好后常常自己从头看几遍,不断加工提炼。我们改完的稿子,他拿到后照样给你改,不仅要好,还要更好。老同志都是很有日文水平的,老同志改完的稿子拿到川越敏孝的手中,照样改的满篇都是红颜色的。这种一丝不苟、精益求精的作风我们一直保存了下来。

川越敏孝先后参加了《周恩来选集》《刘少奇选集》《朱

德选集》《陈云文选》《邓小平文选》《毛泽东著作选读》《中国社会主义经济问题研究》《中国共产党的七十年》等著作以及历次全国党代会、全国人大重要文献的翻译定稿工作，大大提高了我国日文翻译界的水平，为新中国对外宣传事业做出了特别的贡献。川越敏孝1986年获得中国政府特批，成为具有中国永久居留权的外籍老专家。1994年办理了离休手续，2004年因病医治无效在北京逝世，享年83岁。

川越敏孝去世以后，在八宝山举行遗体告别，我向做事务工作的同志说，要把川越敏孝的讣告发给唐家璇，因为川越敏孝认识唐家璇。为什么建议把川越敏孝去世的消息报告给唐家璇呢？有一年，川越敏孝要回日本休假，正好我们在为"光华寮事件"和台湾打官司，台湾会花钱收买，我知道川越敏孝和日本最高裁判所的长官是同事，就托他和同事讲清楚光华寮完全是属于中国的财产这个真相。川越敏孝答应了，结果这个最高裁判所的同事不敢会见刚从中国回来的川越敏孝，怕在外面引起风波，川越敏孝只好给他留了一封信，这样也算是做工作了。我就建议唐家璇请川越敏孝吃饭表示感谢，唐家璇当时带着王毅同志请他吃饭，我陪着去赴宴。所以，我知道川越敏孝和唐家璇有这么一段事情。另外，唐家璇长期做日本方面的工作，川越敏孝这个名字他也早就知道了，所以我说川越敏孝的讣告一定要发给唐家璇。在川越敏孝遗体告别仪式的前一天，唐家璇的秘书给我来电话，说因为唐家璇要出差，不能参加川越敏孝的告别仪式，但要送花圈表示哀悼。在那天的告别仪式中，送花圈级别最高的官员就是唐家璇了。

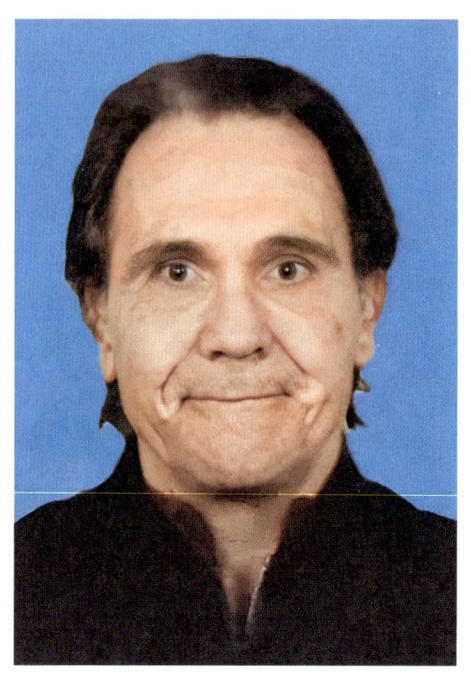

何力欧（Josep Oriol Fortuny Carreras，1959—2023），西班牙国籍，西班牙语翻译。编审。1996年11月来华工作，先后就职于《今日中国》《北京周报》，2009年11月到中央编译局中央文献翻译部任西班牙语外籍专家，2016年9月获"中国政府友谊奖"。

字里行间的中国情缘
——我印象中的西班牙语专家何力欧先生

于琦

他，出生在热情似火的地中海国家，远渡重洋来到温婉含蓄的东方；他，娶了一位美丽的中国妻子，生了一个可爱的女儿，融入并享受着中国的生活；他，认真严谨、兢兢业业，却也随和开朗、能歌善舞；他，从事翻译改稿工作，为中央文献翻译事业出力献策；他，爱生活、爱工作，热爱着中国这个历史悠久、文化深厚的国家。他，就是中央党史和文献研究院第六研究部西文翻译处（原中央编译局文献部西文处）的西班牙籍专家何力欧。

翻译是两种语言的转换，需要来自不同国家的人的合作，这也造就了第六研究部这个特殊的、中外译者合作的工作团体。第六研究部每个语言处都有外国专家，平日里，他们是我们的同事和朋友，但我们对他们的了解却也有限。一次较为深入的访谈，让我对何力欧先生来华工作、生活等方面的情况有了更多了解。这里记叙的是一位我印象中真实、鲜活的西班牙专家。

于琦现为中共中央党史和文献研究院第六研究部西文翻译处副处长。本文作于2023年。

文字牵线，结下中国情缘

1996年11月，何力欧第一次来到中国。当时，他刚刚从巴塞罗那大学西班牙语语言学专业毕业，摆在面前的选择有两个：继续读博深造或是到《今日中国》杂志从事改稿工作。他想从熟悉的环境中跳脱出来，了解一些新东西，开始一段新生活。被中国这个古老神秘的东方大国深深吸引，何力欧几乎毫不犹豫地选择了后者。来到中国后，他觉得一切都是那么新鲜，却也似曾相识。在他看来，虽然表面上中国人与西班牙人非常不同，但是从更深的层次来看却是一样的，有很多的东西把大家联系起来，而不是分割开来。没过多久，何力欧与一位温柔的中国姑娘相遇相爱，他与中国也更紧密地联系在了一起。1998年，何力欧携妻子回到西班牙，并在那里迎来了他们的女儿。1999年，他们一家三口回到北京，在友谊宾馆安顿下来。

这个陌生的东方国度并没有让他产生特别的不适应。何力欧没花太长时间就已经适应了这里的生活。他曾经在德国住过一段时间，相比德国，他觉得中国更适合他。他非常喜欢中餐，中国的作息时间也比较符合他早睡早起的习惯，几乎不需做什么调适。九十年代的北京，自行车要比汽车多得多，而他也喜欢骑自行车出行，直到现在他仍然经常骑车上下班。来自中国的太太对他融入中国社会也非常有帮助。当然，也有些地方让他至今难以适应，比如他对开车加塞儿之类的坏习惯比较反感。

虽然何力欧对幅员辽阔的中国还不甚了解，但他热爱中国、热爱中国人民，也到过中国的很多地方。他认为中国的历史、文化，特别是语言，很有魅力。他为中国的方块字着迷，对中文的历史演化、音位学、形态学、句法、口语表达和书面应用都很感兴趣。他曾说，最吸引他的是中国的文明，中国的医学、占星学、历法、计数法都那么独特，在翻译理论和实践方面也有自己的特点。

20多年来他目睹了中国经历的举世瞩目的变化。马路上自行车越来越少、汽车越来越多，交通通信有了很大的改善，经济发展也非常迅速。中国收复了香港和澳门的主权，在世界舞台上起着举足轻重的作用。同时，他也坦率地指出，经济飞速发展带来了一些显著的社会变化和一些不曾期望的后果，比如环境污染等，这些问题值得关注。

辛勤工作，收获最高荣誉

《今日中国》杂志是何力欧来华工作的第一站，此后，他先后在《北京周报》和中国国际广播电台工作。2009年11月起，他受聘担任中央编译局文献部西文处专家。在这几个单位，他的主要工作都是中译西的改稿。

何力欧坦言，在中国20多年的工作经历中，他最喜欢在中央党史和文献研究院的工作。因为，在工作中他可以接触到中文原文，这不仅有利于改稿，也让工作变得更加有趣。此外，让他感到愉悦的是，这里的工作张弛有度，同事们都很有研究精神和工匠精神，可以对一些复杂的翻译问题进行深入的探讨和研究，尤其是与翻译经验丰富的专家们的交流让他受益匪浅。

何力欧翻译实践经验丰富，对翻译理论和技巧都有独到见解。作为一名译者，他翻译过不同类型的中文文献。他认为"直译"和"意译"两种翻译方式不仅都是可行的，而且往往是互补的：在翻译法律文件或者技术性文件时要尽量忠实原文，诗歌翻译则"意译"需占主导。至于接触最多的中央文献翻译，他更倾向于将两者融会贯通，虽然这在实践中并不容易，要求中国译者和外国译者密切合作。他认为，操作上的困难主要在于，一方面要在翻译过程中灵活地将两者相结合，另一方面要根据具体情况判断应该使用哪种方式。不过，无论是"直译"还是"意译"，如果走向了极端，结果肯定不会让人满意，甚至会导致翻译使人无法理解或者翻译内容不忠实于原文。最糟糕的莫过于将"直译"和对劳伦斯·韦努蒂的异化翻译理论极端的、错误的理解相结合。他还不无担心地提到，当今有为数不少的译者，特别是文学作品的译者，为了使自己看起来时髦、掩盖其对原文的理解不足、能够按时交稿等各种各样的理由选择采用这一理论。

我与他探讨关于翻译的"忠实"问题。他举例中西翻译大家的理论向我解释他的看法。十七世纪以来，对原文是否忠实的问题就是西方翻译理论界最根本的问题之一。西方有一种说法："翻译就像女人，美丽的不忠实，忠实的不美丽。"这一比喻可以追溯到文艺复兴时期，包括雅克·德里达在内的当代学者也有类似的比喻，只是剔除了里面性别歧视的成分。何力欧认为，问题在于"忠实"的定义与"意义"的定义密不可分，但是"意义"却从来没被准确地定义过，甚至将来也不会出现令人满意的定义。何力欧对中国的翻译理论也不陌生。他认为，中国翻译理论的先驱、伟大的翻译家严复将西方思想、自己的实践与中国佛经翻译思想的精髓相结合，在《天演论》译例言里提出了"信、达、雅"的翻译原则和标准，其中"信"，也就是"忠实"，是首要的。他甚至知道严复提出的这条著名的"三字经"在三国时期著名翻译家支谦的《法句经序》中就提到过。说到"信"，他还强调不要忘记老子的名言："信言不美、美言不信。"

何力欧先生受聘担任我们的西班牙文改稿专家后，就再也没有换过工作岗位，在西斜街36号院奉献了近15个春秋，做出了很大贡献。他参与了《习近平关于实现中华民族伟大复兴的中国梦论述摘编》《习近平关于全面深化改革论述摘编》《习近平关于党风廉政建设和反腐败斗争论述摘编》《江泽民文选》《胡锦涛文选》《中国共产党历史》等重要著作，以及中国共产党重要会议文件、每年"两会"文件等重要文献的改稿工作。鉴于他的出色工作和突出贡献，2015年，他获得中央编译局颁发的首届"中央编译局友谊奖"。2016年9月，他获得"中国政府友谊奖"，这是中国政府为表彰贡献突出的外国专家而设立的最高荣誉奖项，他是那一年获奖的50名外国专家之一。时任中共中央政治局委员、国务院副总理马凯为他们颁奖；当年国庆前夕，时任国务院总理李克强在人民大会堂会见他们，并出席国庆招待会。

当得知自己获奖时，何力欧的第一反应是吃惊，他觉得自己并没有做出什么特殊贡献，只是努力完成好本职工作而已。后来，他也谦虚地把这一奖励理解为对自己努力工作的认可，因而内心觉得非常感动，也非常珍视这个奖项。

热爱生活，期盼归隐田园

何力欧热爱自己的故乡，也热爱第二故乡——中国。在架设中西思想文化沟通桥梁的同时，他也很好地解决了家庭生活中中西文化习俗碰撞的问题。他认为，总体上看，文化冲突的根源往往在于经济问题，这跟马克思主义看待事物的角度有些相似，幸运的是夫妻二人并没有经历过太多这类冲突。他说，在大部分地中海国家的文化里，人们都很重视家庭，家庭成员的关系非常紧密，克服文化间冲突的关键在于理解和宽容，也就是说，我们要认识到每一种文化都有自己的优点和缺点。何力欧和夫人分歧最多的地方是孩子的教育，特别是女儿的学校教育，幸运的是他们一家三口顺利地解决了这些问题。

在谈论中国的工作生活时，何力欧也不忘向我介绍他的国家。他的祖国西班牙地理位置非常特殊，是连接欧洲和非洲的桥梁，离中东也不远，这使她在地貌、气候及文化上都具有多样性。西班牙是仅次于瑞士的山脉最多的欧洲国家，占据着伊比利亚半岛大部分的面积，拥有绵长的海岸线。西班牙的官方语言是卡斯蒂利亚语，除此之外还有四种方言：加斯科尼语、加泰罗尼亚语、加利西亚语和巴斯克语。各个地区之间的矛盾有时候很尖锐。西班牙西北部的加利西亚文化跟爱尔兰和英国大部分地区一样源于凯尔特文化，而位于南部的安达卢西亚地区的文化则深受伊斯兰文化影响。西班牙斗牛世界闻名，何力欧认为这项运动非常残忍，现在斗牛的追随者已经越来越少，他希望这项运动可以彻底被取消。

按照中国有关政策的规定，何力欧已超过退休年龄，我问他退休后的计划，是留在中国，还是回西班牙或者去别的地方。他说以前没怎么考虑过这个问题，最近想了很多，但不确定什么时候会退休。他希望退休后继续留在北京等待夫人退休，之后会找一个远离大城市的宁静的地方，那里要有山有水，还要有适合耕种的肥沃土地。

我请何力欧给我们的年轻译者们提些建议。他称赞我们的翻译团队非常出色，无论是工作作风还是翻译水平都是一流的。他说历史告诉我们，翻译并不总是一项个人工作。我们的团队合作无间，无论是同一个处的同事之间，还是各个处之间的交流合作都会让大家受益匪浅。合作不应该仅仅局限在资料的共享、词汇的统一上，还应该体现在翻译和核稿的过程中。将母语翻译成另外一种语言难度很大，他建议译者应该尽可能多地阅读与翻译稿件直接或者间接相关的中文和外文材料。他认为翻译水平的提高与自我批评和创新是密不可分的。

语言是沟通的桥梁，是情感的纽带。它拉近了国与国之间的距离，成就了人与人之间的缘分。在交流中，我充分感受到何力欧先生对翻译事业和中国文化的热爱。作为一位外国人，他来到中国，在这里生活、工作，爱上这里，这一切都要感谢这份蕴藏在字里行间的缘分，我们也希望这份缘分长长久久。

附记：正当我整理这篇先前采访何力欧先生的资料时，惊悉他在 2023 年 4 月 8 日因病离世。何力欧逝世，全体领导同事十分悲痛，无不深感惋惜。何力欧先生自 2009 年 11 月起担任中央编译局外籍专家，从事中央文献西班牙文翻译改稿工作，为对外传播中国共产党的创新理论做出突出贡献。何力欧先生热爱中国、喜爱中华文化，工作期间兢兢业业，奋斗不息，从事中西翻译工作长达26年，将毕生奉献给中外文明交流互鉴、向世界译介和传播中国故事的伟大事业。我们深切缅怀何力欧先生！

叶海亚（Yahia Mustafa Mohamed Ahmed），苏丹国籍，生于1957年3月。1995年来华工作，先后就职于中国国际广播电台、中国网、中央编译局、中共中央党史和文献研究院。2011年9月获"中国政府友谊奖"，2022年11月获得中华人民共和国外国人永久居留身份证，2023年4月获得"翻译中国外籍翻译家"称号。

以"翻译中国"为己任

——记阿文翻译处外籍专家叶海亚先生

霍娜

在北京,如果你遇到一位非洲老头儿拎着马扎和水桶到河边钓鱼,或是看见一个戴着贝雷帽的阿拉伯人提笼遛鸟,也许会有些好奇。但也不必太讶异,那可能是我们的苏丹籍专家——叶海亚·穆斯塔法。

1995年至今,叶海亚已在中国度过了近30年时光,他调侃自己是一位"老北漂",生活在北京已成了他的老习惯。工作之余,他会像退休的北京大爷一样钓鱼、遛鸟,他不光喝咖啡,还会泡上一大壶中国茶叶,慢慢享用。叶海亚对中国的适应和热爱已融入生活中的每一天,虽已年过花甲,但仍和我们共同奋战在中央文献翻译一线。

在2023年召开的中国翻译协会年会上,叶海亚荣获"翻译中国外籍翻译家"称号。这是一份中国授予在华从事翻译相关工作的为讲好中国故事、促进中外交流作出突出贡献的外籍翻译及国际传播专家的荣誉奖项。这一称号是中国翻译界对叶海亚的高度认可,在我看来也是实至名归

霍娜现为中共中央党史和文献研究院第六研究部阿文翻译处处长。本文作于2023年。

的。鉴于他对中国现代化建设和改革开放事业所作的杰出贡献，叶海亚早在 2011 年 9 月就荣获国务院颁发的"中国政府友谊奖"，又于 2022 年 11 月获得了中华人民共和国外国人永久居留身份证。

叶海亚来自非洲的苏丹，曾是苏丹通讯社的一名记者。1995 年，在一位新华社驻喀土穆记者的引荐下，他辞去苏通社的工作来到北京，成为中国国际广播电台阿拉伯语组的一名编辑，负责撰写、修改广播稿，同时采访报道中国各地的重要新闻。2006 年，叶海亚开始就职于中国网，任外籍专家，负责新闻稿件和评论的撰写及修订、新闻素材英阿翻译，以及全国重大活动的报道采访和撰稿工作。

2013 年 4 月，我从新华社调入中央编译局（现中央党史和文献研究院），创建阿文翻译处。2015 年 8 月，叶海亚开始和我们一起从事党和国家领导人著作、全国人民代表大会、中国共产党全国代表大会、党和国家其他重要会议和文献的阿拉伯文翻译和改稿工作。他是阿文翻译处成立后第一位也是目前唯一一位外籍专家。

当被问及如何看待当初到中国工作这一选择时，叶海亚笃定地说："这是一个很好的决定。"他认为自己亲身经历了中国发展史上一个极其重要的时期，有幸见证了中国在各个领域取得的巨大成就。叶海亚的感触是发自肺腑的。他 20 世纪末来华时，正值中国经济开始起飞，此后的 30 年间，中国的面貌日新月异。谈到中国的发展，些许内敛的叶海亚一下打开了话匣子，他说："中国的变化太快了！就拿基础设施来说，1995年我初来乍到，当时的首都机场只有一号航站楼，几年后我回国休假，发现二号航站楼已启用，2008年又诞生了三号航站楼……中国一直以惊人的速度不断前进。"

叶海亚在中国国际广播电台、中国网、中央编译局、中央党史和文献研究院的这几份工作有一个共通之处，那就是"翻译中国、讲述中国"。做为一位亲华、爱华、友华人士，叶海亚说："我的工作就是向世界传播中国，这几乎是我全部的生活。"他指出，目前西方媒体对中国的报道存在明显偏见，中国应当充分有力驳斥那些捏造的、偏颇的报道。叶海亚曾多次发表署名文章，积极宣介中国的发展模式、中国对国际和地区问题的立场及其在华的真实感受。叶海亚撰写的文章极具说服力，得到阿拉伯社会的广泛关注，对改进阿拉伯国家及受众对华认知和舆论起到了积极作用。

长期在北京生活和工作的经历，让叶海亚对中国和中国有了独立的认知和评价；参与翻译百万余字中央文献工作，让他对中国共产党的理念有了十分深刻的了解。2017年，叶海亚和另外8名外籍专家受邀参加审校党的十九大报告外文译本工作，这是中国共产党首次邀请外籍专家参与党代会报告译文的审校。叶海亚说，报告内容丰富精彩，审校过程非常愉快。2022年，叶海亚再次受邀，参与了党的二十大报告阿文版的审校工作，报告内容给叶海亚留下了深刻印象。

叶海亚一直认为，中国共产党是一个历史悠久的政党，在百年历史进程中不断锤炼自身，不断积累执政经验。在谈到参与审校译文过程中的最大感受时，叶海亚说："报告中所有关于未来的规划，都是围绕人民展开的。通过报告，我看到了中国共产党一步步实现人民愿望的足迹。中国共产党的与众不同之处就是以人为本，始终心系人民、服务人民；而西方政党的目标却是为了夺取政权，服务自身利益。正因如此，中国共产党和人民之间始终保持着血肉联系，这在全世界都是独一无二的。另外，报告涉及的领域也非常丰富，几乎涵盖了政治、经济、社会、文化等方方面面，可以说是中国智慧的集中体现。值得一提的是，每一次党代会报告都有新概念、新范畴、新提法，比如十九大报告中的'新时代'和二十大报告中的'中国式现代化'，理解这些特定表述，对外国人来说并非易事，而译成地道的阿拉伯语则更是难上加难，需要与阿文翻译处的同事结合中国国情一起反复讨论斟酌，才能敲定这些术语最准确的译文表述。"

叶海亚很愿意广泛接触中国社会，他将自己的经历写成文章向世界讲述可信、可爱的中国，在媒体采访中呈现他在华的真实故事，展示了个人梦想与中国发展的同频共振。在2020年中央党史和文献研究院组织外国专家赴武汉的国情调研中，叶海亚真切地感受到中国人民与党和政府在抗击疫情中表现出的空前团结和相互信任。他认为正是这些品质使得中国的抗疫政策比大多数国家更为成功。叶海亚在调研中说:"西方特别强调个人自由,所以他们往往从这个角度来评判其他政治体制。但公共利益应该优先于个人自由,不了解这一点,就无法真正理解中国。"

作为共事多年的同事,我敬佩叶海亚对工作持久不变的热情。他从不迟到早退,面对紧急翻译任务通宵达旦忘我工作;他精益求精,凭借高超的语言造诣打磨每一份中央文献译本;他嗜书如命,希望通过阅读更加深入理解中国。叶海亚相信,中国将会成为他一生中最宝贵的经历和回忆。他深情地说:"生活在中国,也是一种信仰,这里总会带给我一份踏实与安宁。我爱中国!"

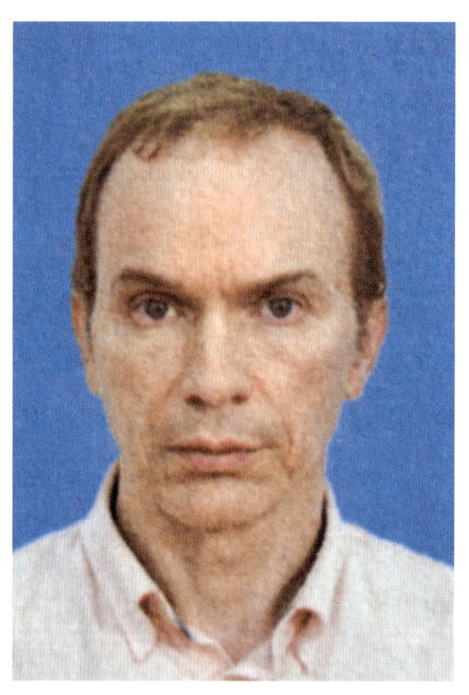

戴维力(Jean Delvigne),比利时国籍,生于1963年6月,翻译硕士。1988年来华工作,先后在新华社、《北京周报》、中央编译局、中共中央党史和文献研究院等担任法语翻译及改稿专家。参与《邓小平文选》《习近平论坚持推动构建人类命运共同体》《中国共产党历史》等党和国家领导人著作以及中央文献翻译工作。2021年获"中国政府友谊奖"。

我愿意继续做一朵栀子花

戴维力

十二世纪,有一位法国哲学家贝尔纳·德沙特尔(Bernard de Chartres)曾经说过:我们就像站在巨人肩膀上的矮子,所以能够看得更远。我能够在这个岗位坚持快三十年,一直到今天获得"政府友谊奖"这个荣誉,我也是站在巨人的肩上。那么,我的巨人是谁呢?是法文处的各位同事,是第六研究部这个充满智慧和爱心的集体,是关心着外国专家的对外合作交流局,是从编译局到如今的中研院的一代又一代领导!

21岁的时候,我获得了中比合作奖学金。在1984年9月的一个炎热的夜晚,我第一次踏上了中国的土地。因为使馆没有派人接我,最后我鼓起勇气打了一辆出租车。那时候,我只会几句汉语,而且声调都不对。在去北京语言学院的路上,我开始跟司机干巴巴地聊天,司机说了一句我没有听懂,他就突然把车停下,然后在挡风玻璃上慢慢写下了一行汉字,我点点头,假装看明白了。周围一片寂静,偶尔有一两辆自行车嗖嗖地经过。就这样,我开始与

本文为戴维力在中共中央党史和文献研究院"2021年外国专家座谈会暨友谊奖颁奖典礼"上的发言,收入本书时经本人审定。

中国文化结缘,接触中国的老百姓,体会中国人的友情。

毕业之后,我被聘为新华社改稿专家。这回下了飞机,有人等我。新华社外事局的主任看见我,笑着说:"原来是个小伙子呀!"我这个小伙子当时还不知道,改稿将会成为我一辈子的事业(在来中国之前,我的专业是英语和荷兰语翻译)。修改了一段时间新闻稿件之后,我发现我更喜欢"慢工出细活"。通过介绍,我来到了原中央编译局,那时,正在翻译《陈云文选》第二卷。很遗憾,我错过了《毛泽东选集》的翻译。而这一干,就是三十年!

2008年,我参加了北京奥运会,当然并不是以运动员的身份,而是作为北京奥组委官方网站的法文翻译和编辑。对于我个人来说,这无疑是一个极大的荣誉。对于我的工作单位中央编译局而言,这可能算是一个短暂的"分离"。

我刚才提到我错过了毛泽东,但是我没有错过邓小平,更没有错过习近平。在这里工作的近三十年中,我不仅参与了中国四代领导人文选的翻译工作,还有历年的"两会"、党的全会等重要会议文件、领导人重要讲话、著作等难度大要求高的各类翻译任务。我想,如果把我所有翻译和修改的文字稿件变回树木,肯定能为北京增加一片绿色防护林。但是,我们构建了一座精神的森林,向世界展示着蒸蒸日上的美丽中国。这很值得!

说起构建,我两年前构建了人类命运共同体,当然不是作为设计者,而是作为《论坚持推动构建人类命运共同体》这本书翻译的参与者。这是我的工作生涯中的又一个顶峰。这本著作是习主席对全世界伟大的思想贡献，引起了我极大的兴趣，甚至于在这项翻译任务开始之前，我就自己动笔用最地道的法语翻译了其中的几篇讲话，包括最有代表性的在联合国日内瓦总部的一篇演讲。当然，翻译做得越好，译者就隐藏得越深，只有不好的翻译才会被发现。作家有作家的骄傲和荣誉；翻译有他接近"信、达、雅"的满足感和精益求精的渴望。

说起命运，出生在中国是命运的安排，我在中国长期工作也是命运的安排，而我相信，这件事情在很多年前就有些美丽的征兆。我脑海中常常浮现出一幅画面：我外祖母在西班牙的宅院中，有一个石制的洗衣池，旁边长着一棵开满白色小花香气宜人的植物，那是一棵栀子花树。我当时还不知道栀子花原产于中国，是"四大发明"之外中国给予世界的另一个礼物。栀子花比不上玫瑰或郁金香，显得平凡而低调；翻译也有点像栀子花，往往被人忽视，甚至误解。领导们能够注意到我们这个默默无闻的群体让我深受感动和鼓舞。我想这不仅仅是对我个人工作的一种肯定，也是对所有从事对外翻译的同行们的肯定。在"讲好中国故事"的征途上，我愿意继续做一朵栀子花，历久而弥香。

理论研究

马克思主义经典文献
编译口述史

殷叙彝，国际共产主义运动史学家。译审。曾任中央编译局国际共运史研究室副主任、国际共运史研究所副所长、中国国际共运史学会常务理事兼副秘书长，北京大学、中国人民大学兼职教授等。第七、八届全国政协委员。2002年荣获资深翻译家荣誉称号。享受国务院政府特殊津贴。主要从事五四运动史、第二国际史、西欧民主社会主义研究等，主要著作有《第二国际研究》《从五四启蒙运动到马克思主义的传播》《民主社会主义论》等，参与主编三卷本《五四时期期刊介绍》。

我与五四运动研究

殷叙彝

从 1955 年到 1960 年,我曾做了一些关于五四运动的研究工作,也取得一些成果,而这一工作是在以翻译马克思、恩格斯、列宁、斯大林著作为主要任务的中央编译局完成的,为此有些人感到奇怪。实际上这是几个因素凑在一起造成的。此后几十年我一直从事西欧社会主义运动的研究,但是我一生研究工作的坚实基础是在这最初的几年里打下的,因此,我有时称这是我与五四运动研究工作的一段情缘。

五四研究的缘起

1954 年 8 月,我从北京大学历史系毕业,被分配到中央编译局。我本来以为这是因为我学了几种外文,适合做马恩著作的翻译工作,但报到时干部科的同志对我说,调我来是准备让我参加国际工人运动史的研究;这项工作要等苏联专家来了以后才开始,因此先把我安排在马恩著作翻译室。我在马恩著作翻译室工作了大约半年,曾经参加苏联刚出版的《政治经济学教科书》的翻译,而负责研究工作的苏联专家始终没来。

1955年初编译局领导决定成立研究室,由刚从中共西北局宣传部副部长调任编译局副局长的张仲实兼室主任,从各翻译室调我和另外几个年轻同志组成一个很小的工作班子。大致半年后研究室一度撤销,但不久后又重新成立,这回是由原任局干部科科长和学术秘书的丁守和做主任,而且增加了工作人员,仍由张仲实主管。于是我又回到研究室,一直到1960年底为止。

编译局当时的主要任务是翻译马克思恩格斯、列宁、斯大林三大全集,虽然师哲局长提出"翻译与研究结合"的口号,但这首先是为了保证经典著作译文的质量,其次是考虑到翻译人员的发展方向,至于当时如何用很少一部分力量单独从事研究工作,局领导对此并没有明确意见。而这正是张仲实副局长、丁守和以及我们这些年轻的工作人员都在探索的问题。不久就碰到了一个好机会。

1956年,中国科学院哲学社会科学部开始制定第一个五年计划时期的研究课题规划,张仲实和另一位副局长陈昌浩参加了这一工作,拟出的课题印了16开一大本。有些课题已标明承担单位或承担人,有不少仍是空白,全国任何单位都可以从中选择适合自己的项目来研究,无需申报,也没有资金补助。我们发现"马克思主义在中国的传播"这个课题很适合编译局,向局领导建议把它定为我们的长期研究方向,这个意见很快就被接受。我们也就很自然地按照这样的思路来设想自己的研究工作：十月革命送来马克思主义——五四运动——中国共产党的成立——马克思主义的进一步传播和中国革命。与此相应，研究室成立了中国革命史组，由我任组长，张允侯和张伯昭任副组长。我对五四时期期刊的研究工作就是从这时开始的。我在考虑问题时发现，许多论述中国共产党历史和新民主主义革命的著述都很重视五四时期进步刊物传播思想的作用，但语焉不详，往往只列举几个期刊的名称，因此我感到应当深入探索一下。我和组内的同志首先从收集资料入手。当时的东安市场和琉璃厂有许多旧书店，备有不少旧期刊，尤其是琉璃厂的松筠阁，老板编了一本近代中国期刊目录，相当齐全，可供参考。我和张允侯以及图书馆的崔士敏每隔一两个星期就要跑一趟旧书店，不但收购到一些有名的杂志，还发现了一些虽不著名但很重要的杂志。有些杂志可以说是海内孤本，如周总理年轻时组织的觉悟社出版的《觉悟》。我组的同志几乎跑遍了北京所有的图书馆和大学、研究机构的资料室，也有收获。所有这些都为我们研究五四期刊打下了基础。我在清华和北大历史系学习时的老师陈庆华当时在协助邓广铭先生编辑《光明日报》的《史学》副刊，我和他谈起对这些期刊的主要内容进行介绍的设想，他很支持。于是从1957年4月到10月，我们以《五四时期重要期刊介绍》为总题目，在这个副刊上分11期发表了10余篇短文，其中"前言""结束语"和关于《少年中国》《星期评论》《觉悟》《解放与改造》等刊物的简短介绍是我写的。还有几篇介绍是我组织其他同志撰写并作了修改的。我在这些短文中初步表述了对五四时期"新思想"的丰富内涵的看法。

1957年是十月革命40周年,局领导决定让研究室写一本论述十月革命对中国革命影响的书,由我和张伯昭执笔,丁守和统稿。我承担的是论述十月革命在当时中国的反响和由此开始的马克思主义传播一章,引用了不少从那时报刊上收集的资料。这本书由人民出版社出版,虽然学术水平不是很高,但毕竟是较早地具体论述这一重要政治命题的著作,因此反响较大。1957年10月25日,《人民日报》发表了概括此书内容的《十月革命在中国的反响》一文。《历史研究》也约我们根据此书写成一篇3万字的同名文章,在1957年第10期发表。这两篇文章的具体改写工作都是我做的,仍以三人名义发表。苏联也在1959年出版了此书的俄文译本。

上述工作使我们增强了信心,1958年起开始考虑编写《五四时期期刊介绍》。我拟订的方案是大致出三卷,每卷分三部分:期刊内容的详细介绍、期刊发刊词、期刊目录(大的期刊要编出分类目录)。起初只想找中华书局出版,差一点订了合同,后来人民出版社主动表示愿出此书,我们也欣然同意。《五四时期期刊介绍》第1卷原定1958年第4季度付排,但"大跃进"一开始,出版社提出要为1958年国庆献礼,付排期一下子提前几个月,我们还是日夜加班赶出来了。此后的第2、3两卷的速度也不慢,在1959年出版了。第1卷出版后,《人民日报》发表了中国人民大学教授彭明的评论,给予相当高的评价,并以书中肯定戴季陶主编的《星期评论》对传播马克思主义所起的作用为例,说明该书的观点比较实事求是。这当然大大鼓舞了我们。实事求是地说,这部书是以介绍为主,大部分文章的深度不够,观点也相当片面,但材料是实在的,加上发刊词和目录部分,不失为很实用的参考书,因此人民出版社1979年再版此书。

《五四时期期刊介绍》

《五四时期期刊介绍》是编译局研究室中国革命史组的一个重要成果,我认为值得对与它有关的一些情况作比较详细的介绍。

首先,《五四时期期刊介绍》一书写作的前提和基础是认真收集和整理资料的工作。我们中国革命史组的不少同志参加了这个工作,尤其是洪清祥,他曾和崔士敏一同去上海收购到大批期刊,后来又多次单独出差,在长沙、广州等地搜集到不少珍贵资料。期刊目录是金振声一个人辛苦编成的。由于出版仓促,有不少印刷错误,出书后他又花了许多时间从头到尾校对了一遍,改正了错误,准备再版时订正。这两位同志都没有参加写作,但他们是功不可没的。

其次,《五四时期期刊介绍》一书的写作在很大程度上

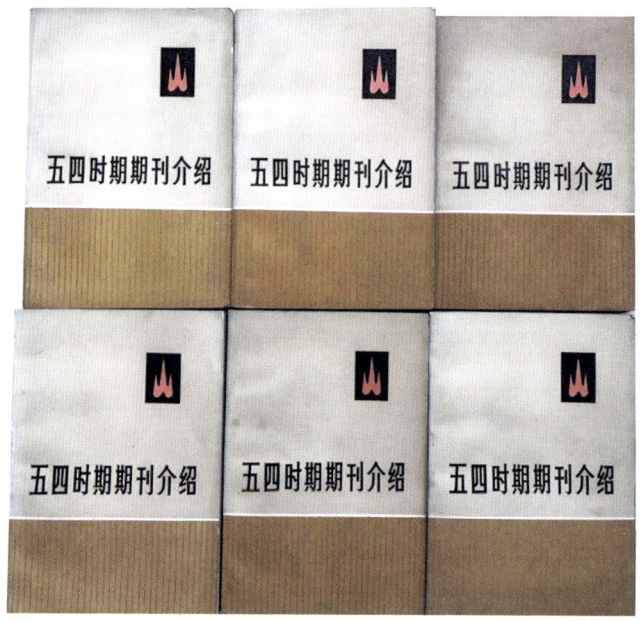

《五四时期期刊介绍》

是集体成果。拿第1卷来说,研究室主任丁守和写了《晨报副刊》介绍,组内人人动手,写的较多的是我、张允侯及王云开。我写了《民国日报》副刊《觉悟》《星期评论》《少年中国》《解放与改造》等刊物的介绍,还做了不少修改定稿工作。第2、3卷的情况也基本如此,只是作者增加了。

上述情况也反映在这本书的署名上。全书署"编译局研究室编",每篇文章后不署作者姓名,只是在前言中列举参加工作的同志。这也可以说是那时"时代精神"的反映。不但如此,"大跃进"中刮"共产风",人民出版社一度取消稿费,我们正好碰上,三大卷书一分稿费也没有。有趣的是,1979年此书再版时正值"文化大革命"结束不久,稿费制还未恢复,又是旧书重印,还是没有得到任何报酬。对此,大家都无怨无悔。现在人们恐怕很难想象这种情况了。

这里我还要着重说说一些前辈和兄弟单位给予我们的无私帮助,在涉及五四时期三大副刊(指《晨报副刊》、民国日报《觉悟》、时事新报《学灯》,《京报副刊》因以文艺为主要内容,我们未介绍)时表现得尤为突出。张允侯经人介绍认识了曾任北京《晨报》社长的林仲易先生,他藏有全套的《晨报》,慷慨地借给我们长期使用(后来捐赠给中国革命博物馆)。上海图书馆把全套《时事新报》装了十几箱寄给我们使用。中国近代史研究所藏有《民国日报》,为了我们阅读和抄写方便,专辟了一个亭子间,供我们用了好几个星期。正是因为这样,我们才能在另一些同志的帮助下较快地阅读有关资料,写出介绍。

还有一位前辈是著名语言学家黎锦熙先生,他是毛泽东的老师。他送给我们不少珍贵期刊,还把他珍藏的毛泽东给他的6封信和送他的《新民学会通讯录》送给我们,后来转交中国革命博物馆收藏。

最后我要说说《五四时期期刊介绍》一书的不足之处,前面提到的目录部分的印刷错误,由于金振声的校改稿被我在"文化大革命"中丢失,再版时也未能纠正。有些文章的观点的局限性或错误姑且不论,有些史实错误却是硬伤。例如,我写的《觉悟》介绍把一位作者郑洪年误当做郑孝胥的化名,再版时因忙于手头工作也忘了纠正。至少我在这两件事上是对读者负疚的。

大致从1957年起,研究室由副局长姜椿芳主管。姜椿芳为我们工作打开局面,曾从当时在中央政策研究室工作的黎澍那里接过编辑《五四运动文选》和《李大钊文选》的任务交给我们。为此我们曾从姜椿芳在上海市委的老战友方行那里接受了李大钊侄子李乐光收集的李大钊著作剪贴和手抄本,后来交给人民出版社。这两项工作都是为了迎接五四运动40周年。我和张允侯协助丁守和确定选材,交黎澍审定,标点和校对工作由张允侯负责组织。我们从这一工作中学到不少东西。后来,两书都由人民出版社出版,但未署编译单位。《李大钊文选》的出版说明中提到编译局参加工作。《五四运动文选》初版时,是内部发行,"文化大革命"后再版时改为公开发行,由当时已任中国近代史所副所长的黎澍写了序言,因此也标明由近代史所编辑。

《从五四启蒙运动到马克思主义的传播》

1959年,丁守和提议与我合作,在《五四时期期刊介绍》所提供的丰富资料的基础上,写一本论述五四运动时期马克思主义传播的著作。全书分四章。丁守和写有关新文化运动和马克思主义传播及建党的章节,我写有关五四后涌现的各种不同思潮以及著名的三次论战的章节(第3章第1、3—5节,第4章第1—4节)。篇幅大致各占一半。初稿写成后交人民出版社出版,人民出版社哲学室审阅后由薛德震向我们提出修改意见。但因为"反右倾"运动搁下了。丁守和在运动中挨整,后又下放安徽,1961年回编译局后调到近代史所协助黎澍编辑《历史研究》。这时我们才重新和人民出版社联系,经过黎澍的推荐和稍作修改,于1963年出版,书名定为《从五四启蒙运动到马克思主义的传播》。

那时编译局的领导已有变动。1960年中宣部副部长许立群兼任编译局局长,理论处副处长王惠德任常务副局长。局领导决定撤销研究室,把不适合做外文工作的同志调走,并成立国际共运史资料室。我在这个室中负责第二国际时期马克思主义和修正主义斗争的研究,这需要首先搜集和阅读大量外文资料,编译代表人物的著作选集和专题文集。这对于我可以说是回到刚来编译局本应从事的工作,也是一项崭新的任务,需要全身心投入,也不得不与五四运动研究工作告别。因此,《从五四启蒙运动到马克思主义的传播》一书的出版虽然也使我高兴,却不像《五四时期期刊介绍》第1卷出版时那样兴奋。实际上这本书给我带来的麻烦远多于喜悦。

麻烦首先来自关于中共一大的叙述。大致在1957年,苏共中央把共产国际有关中共的一部分文件还给中共中央。中央档案馆把一些文件译成中文,其中有中共一大给共产国际的报告(英文)和一大通过的党章(俄文)。中央档案馆把这两个文件的译文送给编译局审阅,丁守和曾让我对照中文和原文审看过并提出意见,因此我们也知道了文件

《从五四启蒙运动到马克思主义的传播》

的内容。到那时为止,中共党史界一直是按陈潭秋的回忆来叙述一大的,与这两个文件所表述的情况相差较大。这时中国革命博物馆曾经一度在常设展览中展示这个党章(据说很快就被康生制止)。缪楚黄这时写的一本中共简史也是按这两个文件的精神叙述一大的,因此丁守和写《从五四启蒙运动到马克思主义的传播》有关部分时基本上也是根据这两个文件的内容。该书出版后,他送了一本给中央档案馆裴桐副馆长,裴桐看了曾对他说很好。不料后来康生不知为什么事整裴桐,裴桐写检讨时把《从五四启蒙运动到马克思主义的传播》的这一问题也带上了。那时康生正在抓所谓借写小说《刘志丹》反党的案子,因此对这本书作了一个批示，大意是：现在有人借小说反党，对此事应提高警惕。这一批示给人民出版社造成很大压力，丁守和也为此作了检讨。由于未进行公开批判，问题的直接责任也不在我，我又不是党员，所以暂时未受到影响。"文化大革命"期间某群众组织编印的一本文化出版工作两条路线斗争大事记刊登了这一批示，同时也使我当时正受到的批判的分量大大加重了。

另一麻烦来自对陈独秀的评价。在写作《从五四启蒙运动到马克思主义的传播》前，我们听说毛泽东曾在一次中央工作会议上谈到陈独秀，称赞他是"中国的普列汉诺夫"，培养了一批马克思主义者，因此书中对陈独秀作了相当积极的评价。当时也有其他学者这样做，但这后来被看成是一种错误倾向。据说中宣部已组织写作了一篇文章，准备对包括《从五四启蒙运动到马克思主义的传播》在内的七本（篇）著作公开点名批判。这当然会涉及我，因此王惠德副局长已给我们国际共运史资料室领导打了招呼。但很快"文化大革命"爆发，中宣部自顾不暇，这篇文章也未能发表。我是"文化大革命"期间从大字报上才知道这件事的。

总之，"文化大革命"中，我与丁守和因《从五四启蒙运动到马克思主义的传播》和《五四时期期刊介绍》挨批，吃了不少苦头，但我们都熬了过来。"文化大革命"后人民出版社决定把《从五四启蒙运动到马克思主义的传播》列为重点再版书。副社长范用为此找我们两人谈，表示是否需要修改补充由我们自己决定。上述两点这时当然已不必改动了。关于康生插手的过程，我也是这时才听丁守和说的。这次修改主要由丁守和根据这几年发表的新材料，增加了关于马克思主义传播的内容，有不少是关于周恩来和恽代英的。我写作的部分变动很少，主要是因为如上所述我已心不在此。

研究室最后两年，中国革命史组曾拟定一个编选一套大型五四运动资料集的计划，共分八个选题，其中的《五四时期的社团》和《留法勤工俭学运动》两辑已经动手，研究室撤销后有关同志都已调走，只有张允侯留在新成立的室，并且先做上述资料的收集工作。后来张允侯也调到近代史所，把资料和任务都带走了。《五四时期的社团》于1963年后编好交给人民出版社，已印出清样，后因受《从五四启蒙运动到马克思主义的传播》问题的牵连未能出版。"文化大革命"后张允侯作了补充，我也帮了忙，在1979年出书，共4册，是很有用的参考材料。张允侯接着又着手编《留法勤工俭学运动》，除了补充原来从报刊上摘抄的材料外，还由中国革命博物馆的李俊臣提供了不少珍贵资料。这一工作涉及许多外文特别是法文资料，因此他又拉我去帮忙。此书由上海人民出版社于1981年和1986年分别出了两大卷。还有两卷，由于赔钱又得不到资助，出版社放弃了，实在可惜。迄今已过去了20余年，估计我在有生之年已不可能见到这两卷书的出版，我与五四运动研究的情缘也到此为止了。

关于中央编译局国际室的回忆

殷叙彝

国际共产主义运动史资料室是 1960 年 12 月成立的。它标志着编译局工作的一个新方面、新阶段的开始。

国际共运史资料室的成立和"文革"前的发展

1960 年编译局开展了一次整风运动,当时称为"反官僚主义运动"。上面派来主持这次运动的是中宣部副部长许立群和中宣部理论处的几位同志。运动的目的是检查和批评姜椿芳和张仲实两位副局长(正局长缺位)的政治思想和工作作风,但是也必然会涉及编译局的工作和发展方向。在 1960 年 7 月的一次向中宣部并报中央的报告中,编译局领导表述了对今后工作的设想。1960 年 11 月,中央任命许立群兼编译局局长,并调中宣部理论处副处长王惠德任编译局副局长,负责常务。在许立群于 11 月 11 日和 21 日召开的局室领导同志讨论今后工作的两次会议上,张仲实副

本文原载郑异凡主编的《"灰皮书":回忆与研究》,漓江出版社 2015 年版。收入本书时有删节。

局长和秘书长易惠群都发表了意见。我认为可以把它归结为以下几个方面：

第一，编译局应当在理论战线上为中央服务，做有力助手，特别要为当前斗争服务；不能把经常工作与紧急工作对立起来，不能把翻译马恩全集与为中央服务对立起来，马恩全集的翻译也可以是配合当前斗争的；目前应当更密切、更直接地配合"反修"斗争。

第二，努力做到翻译和研究相结合。从翻译来讲，不仅应当译完译好三大全集，还应当翻译一些卓越的科学社会主义宣传家如普列汉诺夫、倍倍尔、拉法格、卢森堡、李卜克内西等人的著作，翻译国际共产主义运动的重要文献，包括共产主义者同盟、第一国际、第二国际、第三国际、情报局、各国共产主义政党的重要文献和杰出领导人的著作。

研究方面，应包括：(1)研究马列主义理论的发展和马恩列斯的生平。(2)搜集、整理国际共产主义运动史的资料，包括共产主义同盟，第一、二、三国际和情报局的历史，共产主义运动中的各种流派等，并进行研究。(3)搜集和翻译新老修正主义的资料并进行批判。还提到：搜集、整理和研究有关马列主义在中国的传播和运用以及有关中共党史的各种资料。

在上述看法中，有一些是编译局领导长期以来就已考虑到的，例如就我所知，张仲实副局长对于翻译和研究结合就有一套自己的想法，这次也有所表述。但是，关于密切配合中央进行"反修"斗争这一点,显然是受当时形势的影响。而且也体现了整风运动的成果。

上述情况说明,编译局领导所考虑的任务是多方面的。三大全集的翻译和中央交派的其他任务(如《和平和社会主义问题》杂志的翻译)和临时工作,都是硬任务,是必须而且一定要如期完成的。但是对其他几个方面的任务的轻重缓急安排和干部配备,局领导一直缺乏一致的、明确的方针。这可以从我所在的研究室的发展情况看出来。

研究室最初成立于1955年底,由刚刚到任的副局长张仲实兼任主任,只配备了几个青年干部,我是其中之一,任务也不明确,半年以后就撤销了。但不久又重新成立。这一次是调干部科长丁守和任(代)主任,人员也增加了。起初仍由仲老主管,后改由姜椿芳副局长主管。这个研究室在经过彷徨和摸索后确定以研究马克思主义在中国的传播为主,兼顾国际共产主义运动的历史,因此成立了两个组:中国组和国际组。

中国组的全称是"中国革命问题组"。组长是我,副组长是张允侯和张伯昭。我们从马克思主义在中国传播的角度研究五四运动,取得了一些成绩。但再往下搞就会与中共党史的研究重合,超出编译局任务的范围,因此这个组存在今后发展方向问题,甚至涉及是否应当保留的问题。

国际组由图书馆馆长杨威理兼任组长,林扬一度担任副组长。国际组应当是研究国际共运史的,杨威理自己就研究第一国际,曾经在《历史研究》等刊物上发表过文章。但是他的主要工作仍在图书馆，而国际组人员配备不齐，工作也比较杂，暂时很难确定以研究国际共运史或三个国际为工作重点。1959年周家碧从德国留学回来，郑异凡、耿睿勤从苏联留学回来，1960年李兴耕和梁桂燊从苏联留学回来，都分配到国际组，干部力量大大加强。1960年，国际组曾经为了迎接巴黎公社90周年编辑出版了一大本《马恩列斯论巴黎公社》。但是，国际组的长期任务仍有待确定。

大致在1960年，在张仲老的建议下，研究室成立一个"经典著作研究组"，李宗禹任组长，只有两三个成员。这个组如何开展工作也是一个问题。

由此可见，研究室的工作是有成绩的，也存在潜力，但是三个组都有发展方向问题，对此局领导还没有明确的解决方案。许、王两位局长就任以后，经过几次讨论终于对编译局的长远发展方向提出了明确的设想，确定了当前工作的重点，也解决了研究室的问题。

许立群在两次会议中都对编译局的工作发表自己的看法。他认为，在当前形势下，编译局的任务会加重，工作需要加强。翻译经典著作能与国际共产主义运动结合起来较好。从马克思主义和国际共运产生时起，真假马克思主义的斗争就开始了。真的马克思主义要译出，当前的、过去的、未来的真假马克思主义文献都要译。目前《马克思恩格斯全集》还未译完，《列宁全集》要考虑再版，因此不能把主力转向国际共运。但也不能只有主而无次，如果只把思想局限于马恩列斯，就跟不上形势。因此应当抓两个方面：马恩列斯翻译和历史，即国际共运史，从过去到今天，到将来，应当把有关材料全部搜集起来，向中央反映，快而扼要。但工作量太大，可以和别的单位分工。

他还说，搞历史的目的是为当前斗争。目前修正主义方兴未艾，中国必须与修正主义斗争，为此就要了解修正主义的社会根源、阶级根源，对此的研究也需要各方面分工。

他认为，编译局如果搞上述工作，就得有成为权威机关的雄心壮志，当然要逐步做到。关于中国组原来的工作则应当下决心交出去。正是在这一情况下，1960年12月编译局新领导决定撤销研究室，成立国际共产主义运动史资料室，归王惠德分工主管。

国际组的许多人都转到了国际室，中国组的人凡是不适合做外文工作的都调到中央党校，只剩下四个人：刘舒、于沪生、张允侯和我。后来刘舒和张允侯主动要求到外单位工作，最后到国际室的就是我和于沪生两个人。

国际室成立时，纪涛任主任，李宗禹、顾锦屏和林基洲任副主任。顾锦屏不久就参加昌平的整社运动，回局后调回马恩室任副主任。后来纪涛因长期生病不能工作，由李宗禹代主任，以后正式成为主任。

国际室成立后，许立群在1961年1月的一次会议上又说，国际室的工作应当是掌握国际共产主义运动史的来龙去脉，也就是马克思主义如何经过斗争得到发展的历史。

这方面的翻译工作十年都做不完,下一步以后再说。谈到翻译和研究的关系时,他认为从搞材料开始比较合适,"空谈研究,一无所有"。

国际室起初分设两个组,一个是历史组,我是组长。工作的大范围是第一、第二国际时期的机会主义和修正主义分子,当时主要是编选考茨基和伯恩斯坦的著作,也涉及法国的饶勒斯等人。另一个组是现代组,很多人都是原来研究室国际组的,也调了一些人过来。现代组实际上分苏联和南斯拉夫两个分组。当时中央要借批南斯拉夫来批苏联修正主义,曾经调一批俄文干部去中央党校学塞尔维亚文,我局的胡文建和钟韵娟去了,回局后到了现代组。局领导又从人民大学调来江文若和黄良平,四个人就成为南斯拉夫分组,简称南文组,组长是江文若。苏联组一般称为俄文组,组长由周邦媛兼任。成员有郑异凡、夏道源、蒋秀风、杨树莲、陈慧生、王士云、梁桂燊等,后来杨彦君主动从北大俄语系写信来希望参加我们的工作,调来后也到了苏联组。

国际室逐步扩大。原来的杂志室缩小为杂志组,并入国际室。成员有王家华、顾家庆、王其侠、刘彦章、唐春华等,张秀珊任组长。马恩室的编辑组与列斯室的编辑组合并,后来也归并到国际室,还叫编辑组。成员有杨祝华、刘方清、周懋庸、李洙泗等,组长为胡永钦。大致在1962年,张文焕从马恩室调到国际室,他是要研究第一国际的,国际室也随之改组,成立"第一组",张文焕做组长,梁建华和葛斯为组员,图书馆馆长杨威理为兼职组员。我们原来的历史组成为"第二组",我仍是组长,成员仍是耿睿勤、周家碧、李兴耕和于沪生,还有李宗禹。现代组正式一分为二,原来的苏联分组成为第三组。南斯拉夫组、编辑组、杂志组名称都不变。到"文化大革命"前,国际室已经有六个组,前面三个组顾名思义应当是分管三个国际的,实际上第一组已经开始编译或查找拉萨尔、蒲鲁东、巴枯宁等人的著作和言论。第二组仍旧是搞伯恩斯坦、考茨基、饶勒斯。第三组的工作范围还是苏联现代修正主义和苏共历史上的反对派,以托洛茨基、布哈林为主,上溯到普列汉诺夫。选编托洛茨基著作的工作主要是林基洲抓,郑异凡帮助他。南文组也好,俄文组也好,都完成中央或者外单位交代的很多与反修斗争有关的其他任务。其他组也承担,但少一些。

国际室成立初期讨论以什么方式出成果时曾提出种种设想:编一部《国际共产主义运动文献选编》;编写介绍托洛茨基、伯恩斯坦等人的小册子(每本5万字);编一套《机会主义修正主义代表作选编》,按人逐个编选,以丛书形式出版。还曾考虑有可能为周扬主编的《高等学校文科教材》写一本《马克思主义(发展)史》,如此等等。在工作过程中,我们的想法逐渐切合实际,"文革"前主要从事编译几个人的言论选和翻译一些篇幅不大的代表作。各组也曾分头编写《马克思主义发展史大事记》和《修正主义发展史大事记》(从编写某一人的大事记,如《伯恩斯坦大事记》

《托洛茨基大事记》着手),也可以说是为《马克思主义(发展)史》做准备的。

国际室初创阶段的结束和"过渡时期"

国际室从1960年底创立到"文化大革命"开始可以说是初创的阶段,"四清"的时候它已经进入这一阶段的尾声了。第一批"四清"是试点,我们组耿睿勒去了,那是在1964年的上半年。1964年下半年王惠德亲自带队,组织大批干部到通县参加"四清",国际室李宗禹、林基洲带头,也有大批干部去参加"四清"。我、郑异凡、李兴耕、胡文建、顾家庆、葛斯、梁建华、于沪生、张文焕、夏道源、李洙泗都去了。这一段时间,至少我们组的工作基本上已停,好在我们前一阶段的绝大部分工作已经完成,只需要个别人抽时间回局看清样就行了。去的时候是1964年10月,回来的时候是1965年6、7月(还有部分同志继续到昌平参加"四清"),回来以后我只记得编了《修正主义、机会主义大事记》有关考茨基和伯恩斯坦的部分。虽然"文革"还没有开始,但"四清"还有余波,加上"文革"的先声,那一段时间是很不安定的。1966年3月,我们机关的新楼即现在的2号楼完成,我们搬进了新楼,忙了一阵子。到6月份,"文化大革命"开始,编译局的工作就停止了,国际室的初创阶段就此结束。

所谓"过渡时期"是我自己的说法,大致从"文革"中期国际室恢复工作一直到我们比较明确地从以编译工作为主转向以研究工作为主，时间大概是从1969年开始，一直到改革开放初期的1981年左右。

1969年，编译局已经在军、工宣队的领导下恢复《马克思恩格斯全集》的翻译工作。国际室没有恢复原来的工作，而是参加了《马克思恩格斯全集》的翻译，分担四卷，即32卷到35卷。我自己参加了32卷附录的翻译，但是工作还没有做完就下干校了。我是1969年12月第一批下放的，在干校待了四年，到1973年底才调回来。

本来周总理有指示，新华社这类有较多干部从事外文工作的单位，在干校应当保证每天有一定时间学习或者复习外文。但是我局没有自己办干校，而是参加中央办公厅的干校，中办没有执行总理的指示，我估计是因为中办下放的外文干部很少，他们也没有考虑到编译局的特点。结果我们在干校每天早餐前的一小时是"天天读"毛选的时间，不能学外文，干部闲暇时看外文书还难免受批评。后来慢慢放松，到1972年底1973年初才正式解禁，早上起来一个小时仍是学习时间，但可以随便学习，其他业余时间学什么都可以。我就利用这些时间学习外文。我到国际室后已经开始自学法文，译《前提》时已能用法译本作为参考，这时就再把法文抓起来，尽可能读了一些书，为我后来阅读和翻译法文专业资料打下了基础。

1974年初我回到了北京，那时候国际室已经恢复本身工作，仍是李宗禹主持，但是规模比原来小，也没有分组，因为原来的人有的调到马恩室或列斯室，还有不少人仍在干校。李宗禹与我商量，要编一本《第二国际修正主义分子关于帝国主义的谬论》，涉及的人物是考茨基、伯恩斯坦、饶勒斯、希法亭、阿德勒、鲍威尔、伦纳等，篇幅约二十万字。这是"文革"以后第一次重新抓起"灰皮书"的编译工作。做法还是老一套：全书开头也是一篇批判性的序言，每篇文章前也有"提尖"。参加工作的有周家碧、周懋庸、于沪生等。后来杨威理从干校回来，暂时安排在国际室，也参加了这一工作。后来我们又开始编《鲍威尔言论》。鲍威尔是有名的奥地利马克思主义者，是被列宁、斯大林点名批判过的。斯大林批判他关于民族文化自治的理论，列宁主要批判他的《布尔什维克主义还是社会民主主义》一书，这本书是批评苏联的，列宁扣上一个大帽子彻底否定了他和此书，但是并没有从理论上分析批判。《鲍威尔言论》1978年出书，从编选到翻译前后花了两年。

编选《鲍威尔言论》的工作与过去已有一些不同了。这就是我所讲的过渡时期的特色。首先，当时不像"文革"前国际室一样，中央没有硬性的任务给我们，也没有时间限制。现在回想起来有些可笑：《关于帝国主义的谬论》一书编完后，我有一段时间不知道干什么好，曾经埋头读拉丁文法。在这种情况下鲍威尔这个选题完全是我们自己定的，时间上就比较从容，有考虑问题的余地。第二，关于伯恩斯坦和考茨基，列宁早就定了性，而且有很多批判的言论，我们只要按照列宁的这条线索来编选就可以了。但对于鲍

中央编译局国际室编辑的《鲍威尔言论》

威尔,我们就需要自己先对他这个人、他的著作、他的观点做一些探索。我局图书馆收藏的鲍威尔著作很完备,有几种选集,包括国会发言选,有新出版的九卷本文集,还有那时奥地利社民党的理论刊物《斗争》月刊。传记性的作品也有几本。我在查阅这些材料后向全组介绍了他的生平和主要理论观点,李宗禹听了觉得很有意思,说这个值得搞,这个选题就定下了。我还把苏联出的一本奥地利近现代史中有关奥地利社民党和鲍威尔参加执政时期的两章译出来交打字组打印发给大家参考,而过去是不会这样做的。第三,那时已是"文革"后期,我们的思想已不像"文革"前和"文革"初期那么僵化,那么被动,已能看出一些问题。例如鲍威尔对苏联发展的观点,对十月革命的看法,我觉得也有一定的道理。此书编成后,我们也写了一篇批判性的序言,但是"提尖"取消了,只在每一篇前加一个编者按语,黑体字也没有了,比以前有进步。在编选此书的过程中还出了两本鲍威尔著作的小册子:《新方针》,唐春华译;《布尔什维主义还是社会民主主义》,李宗禹、洪善楠译,署名都用"史集"。后来都收入此书。

在编《鲍威尔言论》的时候,国际室已经逐渐恢复规模,成立了三个组,是按三个国际划分的。第一组是张文焕做组长,胡文建做副组长,梁建华和葛斯仍是成员,还有从对外文委调来的洪善楠,是北大德语系毕业的。还有顾家庆。原来历史组的人基本上在第二组,图书馆馆长杨威理从干校回来以后暂时没有安排回图书馆,调到国际室做第二组的组长,于沪生是副组长,成员有我、李兴耕、周家碧、周懋庸、唐春华,加上新来的大学毕业生陈双苑和费新录。李宗禹仍参加第二组工作。第三组组长还是周邦媛,副组长是宋洪训。成员有纪涛、郑异凡、杨彦君、夏道源、蔡恺民、王家华、毛韵泽等,还有外面调来的杨汝模,新来的大学毕业生张海滨。各组都编译自己的"灰皮书"。第一组编了《拉萨尔言论》和《巴枯宁言论》。第三组编《布哈林言论》和《托洛茨基言论》。第二组在编《鲍威尔言论》的同时还译了一本米勒兰的《法国的改良社会主义》,是我和李兴耕带着陈双苑和费新录从法文译的,还请文献室的顾良看过,仍由人民出版社作为"灰皮书"出版。

后来还编了一本《福尔马尔文选》，就不是"灰皮书"了，是白色封面，由人民出版社公开发行。

《鲍威尔言论》是杨威理担任第二组组长时完稿的，他负责校阅了部分译稿。此后，第二组最主要的工作是编一本《德国社会民主党关于伯恩斯坦问题的争论》，这是一本资料汇编，是我所说的过渡时期里很重要的一本书。这本书包含伯恩斯坦开始修正马克思主义以后，德国社会民主党在四次代表大会（1898年斯图加特、1899年汉诺威、1901年卢卑克、1903年德累斯顿）上围绕他的言论进行的争论及各次会议前后的争论。体例是每次代表大会为一个单元，单元开头是这次代表大会之前有关各方面的言论，包括书信。然后是代表大会上有关发言的摘编，也是包括各个方面的。最后是代表大会结束以后的反响，也包括文章和书信。编者只是在每单元前面加了一个简单的说明，表示自己的观点，此外就没有做任何"灰皮书"所要求的那种编辑加工。

我们为编这本书查阅了很多材料：德国社会民主党的《新时代》和《社会主义月刊》这两个重要的杂志，这几次代表大会的会议记录，倍倍尔、考茨基、伯恩斯坦、维·阿德勒等人的通信，当时这些通信还没有中译本。选材的人已不像"文革"以前只有我和周家碧两个，好多同志都参加了。为此，我们拟了一个选材表，发给负责选材的同志。各人必须就每一篇入选的材料填写篇名、出处、总字数和入选部分及其字数。最重要的是说明入选的理由，说明文章的主要理论观点。选材连同表格交给杨威理和我审订，决定取舍，再分给有关同志去翻译。译者和校者也要在选材表上签字并注明什么时候完工的。书编好后这批选材表就成了重要的档案，于沪生当时是副组长，把它们很好地保留下来。1990年国际室成立30年搞纪念活动的时候，曾经展览我们出过的书，这批档案材料也拿出来展览了。时隔多年，现在这批材料恐怕已找不着了。

在这个过程中，杨威理调回图书馆，我接任组长，把这个工作完成，1980年出书。这本书篇幅很大，有四十多万字。我认为，撇开几篇编者说明里的观点不谈，从编译工作来讲，这是我们（历史组和第二组）编译过的最好的一本书。它的材料很丰富，与我们已经编进文选和单行本的伯恩斯坦著作配合使用，是研究伯恩斯坦不可不读的书，而且这个工作本身已经带有一定的研究性质了。

大致与此同时，第二组还由李兴耕主持编译了一本《米勒兰事件》。它的内容是1900年法国社会党人米勒兰参加资产阶级政党内阁时，第二国际各党领导人和理论家围绕这一问题展开的关于斗争策略的争论，有1900年第二国际巴黎代表大会上的发言，也有报刊上的文章。这本书的性质与《伯恩斯坦争论》类似，也是很重要的参考资料，只不过篇幅小得多，也是在1980年出版的。

改革开放后的新阶段

大致从1981年起，国际室进入我所说的"改革开放后的新阶段"。在这个阶段，国际室的工作在三个方面发生了转变。

第一，从单纯编译所谓修正主义、机会主义分子的著作，转向全面地编译国际共产主义运动史上一些重要人物的著作。明显的成果是李兴耕编的《拉法格文选》，李宗禹、周懋庸编的《卢森堡文选》，葛斯编的《倍倍尔文选》和毛韵泽编的《葛兰西文选》（有的书出版较晚）。这些都是国际工人运动和社会主义运动史上的重要正面人物。这应当说是一大进步。此外，第三组还翻译《俄国民粹派文选》，编译布哈林、李可夫、沃兹涅先斯基等人的文集和苏联的"无产阶级文化派""民主集中派"和"工人反对派"的材料等等。我们还相应翻译了一些有关的参考书，例如第二组译的《一八七一年后的法国社会主义》，第一组译的《德国工人运动大事记》。第一组还编译了《研究〈哥达纲领批判〉参考史料》和《研究〈反杜林论〉参考史料》，这些都是很重要的参考材料。

第二，从单纯进行编译工作转向在进行编译工作的同时开展研究工作，或者说在编译工作的基础上开展相应的研究工作。关于这一点，我下面要详细讲。

第三，"文革"前我们与学术界基本上没有来往。到这时，因为自己也开展研究工作，就开始举行或者参加学术会议，这样就与外面学术界有了联系，就打开门了，这一点下面也要详细谈。

这三方面的转变是逐步实现的，很难确定具体的时间。

我在上面之所以说1981年左右,是根据一个"标志",也就是我们的刊物《国际共运史研究资料》的创办。大概是在1980年初,李兴耕在参加一次学术会议期间与人民出版社历史室编辑陆世澄交谈,提到我们室可以考虑出版一本杂志,用来发表研究成果,扩大影响。李兴耕回来后和李宗禹说了,又经过室务会议讨论,决定编辑一本不定期的刊物。这个刊物在获得局领导批准后于1980年创刊,命名为《国际共运史研究资料》,由人民出版社以小册子形式发行,暂定每年出两辑。这个刊物的编辑班子是这样组成的:李宗禹任主编;三个组各出一人,也就是胡文建、李兴耕和宋洪训,轮流承担各期的编辑工作;具体的编辑业务以及与出版社的联系由张海滨负责,费新录协助。内容包括我室同志的论文、重要史料和国外重要论文的译文、传记、资料等等。第一辑于1981年6月出版,到1986年共出18辑,还有两个专辑(《卢森堡专辑》和《布哈林专辑》),1987年起改名为《国际共运史研究》,又出了7辑。

《国际共运史研究资料》是国际室开始转变的成果,反过来又大大推动了我们的转变,所以我把它称为"标志"。我们办这个刊物是花了不少心血的,作风是严谨的。最初几期的论文凡是引用外文著作的,必须用原文注明作者的姓名、著作名称和出版地点。在当时的中国社会科学刊物中这种做法还是少见的,现在已成了规范。可惜后来出版社和我们自己都嫌麻烦,没有坚持下来。

1989年由于我室接管国际共运史学会的刊物《国际共

产主义运动》（季刊）的编辑工作，我们自己的刊物和学会的刊物合二为一，我室和国际共运史学会共同主办和主编，编辑部设在我室，起初称为《国际共运史研究》，是现在的《当代世界与社会主义》的前身。它虽然也发表不少我们的研究成果，但由于它承担整个国际共运史学界的任务，与我们的关系也逐渐淡化了。

回顾国际室刚成立时，我们对任务的理解是很明确的：搞反面材料，搞修正主义、机会主义材料。用王惠德生动的讲法，就是给中央提供"炮弹"，给中央写反修文章、进行反现代修正主义论战提供"炮弹"。"炮弹"这个词也常常挂在我们嘴上。但是从1961年的一次局务会记录看来，这种理解有点片面。当时许立群刚刚到任，在中宣部召集编译局的局室领导讨论今后的任务，国际室有纪涛、李宗禹参加。许立群在讲话中说，原来编译局的主要任务是翻译马克思主义的正面材料，但是从有国际工人运动起，正面和反面的斗争从来就没有停止过，因此我们还应当收集和翻译反面材料，也就是反马克思主义的各种流派的材料，再进一步研究。编译工作与研究工作没有矛盾。编译工作要为研究工作打下基础，但研究工作是长期的任务。姜椿芳在发言中肯定原研究室中国革命史组是有成绩的，但是搞到建党以后就属于党史的范围，不属于编译局的工作，就应当交出去了。许立群也肯定了中国组的工作成果。张仲实认为编译局除了翻译三大全集以外，国际共运史上的第一、第二和第三国际的材料、会议记录都应当翻译出来，也应当研究，写出国际共产主义运动史。和许立群的讲话相比，仲老没有把正确与错误的对立和斗争放在突出地位，而许立群的讲话却有鲜明的立场和时代特点，而且是落实到国际室当前任务上的，这也就是王惠德所讲的提供"炮弹"。不过从这次会议上几位局长的发言可以看出，国际室从编译资料逐步发展到进行研究，是"题中应有之义"，可以说是符合客观规律的。

但是，国际室刚开始工作时可以说是"白手起家"，任务重，时间紧，我们根本没有时间和精力去考虑研究工作。即使想研究，第一、二、三国际在时间和地域上的跨度都很大，涉及那么多党和人物，我们一时也上不了手。拿我个人来讲，本来是搞历史研究的，但在"文革"前国际室的五年多时间里，一篇论文也没有写过，只写了几篇译者前言，没有什么学术价值。"文革"中由于我过去关于五四运动的著作受到批判，我曾经暗中发誓以后再也不写文章，至多搞些翻译工作就算了。只是到改革开放以后才逐渐改变态度，重新把研究工作抓起来，而"文革"前所做的编译工作正好为此准备了基础和条件。

"文革"后期各组都在编译"灰皮书"的同时开始做一些研究工作。张文焕写了一本《拉萨尔评传》，人民出版社1983年出版。还有一本小册子《拉萨尔和俾斯麦》。这些在国内是最早研究拉萨尔的著作。郑异凡开始研究布哈林和托洛茨基问题，后来写成《布哈林论稿》。蔡恺民研究普列奥布拉任斯基，毛韵泽研究葛兰西，如此等等。第二组有几个方面：李兴耕研究法国问题，写了《拉法格传》；李宗禹和周懋庸研究卢森堡问题，我主要是研究伯恩斯坦。整个组也研究第二国际问题。

我在这个新的阶段看了一些东德论述俾斯麦时期德国社会民主党历史的书，其中也涉及伯恩斯坦早期编辑《社会民主党人报》时的工作和他的一些文章的内容。以此为线索，我查阅了我们图书馆收藏的东德赠送的《社会民主党人报》影印版，根据其中伯恩斯坦抨击俾斯麦政府、批判拉萨尔主义的文章，写出一篇《伯恩斯坦和〈社会民主党人报〉》，对他在这时期的工作给予基本肯定的评价。这篇文章就登在我们的杂志上。与此同时，我也看了一些西方国家研究伯恩斯坦的书，都是代表性著作，从中得到一些启发。我也对西德社会民主党内的"伯恩斯坦热"，或者所谓"伯恩斯坦思想复兴"，作了一些研究。这些研究的成果是一篇《西方的伯恩斯坦研究述评》，也发表在我们的杂志上。由于这两篇文章发表在同一期（第6辑）上，所以第一篇文章的署名用的是"许力夫"。

在这里我还要提到一件事。1982年王学东从中国人民大学国际政治系毕业后继续攻读硕士学位时，他的论文也是写伯恩斯坦和《社会民主党人报》的。为此他有一个时期天天到我们国际室来查阅这份影印本。他还把伯恩斯坦在这个报纸上发表的文章都查出来（有不少是用笔名的），编成一个目录，附在硕士论文后面。毕业后他到国际室工作，我曾约他写了一篇《伯恩斯坦与爱尔福特纲领》，刊登在我们的杂志 1986 年第 2 辑上。这篇文章论述了伯恩斯坦在这一时期对德国社会民主党修改纲领工作所起的推动作用。此外，我还和他分工将第二国际成立前伯恩斯坦在《社会民主党人报》上发表的论述各国社会主义者恢复国际联系的努力的文章译出来，刊登在我们的杂志上。这些工作对于全面评价伯恩斯坦都是有用的。

在这以后我还对如何全面评价伯恩斯坦作了一些研究。华东师大国际政治系编了一本《国际共运史讲座》作为高等学校讲稿，涉及几个重要的专题。我为他们写了一篇《伯恩斯坦研究中的几个问题》，其中提出如何重新评价伯恩斯坦的修正主义，此书在 1987 年出版。我还写了一篇比较详细的论文：《关于伯恩斯坦的评价问题》，发表在社科院马克思主义毛泽东思想研究所编辑的《马克思主义研究》季刊上，是分两期（1988 年第 4 期，1989 年第 1 期）刊登的，后来被《新华文摘》1989 年第 5 期摘录了。这就是我对伯恩斯坦研究的开始。遗憾的是，后来我又做了好多别的工作，没有把这一工作继续下去。

我们组搞了好多年老修正主义、机会主义，涉及的很多都是第二国际各个党的代表人物，或者是理论家，或者是政治活动家。我们对于这些人物已比较熟悉，但对第二国际本身的了解却比较粗浅，对于这个组织的性质、特点和发展过程并不很清楚，在提到第二国际时基本上是按列宁的提法做一些说明而已。

到 1980 年代，我们逐渐看了一些苏联和西方关于第二国际的书，发现这方面的材料非常丰富。法国等国家的学者已把第二国际的历次代表大会记录和有关文献编成22卷的《第二国际文献》陆续出版。法国、德国、英国都有一些关于第二国际的专著，苏联出了两卷本《第二国际》，英国科尔的《社会主义思想史》也有关于第二国际的专章。这些书观点各有不同，材料有的简单，有的详细，但都有自己的特点，看了都会有启发。这样我就也开始对第二国际感兴趣了，首先从第二国际的组织特点下手，弄清楚它跟第三国际不一样，跟第一国际也不一样。对历次大会的过程和重要争论也比较深入地了解了。我就此发表了一些论文。我们组还集体写作了《第二国际研究》，1998年出版，参加者有李宗禹、李兴耕、于沪生、周懋庸和我，还有两个年轻人：王学东和昌竟如。我认为，这本书是中国学术界根据第一手材料对第二国际进行比较全面研究的一本著作，与国外的第二国际研究相比体裁和观点都有特色。这也是第二组的一个重要的研究成果。

随着研究工作的开展，我们也从相对的闭塞转为走向学术界、走向社会。国际共运史是当时高等学校的一门公共必修课，是从原来的以《联共(布)党史简明教程》为主的"马克思列宁主义基础"这门课演变来的，涉及的方面与我们工作的范围基本一致。不过国际室原来主要是搞反面材料。我们编译出来的材料和书，学术界一般是见不到的，高等学校里只有负责领导理论研究和教学工作的很少一部分人才能看到。因此，我们的工作就很难与外面交流。

从档案看来，局务会上有时候也谈到国际室要和外面交流，而且以人民大学为例，说人民大学很希望跟我们交流。李宗禹说，我们也去联系过，但是高等学校关心的是教材问题，只希望我们尽快编出资料来，很难有什么交流。因此总的来说，我们的工作在"文革"前基本上是处于封闭状态的。

"文革"以后，随着改革开放，我们工作的性质逐步改变，思想也逐步开放，这样很自然就要和学术界和社会发生接触了。我们办的刊物也成了向外开放的窗口，高等学校方面同样有变化。我记得是人民大学国际共运史专业的校纪英首先来敲我们的门，主动和我们联系，这样一来，我们就和北京市高等学校的国际共运史学界发生了关系。另外一方面，当时社科院的马列所对我们开放也起了一些促进作用。

中国社科院马列所找编译局国际室和几个高等学校的国际共运史教研室开办了一个布哈林研讨班，由马列所负责组织工作，我室郑异凡、宋洪训、蔡恺民参加了。他们回来汇报说，会上的第一手资料和比较有分量的论文都是国际室提供的，这是因为只有我们才有条件全面接触布哈林的著作和考虑一些有关的问题，但我们却从来没有想到召开学术会议。室务会议讨论了这个问题，认为应当向马列所学习，自己也组织学术会议，把我们的研究成果拿出来与外单位学者交流，扩大影响。当时主管国际室的林基洲副局长对此大力支持。那时候正好有一个比较恰当的题目,就是罗莎·卢森堡,很自然地想到把卢森堡作为我们第一次学术会议的题目。

我们在大连召开的会议邀请了我国国际共运史学界许多学者参加。编译局内部除了我们室的一部分同志以外,还请马恩室的周亮勋、列斯室的张启荣、图书馆的杨威理等参加。局外学者拿到《卢森堡专辑》,听了一些同志的发言,参加了讨论,普遍认为这次会议开得很好。他们通过会议了解了我们的工作,从此与我们保持经常的联系,对我们的工作也起了促进作用。特别是在这次会上,主持北京市国际共运史学会的北大和人大的教员召集到会的全国高校国际共运史教员开了一次座谈会,讨论成立中国国际共运史学会的问题。第二年这个学会就在北京成立,它始终与编译局保持密切的关系,我们为它做了不少工作。按照国家的规定,最初中国国际共运史学会挂靠社科院,后来社科院不管了,改由编译局主管,历届会长也都由编译局领导担任。

这次会议对我们走向社会影响很大。从此以后,我们开了不少学术会议,例如,伯恩斯坦、考茨基讨论会,第二国际讨论会,等等。这些会议在学术界的反响都很好。不仅如此,林基洲还认为,我们平时整天坐办公室埋头工作,应该利用开会的机会接触社会。大连会议期间,他组织我们参观大连的地下商业区,考察大连港口和附近各地的工业情况,使我们开了不少眼界。以后每次会议,我们都争取跟地方宣传部门联系,请他们安排一些了解当地的

2003年中央编译局成立50周年世界社会主义研究所（前身为国际共产主义运动史资料室）工作人员合影（二排右四为殷叙彝）

生产和文化情况的活动。我们所说的走向社会，不仅指与国际共运史学界的联系，也是和广阔的社会发生关系，这是有很大好处的。

从这次会议开始，我们也与以伊藤成彦为代表的外国关心卢森堡研究的学者建立联系。1982年，林基洲、李宗禹、周懋庸作为我局代表团赴日与日本研究卢森堡的学者交流，参加者还有程人乾和外文出版社的杨国光（对卢森堡研究很感兴趣，在团内担任日文翻译）。我们曾与华东师大合作，邀请伊藤成彦等日本学者到上海举行中日学者卢森堡讨论会。此后伊藤成彦多次访华，还与我们合作在北京召开过国际卢森堡学术讨论会。德国统一后，我们与德国罗莎·卢森堡基金会（与德国民主社会主义党接近，在民社党参加组建左翼党后与左翼党接近）建立了经常的交流和合作关系。

我在上面详细回顾了国际室在改革开放以后经历的新变化。随着这些变化，我们室曾几次改名。起初由国际共运史资料室改为国际共运史研究室，后来由室改为所，最后改名为世界社会主义研究所。改名并不是为了追求一个好听的名称，而是与我们工作的发展变化相应的。实际上在上世纪90年代，我们已发展成一个以研究工作为主的单位，并且在学术界赢得了应有的地位。随着原来参加创建国际室的老同志逐渐退休（有的已去世）和新生力量的成长，我们的工作已逐渐突破原来的第一、二、三国际的范围，原来的第一、二、三组（处）也发展成苏联东欧、西欧、亚太等处。拿西欧处为例，它不但继续关心第二国际的问题，而且开始研究当代社会民主主义和西欧社会民主主义政党、第三条道路、全球化等问题，也取得了一定成绩。在21世纪第一个十年以后，我们的任务和机构又有了新的变化，这就不属于我在这里要说的内容了。

李兴耕,国际共产主义运动史学家。研究员。曾任中央编译局国际共运史研究所所长、中央编译局副局长兼秘书长等职。2006年荣获资深翻译家荣誉称号。享受国务院政府特殊津贴。长期从事国际共产主义运动史和俄罗斯问题研究,主要著作有《饶勒斯文选》《第二国际研究》等。

我与国际共运史研究

李兴耕

1960年11月,我被分配到中央编译局国际共产主义运动史资料室工作。之前我在苏联留学的专业是法国工人运动史,工作后接受的第一项任务是参加编辑纪念巴黎公社90周年的专题文集《马恩列斯论巴黎公社》,该书1961年由人民出版社出版。此后,根据安排到设在昌平小汤山阿苏卫村的编译局副食品生产基地劳动锻炼近半年,大约在1962年春节前回到局里,参加业务工作。

参加编译"灰皮书"

20世纪60年代初,我在中央编译局参加工作实际上是从编译"灰皮书"开始的。尽管"灰皮书"作为"反修斗争"的产物,带有明显的"左"的时代烙印,是所谓"反面教材",但是这一工作使我有机会阅读许多文献资料,开阔了视野,重新思考国际共运史的有关问题,寻找历史真相。因此,这是一段不能忘却的经历。

1960年底,中央编译局领导决定成立国际共产主义运

本文根据李兴耕同志口述资料整理,整理者柳宁。

动史资料室。次年1月，许立群局长说，国际室的工作应当掌握国际共产主义运动史的来龙去脉，他建议我们处理好翻译与研究的关系，从搞材料开始比较合适。

为了服务"反修斗争"的需要，当时国际室准备编辑两套丛书，一套是机会主义、修正主义资料选编，另一套是马克思主义经典作家反对机会主义、修正主义的文集。整理资料，语言是一道关。我大学是在上海华东师范大学，原先学过俄语，在苏联又修了法语，出于工作需要又参加了局里举办的德语学习班，还自学了一点英语。经过一段时间的突击，在老同志的帮助下初步掌握了德语基本语法，开始参加德文稿子的翻译实践，最后由殷叙彝等老同志修改定稿。

我先后参加了伯恩施坦《一个社会主义者的发展过程》《社会民主党内的修正主义》《什么是社会主义》等"灰皮书"的翻译。这些小册子由生活·读书·新知三联书店出版，译者署名为"史集"，这是国际室同事集体的名字。因为大家都参与翻译，最后由德语比较好的同志来作校订。这段时间工作和学习都比较紧张，但我觉得还是很愉快的。后来，我又参加了《伯恩施坦言论》《考茨基言论》《鲍威尔言论》《法国的改良社会主义》《第二国际修正主义者关于帝国主义的谬论》等书的编译工作。在此期间，我与一些同志曾到北京郊区高碑店农村参加"社会主义教育运动"，但时间不长，回机关后继续编译"灰皮书"。

1963年国际室进行机构调整，我被分配在第二组，殷叙彝任组长，成员还有耿睿勤、周家碧、于沪生和李宗禹。第二组的主要任务是搜集、整理和编译巴黎公社后以及第二国际时期的机会主义、修正主义文献资料，研究这一时期马克思主义同机会主义、修正主义斗争的历史。1963年6月，国际室召开"修正主义者、机会主义者著作选编"编辑工作会议，要求在1963年底完成编选工作。分配给我的任务是选编饶勒斯、米勒兰、王德威尔得等人的法文著作，同时也参加编译伯恩施坦、考茨基等人的德文著作。为此，我们编了一个《老修正主义者、机会主义者重要著作拟目》（油印稿），对拟选的著作内容作了扼要介绍。据估计，在选编过程中需要阅读的德、法、英、俄四种文字的资料多达1500万字，其中法文资料约有200万字。由于时间紧迫，人手不足，局领导决定找人民出版社商量。1963年7月2日，人民出版社负责同志来到编译局，与局领导及有关同志研究出版老修正主义者著作事宜。人民出版社答应协助我们约请其他单位外语翻译人员把一些重要著作尽快译成中文，其中包括饶勒斯著作。

编译出版《饶勒斯文选》的曲折经历

根据工作安排，我从1963年开始编辑《饶勒斯文选》，当时叫"饶勒斯言论"，并把它列入了"灰皮书"出版计划。饶勒斯是法国社会党创始人和第二国际领导人，长期以来，我国学术界对饶勒斯研究不多，通常把他看作第二国际机会主义的代表。

为了编好饶勒斯的著作，首先要做调查研究，我调查得知国内图书馆好像都没有比较完整的资料，只有中国科学院有一套法文版的《饶勒斯全集》，就专门跑到中国科学院图书馆去查资料，然后把《饶勒斯全集》所有目录翻译成了中文，这为之后研究国际共运史打下了基础。在此基础上，我草拟了一份《饶勒斯文选》目录，其中选了饶勒斯的32篇著作，有的是全文，有的是摘录。除了部分著作已有中译文外，大部分需要翻译。国际室领导通过人民出版社沈昌文、张光璐等约请北京编译社①等单位的人员帮助翻译了其中的一些文章。

这项工作断断续续，一直到"文化大革命"前都没有完成。在此期间，我和许多同志在1964年到通县徐辛庄公社小营大队参加"四清"，接着在1965年又被派到昌平兴寿公社秦城大队第二次参加"四清"，编译《饶勒斯文选》的工作被搁置下来。但是，我一直没有中止收集和研究有关饶勒斯以及法国社会主义运动史的工作。"文革"结束后，我把法兰西第三共和国时期的社会主义运动史，包括盖得、拉法格和饶勒斯等社会主义活动家作为自己研究的主攻方向，编译了一些文献资料。我与同事合作编译了《米勒兰事件》一书，收录了第二国际内部围绕米勒兰入阁事件展开争论的文

---

① 北京编译社：成立于1956年夏，为人民出版社、商务印书馆、人民文学出版社、世界知识出版社等提供有偿翻译服务，部分"灰皮书"即由该社组织人员翻译，1968年撤销单位建制。

献资料，包括考茨基、伯恩施坦、饶勒斯、福尔马尔、大卫、阿德勒、普列汉诺夫、卢森堡、李卜克内西、瓦扬、盖得、拉法格等人的文章和发言。我们还翻译了法国泽瓦埃斯撰写的《一八七一年后的法国社会主义》，该书附有许多文献资料，很有参考价值。1985年，我和殷叙彝等编译的《拉法格文选》由人民出版社出版，除了新翻译的文章，该书还收录了王子野翻译的饶勒斯与拉法格就唯心史观和唯物史观进行辩论的演讲。我撰写的《拉法格传》一书也涉及第二国际时期的法国社会主义运动，评析了拉法格与饶勒斯围绕德雷福斯案件、米勒兰事件、伯恩施坦主义等问题的争论。此外，我在《德雷福斯案件和法国社会主义运动》《围绕米勒兰事件的一场斗争》等文章中，对饶勒斯思想及其在法国社会主义运动中的影响作了评析。我为《世界社会主义思想通鉴》撰写的《饶勒斯及其渐进社会主义思想》一文，则对饶勒斯的社会主义思想作了介绍和评论。这些研究为我后来重新编译《饶勒斯文选》打下了较为扎实的基础。

在做其他工作的同时，饶勒斯研究在我心里始终没有搁下，一直不断地收集材料，这个信念一直坚持到2004年人民出版社准备出版一套"社会主义思想史文丛"。那时，人民出版社希望与我局世界社会主义研究所共同编辑出版社会主义思想史文选，当时的世界所所长王学东邀请殷叙彝和我（我们属于退休返聘人员）参加与人民出版社编辑同志的商谈。双方初步达成协议，把编译局国际室以前编译的"灰皮书"系列中的《伯恩施坦言论》《考茨基言论》《布哈林言论》《托

《饶勒斯文选》等译著

洛茨基言论》《鲍威尔言论》以及上世纪80年代编译的《卢森堡文选》及计划编译的《饶勒斯文选》等列入社会主义思想史文选重新出版。最后，确定编辑伯恩施坦、考茨基、布哈林、托洛茨基、鲍威尔、卢森堡、饶勒斯和普列汉诺夫8人的文选，我承担了《饶勒斯文选》的编译任务。

《饶勒斯文选》这个选题确定以后，我心里很高兴，从上个世纪60年代列入"灰皮书"编译计划到2009年作为"社会主义思想史文选"和"人民文库"正式出版，几十年的心愿这次总算有结果了。这套文选后来纳入"人民文库"中"人文科学"类别的"译著"陆续出版，每本书仍然保留了"出版说明"以及编者写的"编辑说明"。我到中央编译局来的时候是1960年，到2009年出版，前后经过了整整半个世纪，总算搞出来了。在这个过程中，大家给了我很多帮助，殷叙彝同志和李其庆同志帮了我很大的忙。

这本书的完成，一方面是了了自己的一个心愿，另一方面也使国内对饶勒斯这位法国著名社会主义活动家的思想理论有了比较全面的了解。因为到现在为止，一谈到饶勒斯，一般人的印象好像就是第二国际修正主义者。我觉得这样片面的扣帽子是不恰当的。应该说，他是一个社会主义者，是对社会主义运动作出过重要贡献的人物。列宁、卢森堡都对他作过很公正的评价，当然，对他的错误也提出了很尖锐的批评，特别是在"米勒兰事件"中，他采取了不太正确的态度。对于马克思主义，他一方面承认马克思主义的很多理论观点是正确的，比如阶级斗争学说、剩余价值理论、社会发展一定朝着社会主义共产主义方向前进，这些他是坚信不疑的，他本身是忠诚的社会主义战士。另一方面，他是个改良主义者，这是毫无疑问的，但在法国当时那种社会背景下，他的这种改良主义思想应该说是可以理解的。现在我们怎样实事求是地评价他？这可以说是我编译这本书的目的。另外，在编译《饶勒斯文选》的基础上，我对饶勒斯的社会主义思想做了整体评述，写了《饶勒斯的社会主义思想评析》一文，就饶勒斯的社会主义思想问题发表了看法，供国内作进一步研究时参考，也算是有始有终了。

国际共运史研究的黄金年代

"文化大革命"以后，有段时间我们主要做第一国际、第二国际、第三国际研究，因此部门改名叫国际共运史研究室，1985年又改名为国际共运史研究所。我主要负责第二国际研究,是第二国际这个组的组长,我们组还有殷叙彝,也研究第二国际。第一国际是张文焕、胡文建负责,胡文建主要研究共产主义者同盟,张文焕研究第一国际;李宗禹、宋洪训研究第三国际,以及共产党情报局。

现在回过头来看,八十年代应该是我们所的黄金时代。为什么这么说呢?因为当时的力量很强,我们这些老同志,一个顶一个。当时,我们不仅在中央编译局做研究,还到几所大学里给研究生讲课。我们讲课的学校包括山东大学、北京大学、中国人民大学、北京师范大学、中共中央党校、华东师范大学,他们相关专业的研究生几乎都听过我们的课。譬如说《国际共运史专题研究》这本书,是华东师范大学出版的,收录的就是我们在华东师范大学政教系讲授"国际共运史"的讲稿,出版后作为教材发给学生。这本书的编辑说,你们这本书的销路很广,每一期的学生都要买,印数很多,一次又一次地加印。这门课,我主要讲第二国际和法国社会主义运动,张文焕主讲第一国际,宋洪训讲第三国际。再比如说,为中国人民大学科社系国际共运史专业的研究生讲专业课,我们讲课的题目涵盖三个国际,讲完以后他们编印了一本册子,收录的是我们授课的讲义。张文焕讲"第一国际若干问题""卢森堡市场经济活动",我讲"法国社会主义运动史",殷叙彝讲"鲍威尔的思想""关于布哈林的若干问题",等等。还有中央党校、北京大学等都去讲过。咱们局的张文成等都是我们的学生,当年他们在北京大学国际共运史专业学习,我们专门给他们授课,讲了好长时

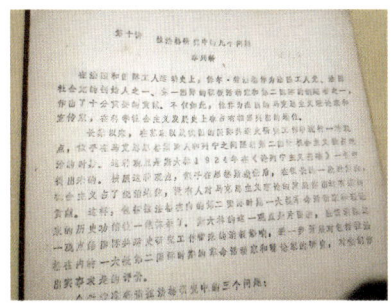 

《国际共运史专题研究》以及书中收录的李兴耕讲稿

间。那段时间,我们中央编译局的国际共运史研究在社会上,或在高等院校应该说是一个权威,研究是比较深入的。

另外,在第二国际史的编写过程中,涉及马克思主义在中国的传播,特别是关于孙中山和第二国际的研究。我于1989年在《河北师范学报》上发表了《第二国际与孙中山》,探讨第二国际时期马克思主义在中国的传播。现在来看,我们的观点、资料,基本上还是没错的,我们是实事求是的,既没有贬低孙中山,也没有把他拔高,没有把他说成是马克思主义者,也没有把他说成是社会主义者,而是认为他是一位先进的资产阶级革命家。但是,他主观上说的社会主义,实际上并不是真正的社会主义,还是他的三民主义。有人说三民主义就是社会主义,应该说这二者之间是有很大区别的,不能把它们等同起来。

搭建成果展示平台

在三个国际的研究过程中,我们觉得需要一个平台来发表我们的研究成果，同时也为国内国际共产主义运动史研究提供一个基地，所以在上世纪70年代末开始酝酿创办一本杂志。1980年8月，我们编写了《国际共运史研究资料（第一辑）》，由人民出版社出版，同时还出了两个增刊，即"卢森堡增刊"和"布哈林增刊"。这本杂志，既刊登我们的研究成果，又发表翻译的资料，有我们自己翻译的，也有请外面的人翻译的。出版以后，在学术界引起了很大的反响。这本杂志很有用，做国际共产主义运动史研究的同志都深有体会。

《国际共运史研究资料》首任主编是李宗禹，副主编是宋洪训，我和胡文建等几位同志是编委。从1980年到现在，这本杂志为国内的国际共运史研究做出了很大的贡献，历经多次改版，很不容易，应给予充分的评价。那么多专家都给了很高的评价，我心里也很感动。但如何保持好我们这个杂志的特色，还需做出更大的努力。

我担任编译局秘书长之后，考虑到理论研究工作要有一个新的平台，于是在1991年发起创办《国外理论动态》，开始是一本内部刊物，由我担任主编。刊物一经推出，就受到了欢迎。我们刊登的文章都很短，每篇三五千字，而且是经过责编的。这里要讲一个周亮勋同志的例子。当时，我发现有一篇关于马克思恩格斯剩余价值理论的文章很重要，代表了我们国内新的研究水平。周亮勋是研究经济学的，熟悉《资本论》，我请他将这篇文章缩写一下。他花了很大的工夫，把几万字的稿子缩成了几千字，登在我们这本杂志上，很多人说，只有周亮勋这个大专家能够搞出这个成果来。这个刊物也发表了很多其他同志的文章，包括新来的年轻同志，如杨雪冬、杨金海等所写的文章。

1997年以后，我觉得自己身体不好，请李其庆当主编，刘淑春当常务副主编。《国外理论动态》从内部刊物到现在的核心期刊，而且在社科期刊里面一直名列前茅，是很不容易的。它在国内理论界研究国外社会科学前沿问题方面，起了很大的作用。《国外理论动态》这本杂志特色很鲜明。首先，资料是第一手的，不是泡沫，是实打实的，干货很多。其次，思想也比较开放，供研究者参考很有价值。这本杂志从创刊到后来的发展，我是尽了自己的一份力量的。

参加学术交流活动

为了促进研究工作，我们还在国内组织举办了一系列的学术讨论会，也积极参加国外的学术讨论会。我记忆中，我们发起的第一个全国性的国际共运史方面的学术讨论会是在1980年3月，由林基洲发起在大连召开的全国卢森堡学术讨论会。这是国内第一次专门研究卢森堡这位德国女革命家的思想和实践的学术会议，引起了很大的反响。为了配合会议的召开，《国际共运史研究资料》出了一个《卢森堡专辑》，影响很大。此后，我们陆陆续续主办了一系列其他的学术讨论会，包括第一国际、第二国际、第三国际、欧洲社会党、欧洲共产党研讨会等。

应该说，这些研讨会对我们的研究工作是一个很大的推动，使我们开阔了视野，了解到全国各地的研究情况，知道他们究竟在研究些什么问题。同时，也有利于我们的研究成果在会上交流，互相促进，这样的会议大家都是很欢迎的。比如上世纪九十年代，我们在山东烟台召开关于社会民主党的学术讨论会，这在当时是比较敏感的题目。但是，中联部、社科院以及一些高等院校的同志都来了。回过头来看，我感觉现在我们对社会民主党的基本看法，与当时会上的看法一致：社会民主主义跟我们的共产主义不是同一个主义，是两条路，它属于改良主义。但是，对于社会民主主义中的合理部分，比如说怎么来处理工会问题、福利问题、劳动保障问题等，应该是值得我们参考的。

进入新世纪之后，世界社会主义研究所举办的"第三国际讨论会""布哈林讨论会"等学术会议有很多。后来成立了国际共产主义运动史学会，全国性的会议就更多了。除此以外，中国科学社会主义学会下面有个叫当代世界社会主义专业委员会的学会，每年开一次会，我是这个专业委员会的副会长，尽管两个学会有交叉，但是参会成员不一样，这对全国世界社会主义史的研究工作，应该说有很大的推动作用。

除了国内的学术活动，我也参加了一些国际上的交往，包括出国访问和参加国际学术会议。我记得我作为中央编译局的代表出访过几次。第一次是1986年，与宋书声一起到民主德国访问民主德国马列主义研究院。当时还没有发生苏东剧变，我们去的时候马列主义研究院还在，跟马列主义研究院各个部门，包括国际共运史研究部门进行了交流。我还带了特定的任务去，就是查资料，他们有一个很大的图书馆，国内很多资料找不着，就到他们的图书馆去找。马列主义研究院对我们很熟悉，我局很多同志在那儿学习过，像宋书声夫妇、周亮勋夫妇，他们都很熟悉。我还两次访问俄国。1990年，苏联解体前夕，我们访问了苏共中央马列主义研究院。我们是春天去的，还观看了莫斯科广场卫国战争胜利阅兵式。当年秋天，苏共中央马列主义研究院回访，双方签订了合作协议。1998年，苏联解体以后，我和魏海生、翟民刚、李永全到莫斯科参加关于《共产党宣言》的一个讨论会。2003年，我还和李其庆、杨金海一起到巴黎参加了第四届"国际马克思大会"，我们三个人在会上都做了交流发言。总之，我们与国内国外的交往还是比较多的。

我工作的前几十年主要研究国际共运史，到了九十年代后半期，重点研究当代社会主义，包括当代欧洲社会民主主义和社会主义运动，进入21世纪之后，我的研究领域转向跟踪研究当代俄罗斯问题。我倡议成立了俄罗斯研究中心，整合编译局的俄语人才力量，研究俄罗斯历史和现状。我担任了俄罗斯研究中心第一任主任。虽然我的研究领域发生了变化，但遵循实事求是基本原则、一切从实际出发，而不是从教条出发，是我始终一贯的态度。这也是编译"灰皮书"工作留给我的深刻启示。

胡文建，国际共产主义运动史学家。研究员。曾任中央编译局国际共运史研究所所长，中央编译出版社社长兼总编辑。2006年荣获资深翻译家荣誉称号。享受国务院政府特殊津贴。长期从事国际共产主义运动史编译和研究工作，译有弗兰尼茨基的《马克思主义史》等。

"灰皮书"的二十年与我和同事们半个多世纪的学术生涯

胡文建

出版"灰皮书"是从1960年开始至1980年结束的,前后共20年。

协助中央"打麻袋、赶驴子"

1960年初,中苏两党关系已即将达到公开分裂的程度。同年4月,为纪念列宁诞辰九十周年,《红旗》杂志发表《列宁主义万岁》,《人民日报》发表《沿着伟大列宁的道路前进》,中宣部部长陆定一发表《在列宁的革命旗帜下团结起来》三篇文章。因为当时中苏冲突尚未表面化,这三篇文章的意图在内部叫做"打麻袋,赶驴子"。"麻袋"指南共联盟,"驴子"指苏共,即表面上是批判南共联盟,实际上是批判苏共自1956年二十大以来的国际路线和理论观点,揭开中苏论战、国际"反修"的序幕。同年6月在社会主义国家共产党和工人党布加勒斯特会议上,苏中初次交锋,公

本文原载郑异凡主编的《灰皮书:回忆与研究》,漓江出版社2015年版。收入本书时有删节。各部分标题为编者所加。

开分裂。同年7月至9月苏撤走在华全部专家，我局的苏联专家也撤走了。

在这样的背景下，中宣部常务副部长许立群到中央编译局兼任局长，中宣部理论处副处长王惠德调任常务副局长。他们立即提出中央编译局的任务是全力为中央服务，即除主要翻译《马克思恩格斯全集》（《列宁全集》中文第1版已于1959年10月全部出版）外，还要大力翻译中央所需的资料以及收集国际共运的资料。为此，1960年成立了国际共运史资料室，负责收集、编译国际新老机会主义和修正主义的著作和资料，为中央开展国际"反修"服务。

为了"打麻袋，赶驴子"，需要翻译南斯拉夫的资料，了解南共联盟和苏共两者的"同口径"和"发明权"。但当时我国懂南斯拉夫塞尔维亚-克罗地亚文（简称南文）的人实在太少。于是，1960年7月至1961年2月，中央有关领导部门在高级党校（现中央党校）办了一期"南文班"，局里派我和钟韵娟同志去当学员。

"南文班"由高级党校副校长艾思奇主持，班主任是中国人民大学的一位党委书记云光，班长是人民大学翻译室主任刘赫文。学员共25人，是从各单位抽调的，大多数是俄文翻译，只有几位曾留学南斯拉夫。学员除我和钟韵娟外，我现在记得的有中国人民大学翻译室刘赫文、李嘉恩、李光谟、乔增锐、韩宗翃、江文若和黄良平；中联部毛少英，可能还有杨元恪；新华社杨达洲，可能还有李黛军和徐致敬；外交部一位姓杨的女同志；广播电台夏士华；中调部张瑞祥；中国科学院哲学社会科学部经济所和哲学所以及其他单位的陈长源、林南庆、李鑫南、吴仕康、张德修、汪丽敏、徐顺娟；人民出版社尤开元等。

学员在高级党校集中生活和学习，以自学为主，互学互教，曾留学南斯拉夫的毛少英和杨达洲等两三位做启蒙先生。北京大学南斯拉夫女留学生波波维奇每周在北大一个教室讲一两次课。由于南文和俄文同属斯拉夫语系，学员很快就能从事笔译工作了。"南文班"只办了半年，学员就集体翻译了两部南斯拉夫的理论著作，共100多万字。

第一部著作是南斯拉夫维·马斯列夏出版社1958年出版的伊·科桑诺维奇所著的《历史唯物主义》。该书论述历史唯物主义的基本问题：社会经济基础和阶级结构，社会上层建筑—政党和个人，国家和法，社会革命，无产阶级专政，社会主义民主，国家和民族，战争和军队及其现代条件，思想上层建筑和各种意识形态。中译本于1960年12月出版，约400页。由于我保存的中译本已缺作者简介页，我已记不清作者的简历了。

第二部著作是贝尔格莱德现代行政出版社1958年出版的米尔科·贝洛维奇的《政治经济学》。该书中译本分三册出版，第一册共279页，主要论述资本主义前诸社会形态，1961年8月出版；第二册共332页，论述资本主义社会，1961年2月出版；第三册共310页，论述社会主义社会，1960年12月出版。作者米·贝洛维奇是南斯拉夫法学家和经济学家，时任塞尔维亚最高法院法官和贝尔格莱德大学特聘教授。

这两部著作由于被认为是比较全面地反映南修正主义观点的著作，是供"打麻袋"用的书，作为"初译稿"以"灰皮书"形式出版，标明"内部读物"和"内部参考读物"，虽由人民出版社出版，但并不标明任何出版社的名称。

另外，1960年12月我正在"南文班"时，曾回局校对当时南二号人物卡德尔的《社会主义与战争》一书中译本，该书由其他单位翻译。封面是白色黑字，也属于"灰皮书"。1961年，还出版了南斯拉夫实践派哲学家代表人物，先后任萨格勒布大学校长、南哲学家学会主席和南科学艺术院院士的普·弗兰尼茨基于1956年完稿、1958年出版的《辩证唯物主义和历史唯物主义》中译本，是"灰皮书"，标明"内部参考"，未署出版社名称。我已记不清译者是我们"南文班"学员还是其他人了。

翻译《马克思主义史》

1961年2月，"南文班"译完上述"打麻袋，赶驴子"用的"灰皮书"之后便告结束，学员分别回原单位工作。我和钟韵娟回局不久之后，从人民大学调来的"南文班"学员江文若和黄良平，以及随后从其他单位又调来的张森一共五人，组成国际共运资料室现代组南斯拉夫分组，从事收集、翻译和研究南斯拉夫的资料。而其他组的同事，则按照中央为准备国际反修而出版"灰皮书"的规划和布置，编译马恩列斯批判过的机会主义和修正主义者的著作。

1961年，普·弗兰尼茨基出版了《马克思主义史》。这是一部颇为独特的，甚至是当时世界上独一无二的比较全面论述马克思主义思想理论发展史的著作。它不仅论述了马克思主义的基本要素和基本问题及其在各个社会历史范围内的发展，论述了列宁主义、斯大林和苏联的马克思主义、毛泽东和中国的马克思主义以及南斯拉夫的马克思主义，还评价了第一、二、三国际时期和当代世界各国马克思主义流派上百个代表人物和数百上千部著作。这部著作出版的消息传到我国，我记得当时听说首先是引起中宣部副部长周扬同志的兴趣。随后，1962年5月，中央理论小组杨甫来我局国际共运史资料室南斯拉夫组，要求我们译出该书目录并写一简介报送中央。

1962年6月至7月间，我们把该书的目录和简介报送康生、陆定一、陈伯达、周扬、许立群、姚溱、陈道和胡绳等，并由康生办公室转送中央。当时听说中宣部经邓小平同志批示后立即开会讨论组织翻译力量，并决定交由我局副局长王惠德具体负责实施，以国际室南斯拉夫组为主力，牵头翻译。王惠德强调说，中央对此书感兴趣，必须尽快译出。我们立即组织了二十多位同志翻译，参加的有南斯拉夫组的江文若、黄良平、钟韵娟、张森和我，中联部毛少英，新华社杨达洲、徐致敬、李黛军、李一，人民出版社尤开元，人民大学李嘉恩、李光谟、乔增锐、韩宗翮，中调部张瑞祥，中国科学院哲学社会科学部经济所和

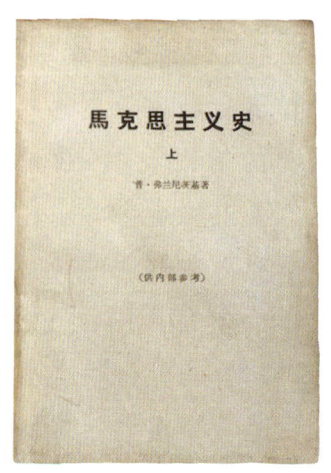 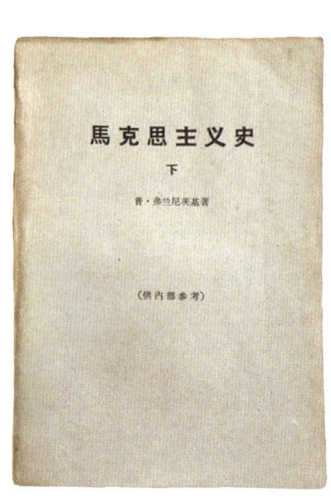

"灰皮书"之《马克思主义史》

哲学所陈长源、林南庆、李鑫南和吴仕康,基本都是原来"南文班"的同学。我们从 1962 年 6 月开始翻译,同年 11 月底译完送交人民出版社。1963 年 2 月,此书作为修正主义著作,由生活·读书·新知三联书店以"灰皮书"形式分上下两册,标明"供内部参考"出版。

1962 年底,在我们翻译完这部《马克思主义史》后不久,赫鲁晓夫在苏联最高苏维埃会议上点名指责中共,1963 年初苏共又致中共公开信指责中共,中共于 1963 年 6 月发表《关于国际共运总路线的建议》,简称《二十五条》的复信进行反驳。1963 年 7 月苏共公布《苏共中央给苏各级党组织和全体党员公开信》,反驳中共《二十五条》。随后,中共发表了苏共这一公开信,中苏争论公开于世界。这一两年间,中共紧锣密鼓准备与苏共进行公开大论战,开展国际"反修"斗争。

从1962年底至1964年,为准备和发表"九评"的需要,国内出版了许许多多的"灰皮书",包括许多有关南斯拉夫的"灰皮书"和同属"灰皮书"的"白皮书"等。我们南斯拉夫组参与过《铁托言论选》等"灰皮书"的部分选编工作,编写了《南斯拉夫大事年表》等"白皮书",译校了南共联盟六大的报告《南共联盟为社会主义民主而斗争》《南共联盟历史概要》等等。但我们的主要工作是为"九评"中的《南斯拉夫是社会主义国家吗?——三评苏共中央公开信》,简称《三评》的写作班子查找资料。

《三评》的写作班子成员是许立群(组长)、王惠德、于光远、陈道、何静修、郑科扬等等,可能还有姚溱和邓力群。我和钟韵娟由于参与查找马恩著作引文、铁托和卡德尔的言论和部分南斯拉夫书刊资料,常参加旁听写作班子的讨论会议。《三评》一文写过三十多篇初稿,迟迟未能完稿,因为写作班子觉得论述南斯拉夫不是社会主义国家的材料不够,特别是经济制度方面的材料不够。例如,南斯拉夫实行的"社会所有制",于光远认为这是马恩用过的好概念,南斯拉夫的工人自治企业和农村合作社蜕变成资本主义的阶梯还没有足够材料论述清楚;南斯拉夫说国家消亡和党消亡,实际上他们也没有这样干,等等。

由于《三评》迟迟未能完稿,当时我就听说康生急了,来电话责问为什么。写作班子回答说资料还不够,蜕化的阶梯还没有弄得很清楚。康生索要稿子和资料,次日即回话,大意说:"铁托修了,党也就修了,国家还是社会主义国家吗?"按照康生这一定调,以及根据1962年9月起不断强调在整个社会主义历史阶段这几十年甚至更长时间内存在着无产阶级和资产阶级间的阶级斗争,存在着社会主义和资本主义这两条道路的斗争,存在着资本主义复辟的危险,千万不要忘记阶级斗争的论断和要求,写作班子也就很快完成了《三评》的写作,经康生等审定后交由《人民日报》和《红旗》杂志于1963年9月26日发表。这篇《三评》无限上纲,说铁托和南共联盟是国际共运的"叛徒"和帝国主义的"走狗",因此南工人自治企业和农村合作社已蜕变,城乡资本主义泛滥,资本主义已在南全面复辟。

历史的跌宕起伏令人唏嘘、令人寻味、令人思考!"文化大革命"之后,1977年8月,被《三评》说成国际共运"叛徒"和帝国主义"走狗"的铁托应邀访华,中南两党恢复了正常关系。1978年8月,时任中共中央主席、国务院总理的华国锋应邀访南,1980年5月又去南参加铁托的葬礼活动。从此中南两党两国友好往来不断。南斯拉夫冲破苏联模式的一些改革措施,不再是曾被批判得体无完肤的东西,而被认为是可以参考借鉴的东西了。

1982年10月,我和中联部朱良润同志被派往南斯拉夫出席在克罗地亚滨海城市察夫塔特召开的第七届"社会主义在世界"国际圆桌会议。与会者是世界各国研究马克思主义的学者200多人。我因为是来自中国,与著名的"西方马克思主义者"埃里克·霍布斯鲍姆和昂利·勒斐弗尔等被安排做主席团成员。霍布斯鲍姆当时仍是只有200多人的英共的党员。他曾著文说人类总需理想，人类没有理想就会灭亡，社会主义是人类永存的理想。他在这次会上的简短发言中说："世界上有自称的各种马克思主义，但真正的马克思主义是什么？"令我印象深刻。后来他来华作友好访问，我局宴请过他。昂利·勒斐弗尔强调马克思的"总体的人"，是"消除了异化的人"，是"自由共同体的自由个人"，也令我印象深刻。与会者中还有不少我由于翻译弗兰尼茨基的《马克思主义史》而知道的各国学者。我曾被安排主持一次以哲学为主题的大会讨论，并作了题为《实事求是——马克思主义在中国的实践》的发言。我发言后，与会者举手如林，要求提问。问题涉及考茨基、罗莎·卢森堡、斯大林和布哈林等人物，直至我党刚结束的十二大。由于我的同事殷叙彝、李兴耕、李宗禹、郑异凡和周懋庸等同志曾编译过这些人物的"灰皮书"，或是研究这些人物的专家，我对这些人物有一定了解，又经历过"文化大革命"的浩劫。因此，我回答说，我党刚结束的十二大强调实践是检验真理的唯一标准，我和我的同事们正在实事求是地对这些人进行研究；就我个人而言，我认为斯大林"左"的一些理论和实践必须摒弃，斯大林对布哈林的批判和处理是完全错误的等等。

《马克思主义史》作者弗兰尼茨基也是这次圆桌会议的活跃与会者，并与南经济学家米拉丁·科拉奇（我是其著作《社会主义自治生产方式》1981年中译本的译者之一)共同宴请我,并进行友好交流。弗兰尼茨基对我党领导的新民主主义革命、在革命过程中独立自主、我国解放初期的建设、《实践论》和《矛盾论》,特别是关于人民内部矛盾的理论和"百花齐放、百家争鸣"的政策,以及我党刚结束的十二大颇为赞赏,但对"文化大革命"极不理解。他告诉我,《马克思主义史》自1961年出版以后,经过很大的修改和增补,于1970年出了第二版,1975年又出了第三版,1977年又作了增补出了第四版,已被翻译成七八种文字在世界各国出版。他对中国曾翻译他的这一著作感到荣幸。我听了他的话,颇为感慨,因为我国1962年翻译出版他的这一著作时,是把它作为"毒草"类的"灰皮书"的。

经过"文化大革命"的大灾难之后,从党的十一届三中全会起开始拨乱反正和改革开放,我国学术界深感以往思想理论和文化学术禁锢造成的闭塞和无知,迫切要求开阔眼界,独立思考,了解世界,了解国外学术思想和动态。而人们当时接触不到国外学术原著,许多人也不懂外文,人民出版社便参照以往出版"灰皮书"的办法,计划出版现代国外政治学术著作,并且,据时任人民出版社总编辑张惠卿同志说,这一计划得到时任党中央总书记胡耀邦同志的热烈赞同和鼓励。在这一背景下,我从南斯拉夫开会回来后,1983年人民出版社一编室主任尤开元找我,叫我牵头翻译弗兰尼茨基1978年出版的《马克思主义史》第四版共三卷。

老实说,1962年作为"灰皮书"翻译出版的这部《马克思主义史》,当时就引起了知识界的注意。当时学术界大多数人只熟悉斯大林时期苏联的政治理论著作,《联共(布)党史简明教程》在中国大行其道,学术界对世界各国研究马克思主义的著作和众多马克思主义流派知之甚少,甚至毫无所知,即使知道一点,多半也是被当作资产阶级的或修正主义的著作和流派认知的。"文化大革命"后,学术界许多同行曾对我说,《马克思主义史》当时使他们第一次知道许多国外研究马克思主义的学者的名字及其著作和观点,并引起思考和在"文革"后研究国外马克思主义流派的强烈兴趣。加上该书第四版修改和增补了许多内容,特别是增加了对我和我的同事们当时感兴趣的罗莎·卢森堡和葛兰西等人以及二战后波兰、西德、法、意、英、美和古巴众多马克思主义流派代表人物如沙夫、阿多尔诺、哈贝马斯、马尔库塞等等的评介,所以我非常乐意再次翻译出版该书。

但是,"文革"之后,从1985年起我局国际共运史资料室已改为国际共运史研究室,1985年为研究所开始系统地独立研究国际共运史。我分工研究马克思主义的产生、共产主义者同盟和第一国际,并参与《国际共运史研究》杂志的主编工作,只能用业余时间翻译这部《马克思主义史》第四版。因此,该书第一卷交由人民大学李嘉恩同志牵头翻译。我负责第二卷和第三卷的翻译。由于第二、三卷的翻译工作量很大,我又约请新华社杨达洲、社科院哲学所吴仕康和贾泽林以及我局刘晖星参与翻译,最后再由我根据该书南文版和德文版并参考1962年中文版统一校定。由于受1983—1985年"清除精神污染"时批判异化和人道主义理论的困扰,以及1986—1987年我作为访问学者赴西德,后又赴美国,翻译工作有些延迟,所以该书中译本第一、二和三卷才分别于1986年、1988年和1992年由人民出版社出版,封面已改为红色为主。这样,这部1962年出版的"灰皮书",在1986—1992年出版时变成"红皮书"了。但出版时,关于《中国和马克思主义》的那一篇,只保留其第一章《毛泽东在革命时期的主张》,而删掉涉及反右和"文化大革命"的第二章《武装革命后的观点和实践》,并删掉二三十页数百本参考著作目录。

胡文建(左一)在国际学术会议上发言

"灰皮书"的后续影响

1960年7月我被调往"南文班"学习期间,我局新成立的国际共运史资料室的同事们,在副局长王惠德同志的具体领导下,按照中央为准备国际"反修"与苏共大论战而出版"灰皮书"的规划,收集和编译马恩列批判过的机会主义和老修正主义者的著作,因为要批判新修正主义,还必须了解它与机会主义和老修正主义的渊源。1960年后,我的同事们分别编写了各个修正主义者、机会主义者著作目录,1961年编译出版了《伯恩施坦、考茨基著作选录》,随后翻译出版了伯恩施坦《社会主义的前提和社会民主党的任务》以及伯恩施坦的《斐迪南·拉萨尔及其对工人阶级的意义》等"灰皮书",并全力从事编译众多机会主义者和修正主义者的著作和言论选以及为1963—1964年与苏共大论战的"九评"收集资料的工作。1979年,人民出版社出版了最后一本"灰皮书"——我的同事郑异凡等同志编译的《托洛茨基言论》,"灰皮书"20年的出版工作宣告结束。

"灰皮书"二十年的出版工作,引起始料不及的影响。"灰皮书"本来是我党开展国际"反修"斗争的产物,但它出版二十年后却引起我国学术界冲破学术禁锢,了解世界,研究国际共运和社会主义运动的真实历史,国外马克思主义和社会主义各种流派的真实情况,世界资本主义政治经济的真实状况,以及了解国外学术动态的强烈兴趣。"文化大革命"的结束和改革开放的兴起,以及我们掌握多种外语,熟悉马克思主义经典著作,1960年至1980年这20年在编译各种"灰皮书"和研究各种思想流派过程中积累的知识、资料和经验,为我们创造了解放思想、实事求是进行学术研究的条件。

1985年我局国际共运史资料室改为国际共运史研究室。我们开始系统地独立研究从马克思主义产生,共产主义者同盟,第一、二、三国际直至苏共的整个国际共运史,并一心营造和坚持从事学术研究必须十分注重原始史料、熟悉原著、思想开放、博取知识、冲破教条、不断探索、实事求是、独立思考和严谨治学的风气。在80年代,我们除研究马列主义经典著作外,还组织和参与编译了共产主义者同盟,第一、二、三国际的文件、会议记录等等丰富的第一手史料,编译了国际共运史从开始至20世纪末各个时期欧洲各国各种思想理论流派的数十位代表人物的著作,如德国的莫·赫斯、魏特林、格律恩、克利盖、沙佩尔、魏德迈、施韦泽、拉萨尔、杜林、李卜克内西父子、倍倍尔、伯恩施坦、考茨基、福尔马尔、罗莎·卢森堡;法国的蒲鲁东、马隆、勃鲁姆、米勒兰、饶勒斯;奥地利的奥托·鲍威尔、伦纳;荷兰的潘涅库克、万-科尔;英国的费边;意大利的葛兰西;俄国的巴枯宁、普列汉诺夫、斯大林、托洛茨基、布哈林、季诺维也夫、普列奥布拉任斯基、沃兹涅先斯基以及保加利亚的季米特洛夫等等。还进行深入分析研究和发表了许多史料翔实、评述客观的研究著作和文章。同时从80年代初起创办《国际共运史研究资料》，后改称《国际共运史研究》杂志，开展活跃的国内外学术交流。我们研究所通过这些学术活动，促进80年代我国国际共运史研究的高度繁荣，并成为会员众多的中国国际共运史学会的中坚力量。

1994年我们国际共运史研究所改名世界社会主义研究所。从1994年至2010年研究所再次整合时止，研究所研究范围逐步扩大，既研究历史，也研究当代；既研究社会主义，也研究资本主义；既研究世界政党政治、制度管理和国际关系以及全球化，也研究中国改革开放；培养出了一批批力求成为学识广博、思想开放、独立思考、求实创新、既不唯上也不逐流、淡泊名利、默默耕耘和严谨治学的研究人员，发表了大量著作和论文，编译和评介了大量国外学者的著作。20世纪80年代创办的《国际共运史研究》杂志在90年代初改刊为《当代世界与社会主义》，我后来又参与创办了《国外理论动态》杂志，并大力组织和参与国际国内学术交流，为我国思想理论方面的学术繁荣尽自己一份绵薄之力。

郑异凡，国际共产主义运动史学家。研究员。曾任中央编译局国际共运史研究所苏东处处长、俄罗斯研究中心顾问。2006年荣获资深翻译家荣誉称号。享受国务院政府特殊津贴。长期从事苏联史研究，著有《布哈林论》《天鹅之歌——关于列宁后期思想的对话》《新经济政策的俄国》和《苏联春秋》（三卷）等，主编九卷本《苏联史》。

国际共运史编译和研究工作二三事

郑异凡

进入20世纪60年代,中苏分歧公开化,中苏两党就"国际共产主义运动总路线"展开争论。关于这场争论,邓小平后来有一个精辟的评价:"经过二十多年的事件,回过头来看,双方都讲了许多空话。"关于意识形态争论,邓小平说:"这方面现在我们也不认为自己当时说的都是对的"。

1959年10月我来中央编译局,分在研究室的国际组。国际组的成员有周邦媛、钟韵娟、周家碧、杨树莲、吴达琼、夏道源,还有新分来的顾良、徐宜林、耿睿勤和我。组长是图书馆馆长杨威理兼任。国际组的任务到底是什么并不清楚。先是让我从俄文翻译了一篇刘泽荣的会见列宁的回忆文章,发表在《中苏友好》杂志。为纪念列宁诞辰九十周年让我写了一篇《列宁论劳动人民掌握文化的伟大意义》,刊发在《文字改革》杂志。后来为纪念巴黎公社90周年,决定编译一本《马恩列斯论巴黎公社》,这才有了一个固定的大项目。

本文为2003年纪念中央编译局成立50周年所作,收入本书时经本人审定。

1960年底,中宣部副部长许立群来局兼任局长,中宣部理论宣传处副处长王惠德调任副局长。研究室解散,成立国际共运史资料室,简称国际室,下设三个组:第一国际组,第二国际组,第三国际和苏联组,任务都是为中央反修斗争服务。我因为参加巴黎公社的编译工作,对第一国际前后的历史有所了解,就分在第一组。分在这一组的还有张允侯(不久调离编译局)、梁建华等,组长是杨威理兼任。我在这一组做了一件事,翻译了伯恩斯坦的《斐迪南·拉萨尔及其对工人阶级的意义》一书,这是梁建华从德文、于沪生从俄文,我从俄文参照德文翻译并校订的。选择这本书是因为此书为"老修"写"老修",是一箭双雕!

由于反修斗争中涉及苏联历史的问题比较多,很快就把我调到第三组,参加"灰皮书"的编译。第三组的工作分两摊,我和林基洲编译托洛茨基的资料,其他人员搞布哈林的资料。

"灰皮书"的来由和出版

"灰皮书"是根据毛泽东指示编译出版的。具体工作则由当时主管宣传工作的康生负责。

中央开展反对赫鲁晓夫修正主义的斗争,需要了解新老机会主义者修正主义者的观点主张,需要我们提供有关资料。王惠德说:"我曾问过许立群同志,编译局国际室要做些什么事,他说了两件事:一件是过去编译局编过一本伯恩斯坦考茨基言论选,康生告诉他(许),主席看了,很有兴趣。康生说,这个本子太简单,他那里还有些德文的伯恩斯坦和考茨基的书,要许立群拿给编译局,重新编一本详细一点的'言论选'"。王惠德经常向我们强调,"要当好中央的耳目","要做中央的书箱子",中央需要什么,就能提供什么。

国际室搞"老修"材料就是这样开始的。国际室的工作直接纳入了当时的中苏争论。对那时发生的争论,我们都是认认真真地把它当作严肃的"反修"斗争对待的,根据中央的要求提供所需要的各种有关资料。

对国际室来说,最重要的一项工作就是编译"灰皮书",即老机会主义、修正主义分子的著作。最初我们分别编出各个修正主义者、机会主义者主要著作目录,包括考茨基、伯恩斯坦、拉萨尔、托洛茨基、布哈林等人的著作,连普列汉诺夫的著作也算在内。后来在此基础上编成《修正主义者、机会主义者著作目录》,由人民出版社出版。根据我们的推荐,人民出版社组织翻译出版了一批"老修"著作的单行本,如考茨基的《社会民主主义对抗共产主义》《陷于绝境的布尔什维主义》,伯恩斯坦的《社会主义的前提和社会民主党的任务》,鲍威尔的《布尔什维主义还是社会民主主义》,托洛茨基的《俄国局势真相》《被背叛的革命》《斯大林评传》《苏联的发展问题》,等等。这些书统称为"灰皮书"。据说"灰皮书"的称号是康生提出来的,他说这些坏书用一种灰色纸做包封,人们一看就知道是坏书了。这些书大多是我们国际室的同志推荐的,有的由我们自己翻译,有的由出版社找外面的译者翻译。不过我们的主要工作是编选"老修"的言论。这是"灰皮书"中的重头项目,也是一项相当艰苦的工作,因为它需要运用不同的语言,挑选有代表性的言论,然后翻译加工。由于材料缺乏,有时得从几十年前出版的各种报纸杂志上去找。例如,我们编布哈林、托洛茨基的言论就一页一页地查看了几十年的《真理报》。60年代先后编出《伯恩斯坦言论》《考茨基言论》,由人民出版社出版。《布哈林言论》已经编定交稿,打出清样,但由于"文化大革命"爆发,没有出书,后来连清样也丢了。后来出版的《布哈林言论》是"文革"末期重新选材编译出版的。其他几本言论则是"文革"后出版的。"文革"后最后出版的一部言论是《托洛茨基言论》。

1962年秋冬中宣部曾给毛主席打报告,汇报解放前和解放后"老修"、托洛茨基、布哈林等人著作的出版情况(这是我们国际室编写的),同时附上《苏联托洛茨基布哈林反革命派别的言论选集》(人民大学编译出版)2本。同年底,许立群在编译局主持写了一个《关于一年来(1962年)工作情况和今后工作安排的请示报告》,提出把14个老修正主义分子的言论编成一部50万字的《机会主义、修正主义思想发展史料选编》。他对王惠德说,康生看过这报告说,就照这个报告做。

当时编译工作人手不够,要求其他单位给予支持。1962年11月8日,康生根据许立群的要求,在全国宣传工作会议的讲话中曾经呼吁:"主席要我们编修正主义文章汇编,伯恩斯坦、考茨基、普列汉诺夫、托洛茨基这些人的著作,要有系统地出一些书。正在做(出版社,王子野等在做),有一个计划。12月可出第一批书。请外省同志帮忙,支援德文、英文人才。"

1962年秋冬之际,时任中宣部副部长的周扬对中宣部出版处处长包之静说,主席的意见要出伯恩斯坦、考茨基、普列汉诺夫、托洛茨基……的书。周扬主张不仅要研究修正主义,还要研究资本主义、帝国主义。没过几天,周扬要国际宣传处处长姚溱来抓这项工作。

这年底,康生召开会议,问包之静"老修"的书出了没有?包说出了几本。康生说,怎么不报一报,是主席要的,而他不知道,让出简报。这方面编译局也是一份力量。包便召集各单位开会,"老修"的著作主要靠编译局来搞。

1963年12月2日,中宣部出版处包之静写了一个《关于外国政治学术书籍出版的情况和请示》,其中提到1963年已经出版"伯恩斯坦、考茨基、普列汉诺夫、托洛茨基等老修正主义和机会主义者的著作10种",拟在1964年准备出版的选目中列入托洛茨基著作,有关托派第四国际的也拟选译出版若干种。在附录《修正主义书籍翻译出版情况和明年的初步设想》中详细开列了已出版、即将出版和计划出版的著作的情况和明年出书计划的报告。康生批示:"同意,送主席、常委和书记处同志。"

同年年底,出了一批"灰皮书"。康生对姚溱和包之静说,你们做了一件好事,主席讲了几年了,现在总算出了,你们要把这些书收集齐。

"灰皮书"的出版确实受到毛泽东的重视。中央办公厅的逄先知曾电话通知,"灰皮书"的购书证要送给江青,以后还通知说,"灰皮书"每次要送主席秘书林克同志若干本(两本或三本)。

为中央有关部门服务

当时国际室的另一项工作就是应中央各部门的要求查找编译有关资料。

1961年年底,中宣部要我们整理"关于斯大林批评克鲁普斯卡娅的材料"。这指的是1925年底在联共第14次代表大会上克鲁普斯卡娅同"新反对派"一起同斯大林的争论引发的冲突。据说这是"苏联保卫斯大林委员会"委托代为核查赫鲁晓夫秘密报告中对斯大林的各项攻击中的一项。我们在1962年初完成了工作,材料由中宣部铅印。

1962年1—4月,中联部王力通过王惠德委托国际室编译两个材料:《关于布列斯特和约》和《关于一国社会主义革命、社会主义建设和世界革命问题》,说是伍修权要的。后一本资料主要涉及托洛茨基和斯大林就"一国社会主义"问题展开的争论。差不多与此同时,《红旗》杂志邓力群也通过张仲实要我们编选托洛茨基、季诺维也夫、加米涅夫等人关于一国建成社会主义问题的言论。材料编成后由

《红旗》杂志作为内部材料铅印。据说,这是陈伯达要的。

国际室参加的另一项较大的项目是1962—1963年编译的"苏联农业材料"。据说,毛泽东说过,苏联农业十年徘徊,最后搞了集体化才找到出路。根据毛的这一意见,1962年夏中宣部布置我们查苏联的农业问题材料。我们的主要工作是查阅《真理报》等苏联报刊,最后出的《苏联农业材料》中有两个附件《斯大林时期苏联农业中的消极现象》《赫鲁晓夫时期农业蜕化变质的一些情况》(1963年),是用我们提供的材料编成,由中宣部铅印。这两份材料着重点都是苏联农业中的消极现象,恐怕同毛泽东原先的设想不同。

由于《真理报》在反修工作中发挥了重要作用,所以引起上头重视,决定影印复制我局收藏的全套《真理报》,一共印了100套。《真理报》的影印使我国各大图书馆和研究机关拥有一份极为重要的资料,我国全套《真理报》的拥有量恐怕要超过苏联。

1965年我们编译了《机会主义者关于团结和分裂的言论》,收集了巴枯宁、考茨基、普列汉诺夫、托洛茨基、马尔托夫、王德威尔得以及第二国际、社会主义工人国际的有关言论。

那时苏联变修似乎已成定论。因此一个重要的研究课题就是苏联是如何变修的。1965年底至1966年初,中宣部部长陆定一动员了一批人研究苏联高薪阶层形成的问题。1965年11月26日,王惠德布置国际室查托洛茨基、布哈林论述苏联高薪阶层形成的材料。他在布置任务时说:"无产阶级丢掉政权的教训值得研究,修正主义是怎样形成的,看来要追到斯大林","斯大林的最大错误是培养了一个高薪阶层","斯大林采取的办法是加大了差别,这样搞下去,当然搞出了赫鲁晓夫"。王说要把"斯大林的思想好好清理一下!"由于不久"文化大革命"开始,这项工作就停下来了。

我参加过的另一项大工程是对《列宁全集》俄文第5版的普查,这是许立群交给列斯室的工作。由于我对苏共党内反对派问题比较熟悉,就把我借调去参加这项工作。根据核查的结果,第一次整理了7个附件,附件三是我起草的《〈列宁全集〉第5版新发表的有关贬低斯大林和抬高反党分子的材料情况》。后来又把7个附件归并成4个,其中之一是《〈列宁全集〉第5版利用所谓新文献贬低斯大林,抬高托洛茨基及其他反党分子的情况》。

现在当然很清楚了,这里并不存在什么贬低或者抬高的问题,实际情况是,《列宁全集》俄文第5版恢复了俄文第4版中被删改的内容,发表了一些过去有意隐瞒的列宁文献,如给代表大会的信等等。

托洛茨基著作的编译

在60年代的"反修"斗争中,我的主要工作是同林基洲(当时任组长)一起编译托洛茨基资料。那时苏联报刊上经常影射我党搞托洛茨基主义,中央认为需要予以反击。

1963年七八月间,中宣部副部长姚溱向王惠德传达:"邓小平同志说,赫鲁晓夫诬蔑我们是托洛茨基主义,非写文章答复不可,作为十评中的一评。现在要为写这篇文章准备材料,中联部供给现代托派的资料,编译局可以编一本《托洛茨基言论选编》,尽可能快一点搞出来,供给钓鱼台写文章的人(即写'九评'的班子)参考。"

王惠德把这项工作交给了国际室。这样就需要查阅翻译出版托洛茨基的著作,编译托洛茨基的资料,了解托洛茨基的观点。我在大学读的是苏联史专业,毕业论文是关于"新反对派"的,这项工作自然就交给了我。我和林基洲

"灰皮书"之《俄国局势真相》

做的工作，一是推荐托洛茨基的主要著作翻译出版，等托洛茨基的某一本著作翻译出来后，由我起草"内容评介"，通过中宣部的《外国政治学术书籍编译工作简报》向中央反映。例如，1963年9月，我写了一篇评介托洛茨基《斯大林评传》的文章《苏现代修正主义者对斯大林的攻击很多地方同托洛茨基的论调一模一样》，刊登在《外国政治学术书籍编译工作简报》上。康生读后曾催促赶快翻译出版这本书。在我们的推荐下当时出版了一批托洛茨基的主要著作，如《俄国局势真相》《不断革命论》《列宁以后的共产国际》《被背叛的革命》《斯大林评传》等等。

另一项工作是把托洛茨基的观点分门别类进行整理，做成专题资料，上报中央。我们一共整理了15个专题，这就是后来出版的《托洛茨基反动言论摘录》。

我们最先编了一个《托洛茨基诬蔑苏维埃国家和布尔什维克党"官僚化"与"蜕化变质"的谬论》。接着开了一个《托洛茨基论点资料选题拟目》，共开列了13个选题，由王惠德送姚溱审查，姚表示同意。最后我们大体上按照这个选题计划编出了15个专题，于1965年4月基本完成。

对这些材料我们加了小标题、插题和"提尖"。因为布置任务时并没有说明此材料准备铅印，说只供领导和少数写反修文章的人参考，所以标题和"提尖"都采用托洛茨基的原话，未加贬词，目的是把重要的语句点出来，以便于查找使用。

王惠德把全部材料转给姚溱，并在5月1日给姚写了个条子:"听刘敏(王惠德夫人,中宣部党委副书记)说,那个托洛茨基材料准备印。印以前恐怕要把标题、插题改一下,改成《兄弟报刊》的插题的口气。因为现在是'纯客观'的提要,恐不妥。"

5月7日,姚溱给编译局局长秘书陈慧生打电话说:托洛茨基的材料不要再多花时间整理,突击印一两百份,按专题印单行本,标题和"题尖"不再改。全部材料由姚溱定名为《托洛茨基反动言论摘录》,各专题分别冠以"之一""之二"字样。

按姚溱"指示",我们对规格作了统一后,送中宣部印厂印刷,共70份,由国际处分发。

1964年6月9日,王惠德向编译局传达说,康生认为编得很好。后来还说,姚溱曾告诉过他,邓小平同志看了,觉得"编得还不错"。

也就在6月,决定交人民出版社出"灰皮书"。是谁决定的说法不一:王惠德说是他和包之静商量决定的;据人民出版社当时的记载,一说是康生的指示,一说是姚溱决定的。王惠德解释说,所以要出"灰皮书",是他觉得《红旗》等单位写文章很需要这类材料,给钓鱼台印的,解决不了这些单位的问题,还是印"灰皮书"好。根据王惠德的布置,我们对译文做了校订,对标题和"题尖"略作修改,在能加贬词的地方加上贬词,交人民出版社。

1965年7月,书印成,分上下两册,共印500套。姚溱看了认为此书不能出,因为它是经过我们加工的,把最尖端的东西都集中在一起了，流传出去不好。同时，编译就有观点，但没有人审查。于是包之静写条子向姚溱请示说："我意，在封面背后另印一个说明，说'此书只发500本，供有关领导同志参考'（王惠德同志同意此意见），其余堆藏起来，妥否。"姚溱批示："中央同志不要发了，以后需要时个别地发。我看索性不用封面为好。但目录上要编号。"

结果此书只装订了500套，白皮，无封面，发给少数单位，名单由包之静审批，剩下的就堆在仓库。直到"文化大革命"结束后，人民出版社才以"灰皮书"的形式出书，但无出版单位，无出版时间，无编译者姓名，是编号发行的。

在"文化大革命"初期我们还查过一次托洛茨基材料。那是1966年10月，伍修权通过张仲实布置我们核查朝鲜党报《劳动新闻》1966年9月15日发表的卢道勋文章《托洛茨基主义（解说资料）》，这是为我党出席阿尔巴尼亚劳动党代表大会的代表团准备的。

在整个"文化大革命"期间，国际室的编译和研究工作停顿，有一段时间改搞《马克思恩格斯全集》的翻译工作，编译"灰皮书"的工作甚至受到冲击。直到"文革"后期才又继续进行。

最早恢复的是编译《布哈林言论》，由于原来的清样丢失，不得不重新开始，查资料、翻译资料，都从头来过。此后又陆续出版了《拉萨尔言论》《巴枯宁言论》《鲍威尔言论》《托洛茨基言论》。这些"机会主义、修正主义资料选编"每本书都写有"前言",每篇文章前都加"编者按"。

我起初只参加布哈林某些文章的翻译,后来要我撰写《布哈林言论》的前言,我这才开始系统地研究布哈林。我知道,"前言"是这本书的"通行证",对他自然只能批判否定,必须按照斯大林的调子来写。不过我去掉了扣在布哈林头上的外国奸细的帽子。

现在看来,前言和编者按中存在不少问题,但没有它就不可能出版。重要的是"言论选"提供了有关这些国际共运史上重要人物的第一手资料,从中多少可以看到他们的真实言论和思想。读者尽可以据此得出自己的结论。我自己在编译过程中就大量接触到这些人物的资料,对这些人物有较多的了解,在此过程中开始形成自己的判断,对他们的思想做出自己的评价。

正因为如此,"文化大革命"结束不久,我们就在布哈林言论的基础上,开始编译三卷本《布哈林文选》,作为普通图书出版。我和余大章合作翻译出版了布哈林的《过渡时期经济学》,这是我国解放后第一次公开出版布哈林的著作。

最后需要交代一下,以上的情况和资料,一部分是我的亲身经历,一部分是局档案的记载,还有一部分是在"文革"中我和殷叙彝调查的结果。

"文革"期间有人贴大字报,攻击编译"灰皮书"是给"阎王殿"(中宣部)提供"反党炮弹"。这种问题用大字报打派战是弄不清楚的,我和殷叙彝到有关部门进行了调查,访问了有关人士,大体上弄清楚了,这是党中央交给的任务。我据此写了一份报告，寄给康生，目的是希望他点个头，消除局内的分歧。不料在"清查516运动"中康办把报告转回编译局，说是"整康老的黑材料"。我为此当了三年的审查对象！不过不管怎么样，对事情进行客观的调查，可以说是一个历史研究者的本能，我们的调查为"灰皮书"的历史留下了一份宝贵的资料。

学术研究需要资料的积累

岁月流逝，时过境迁。有几句话还想说一说。

这套"灰皮书"成了全国知名的"品牌书"，成为研究国际共运史和国际政治的必读书。1988年，我和殷叙彝出席在德国举办的"布哈林问题国际学术会"，带去了我们编译的三卷本《布哈林文选》在会上展览，引起各国学者的广泛注意。因为这是迄今为止篇幅最大、选收文章资料最多的布哈林选集。还记得1990年出席由德国左派学者举办的托洛茨基问题国际学术会议，会上有一位西方学者以轻视的态度说：你们苏联和中国学者没有可能谈论托洛茨基问题，因为你们连他的著作都不可能看到。这话击中了当时苏联学者的要害，与会的苏联学者中除了一位来自马列研究院的学者能够进入党务档案馆，看到托洛茨基的东西以外，其余学者是难以看到托洛茨基的著作的。我就发现一位苏联与会学者写的有关托洛茨基的文章，由于没有看到《托洛茨基自传》而出现明显的失误。但是中国的情况不同，

1997年郑异凡（左二）在国际学术会议上发言

我当即起来发言，详细列举了中国在解放前和60年代出版的托洛茨基著作，即"灰皮书"。这位学者继续追问：中国学者能看到吗？我告诉他，书是内部发行的，但凡是研究这一问题的学者都可以看到。

"文化大革命"结束以前，我没有写几篇文章，大量的时间和精力都投入到资料的收集和整理上了。由于当时的环境，我们整理的材料现在看来自然存在不少问题。不过可以问心无愧地说，我们一直是兢兢业业地把这项工作当作中央交给的重要任务来完成的。我们从事的第一手资料的收集编译工作，给我们以后的研究工作打下了坚实的基础。这就形成了国际室的研究在我国学术界的独特风格：比较熟悉马克思主义，拥有坚实的历史资料，能熟练地使用外语。曾经听到外面的同志议论，说你们编译局只需搞资料编译就行了，研究可以由我们来做。殊不知，搞资料本身就是研究工作的一个不可或缺的有机部分，决不能把研究同资料工作割裂开来。如果说我们在研究工作中取得一些成就，那么这首先是得益于比较扎实的资料工作，使我们可以厚积薄发。

粉碎"四人帮"后，首要的任务是揭批"四人帮"。《人民日报》约我们写一篇联系国际共产主义运动史上的教训，揭批"四人帮"结党营私、篡党夺权的文章。这项工作交给了国际室第三组。文章由我执笔，以《结帮篡权的托洛茨基派》为题在《人民日报》发表。这是一篇当时颇有影响的文章，各报纷纷转载。说"四人帮"结帮篡权的结论是完全正确的，那时候在人们的观念中托派等于反革命，因此把"四人帮"比作托派，写起来非常痛快。但是后来的研究表明，此文对托洛茨基的评价有失偏颇，并没有准确反映历史真实。

那时有大量的理论是非有待正本清源。在"文革"的惨痛教训中，有两个问题是我当时反复思考的，这就是阶级斗争问题和"唯生产力论"问题。多年来这两个问题被弄得混乱不堪，必须追根溯源，予以澄清。我在《人民日报》发表了题为《评所谓列宁批判"唯生产力论"》的文章，证明列宁从来就没有批判过什么"唯生产力论"。这样一来，"四人帮"批判所谓"唯生产力论"就不是歪曲列宁观点的问题，而是无中生有，伪造列宁的观点了。

为正本清源，我写了一篇《重评布哈林的"阶级斗争熄灭论"》，阐述了社会主义时期阶级斗争的发展趋势应当是趋于缓和，而不是越来越尖锐。此文在抽屉里放了一两年，最后在《国际共运史研究资料·布哈林专辑》上发表。1980年5月我应邀参加在成都四川师范学院召开的国际共运史讨论会，我在会上做了重评布哈林的报告。1981年初在《世界历史》杂志上发表《有关布哈林的若干问题》，对一直被否定的布哈林的一些理论，如"阶级斗争熄灭论""发财吧"等等做出了重新评价。这在学术界引起相当强烈的反响。之所以能写出这样的文章，一方面是得益于"文化大革命"的教训，有了切身经历，对苏联历史上的问题开始开窍了；另一方面是得益于过去大量积累的第一手资料。有了这些资料，一旦思想冲破牢笼，得到解放，就比较容易看清历史真相，区别真伪，研究起来就较为得心应手了。1980年底，社科院马列所举办布哈林学习班，我和宋洪训、蔡恺民参加了，说是学员，实际上是教员，我们给学习班讲了好几次课，评介布哈林的生平和观点。马列所的所长告诉林基洲说，如果没有郑异凡的参与，这个班甚至不知道如何着手。

常言道，养兵千日用在一时。我们长期积累的资料，终于在粉碎"四人帮"之后开始发挥作用了。此后，我本人开始转向苏联史、国际共运史的研究工作，几十年来在这个领域能够有所长进，有所收获，此中就得益于资料积累，得益于"灰皮书"的编译。

　　王学东,研究员。曾任中央编译局世界社会主义研究所所长,中央编译局副局长,中国国际共运史学会会长,中国翻译协会副会长。2018年荣获资深翻译家荣誉称号。享受国务院政府特殊津贴。长期从事马克思主义、国际共运史和马克思主义经典著作编译工作,作为中央"马工程"经典作家重点著作译文审核和修订课题组主要成员,担任《马克思恩格斯文集》和《列宁专题文集》编委,《马克思恩格斯选集》中文第三版、《列宁选集》中文第三版修订版、《马克思主义经典作家文库》副主编,主要著作有《第二国际研究》《〈共产党宣言〉与当代》《九十年代西欧社会民主主义的变革》《国际共产主义运动历史文献》(64卷)等。

"灰皮书"重生记

王学东

从作为修正主义者、机会主义者的反面材料被列入"灰皮书",到作为国际共产主义运动的历史文献被收入"人民文库",伯恩施坦、考茨基等人的著作在中国几经沉浮,其遭遇颇具戏剧性。

2004年6月初,人民出版社马列·国际编辑室副主任邓仁娥同志给我来电话,先简短寒暄了几句,接着就谈起了合作出书问题。我当时在中央编译局世界社会主义研究所任所长、研究员,同时兼任中国国际共运史学会副会长,主持学会日常工作。邓仁娥是学会理事,经常参加学会的活动,因此和我很熟悉。她在电话中建议与我所合作,以从前出版的"灰皮书"为基础,编辑出版一套学术丛书。我对这个建议很感兴趣,当即约人民出版社的同志到所里来面谈。

6月8日下午,人民出版社马列·国际编辑室主任郧中建、副主任邓仁娥、发行部主任王德树一行来到中央编译局,与我们商谈合作出书的计划。世界所参加会谈的除我

本文原载郑异凡主编的《灰皮书:回忆与研究》,漓江出版社2015年版。题目为编者所改。收入本书时经本人审定。

之外，还有两位退休返聘的老同志李兴耕研究员（曾任我所所长、中央编译局副局长）和殷叙彝研究员（曾任我所副所长）。会谈地点在2号楼502房间世界所会议室。

会谈首先由人民出版社的同志介绍情况并说明出版意图。据郇中建等人介绍，自苏联解体、东欧剧变以来，研究国际共产主义运动的曲折历史、总结苏东剧变的经验教训，已成为国内社会科学研究的一个热门课题，图书市场上对国际共产主义运动文献史料的需求大增。过去人民出版社以三联书店名义出版的"灰皮书"，即"机会主义修正主义资料"，包含有不少国际共产主义运动的重要历史文献，可惜作为受到严格限制的内部出版物，这些文献的读者面有限。经过"文革"的折腾和岁月的磨损，现在"灰皮书"留存下来的极少，一般读者很难见到。因此他们建议，在新的历史条件下，主要以"灰皮书"为基础，编辑出版一套国际共产主义运动史文献史料。郇中建甚至为这套丛书设计了一个与"灰皮书"直接相关联的书名《红色历史、灰色档案》。他们初步设想全套丛书共20本，每本书40万字左右，总价400—500元。其中10本书是社会主义不同思想流派代表人物的专著，包括伯恩施坦、考茨基、卢森堡、托洛茨基、布哈林、拉萨尔、巴枯宁、蒲鲁东、布朗基等人；另外10本书是关于国际共运史上一些重大事件的政论性、研究性专著或人物传记，如波兹南事件、匈牙利事件、布拉格之春、中苏论战等重大事件当事人的著述，以及托洛茨基的《我的生平》、吉拉斯的《新阶级》、赫鲁晓夫的

《回忆录》等。

我们积极回应了人民出版社的建议,表示愿意与他们合作,深入挖掘"灰皮书"的资源,根据新的时代要求,使国际共产主义运动的这些历史文献能为当今的学术研究所利用。我所的两位老同志在会谈中谈到,当年的"灰皮书"就是根据中央编译局国际室(即我所的前身)所编《机会主义者、修正主义者著作目录》编译的,编译局的许多老同志都曾参与过这项工作。因此,选编社会主义不同思想流派代表人物的著作是我们的强项,编丛书可以由此入手,先易后难。

这次会谈双方就合作意向初步达成了协议。至于丛书的具体书目和编纂人员,出版社表示可由我所自行选定。

1999年10月,王学东(左四)出席在武汉召开的"社会主义与21世纪国际学术研讨会"

经过慎重考虑,我们组建了一支主要由我所资深专家组成的编纂团队,除我和张光明(时任我所西欧处处长、研究员)外,李兴耕、殷叙彝、李宗禹(我所原所长、研究员)、郑异凡(我所原苏东处处长、研究员)当时都已退休。李兴耕、殷叙彝返聘到2004年年中,郑异凡返聘到2005年。返聘期满后,他们就不常到所里来了,我们之间主要通过电话联系。

经过几次讨论和沟通,我们很快就以下问题达成了共识。

一是丛书编纂的方法和步骤。我们设想把这套丛书做成开放式的,第一批先选第二国际、第三国际时期的社会主义思想家的著作,因为他们的著作对当代社会主义流派的影响较大。至于拉萨尔、巴枯宁、蒲鲁东、布朗基等早期社会主义思想家的著作,则可以放在第二批。如果工作进展顺利,将来还可以接着做第三批、第四批。

二是丛书的内容。这些国际共运史上的重要人物的著述很多,涉及的范围很广,哲学、经济学、政治学、社会学、法学等等都有所涉猎。经过讨论,我们决定突出国际共运史这个主题,只限于选收与社会主义思想有关的著作。

三是丛书各卷的形式。最初考虑选收这些社会主义思想家有代表性的专著,但是鉴于已设定丛书各卷的篇幅为40万字左右,且范围只限于与社会主义思想有关的著作,符合这些条件的专著很少,即使是当初曾作为例子提到的伯恩施坦的《社会主义的前提和社会民主党的任务》一书,篇幅也达不到要求。再说单篇著作的局限性较大，无法反映这些历史人物的社会主义思想的发展过程，因此最终决定采用文选的形式，精选他们不同时期的著作，以尽量反映其社会主义思想的全貌。

2004年8月27日，我在世界所主持召开了一次丛书编纂工作会议，殷叙彝、郑异凡、张光明出席会议。会议将丛书的名称暂定为"社会主义文选"，各分册的名称暂定为"××××卷"，并讨论确定了第一批8本书的书目和编者。具体分工是：殷叙彝负责《伯恩施坦卷》和《鲍威尔卷》，李兴耕负责《饶勒斯卷》，王学东负责《考茨基卷》，李宗禹负责《卢森堡卷》，张光明负责《普列汉诺夫卷》，郑异凡负责《托洛茨基卷》和《布哈林卷》。会上有人提议由我担任丛书的主编，因为我当时不仅是世界所所长，而且实际承担着丛书编纂的组织协调工作，包括与人民出版社的联系和沟通工作。我感谢大家的好意，但婉拒了这个建议。因为参加这套丛书编纂工作的大都是老专家，是我的前辈、老师，署名时把我排在他们前面显然不合适。我表示不当主编，照样继续做好各项组织协调工作。会议最后确定丛书不设主编，由各位编者分卷负责、分卷署名。大家认为，作为一套丛书，各卷的体例应当大体一致，所选的著作应与社会主义思想直接相关，可以是全文，也可以是节选；书中出现的马列经典著作引文均应按最新的中文版校订并重新注明出处；各卷编者应为本卷写一个2000字左右的编者说明，简要介绍作者的生平、本卷所收著作的内容和编辑体例。大家公推殷叙彝先行一步，尽快写出目录和编者说明，其他同志都向他的体例看齐。会议还讨论了译者和编者的稿酬问题，建议我就此问题继续与人民出版社协商。

2004年10月，殷叙彝提交了《伯恩施坦卷》的目录和编者说明，供大家参考。年底前，各位编者均完成了自己承担卷次的目录，并写出了部分卷次的编者说明。丛书第一批8本书的轮廓此时已大体成形。

2005年3月25日，我代表中央编译局世界社会主义研究所与人民出版社签订了图书出版合同。签约形式从简，郇中建先把两份合同带过来请我签字，然后再拿回去请人民出版社副社长陈有和签字。出版社方面签字的时间是3月28日，用的名义是人民出版社的副牌东方出版社。在签约之前，丛书的书名问题曾困扰了我们很久。郇中建当初建议的《红色历史、灰色档案》这个书名，大家都不太满意，他本人也不坚持，说是只供参考。我们曾先后考虑过"社会主义文选""社会主义思想史丛刊""社会主义思想史丛书""社会主义思想史文选"等多个书名，直到签订图书出版合同时，才将书名最终确定下来。合同中写的书名是：社会主义思想史文献（伯恩施坦卷 考茨基卷 鲍威尔卷 饶勒斯卷 卢森堡卷 普列汉诺夫卷 托洛茨基卷 布哈林卷）。

合同签字后，大家立即全力以赴投入编辑工作。其中有几卷书需要补充新译文，所以在开展编辑工作的同时，新译文的翻译工作也在紧张进行。我当时已升任中央编译局副局长，分管马列著作编译和中央文献翻译工作。由于行政工作牵扯了不少精力,所以我的编辑进度落后于其他同志,拖了丛书编辑工作的后腿。从各卷编辑说明的写作时间看,其他同志的交稿时间大都在2005年上半年,我最后一个交稿,时间是2005年11月。

按照出版合同规定:"乙方应在甲方交齐书稿之日起10个月内出版该书稿。"但是我们交稿之后,出版社很长时间无声无息,几次催促,答复总是含糊其词,总的意思是说:书肯定是要出的,但什么时间能出说不好。就这样,10个月一转眼就过去了。到2006年底,我们有些同志沉不住气了,甚至提出应该跟人民出版社打官司,迫使它履行协议,至少要预付部分稿酬,因为出版合同中明文规定:"如乙方有困难,在征得甲方同意后,可以推迟出版时间,但推迟时间如超过2个月,乙方应预付基本稿酬的50%给甲方。"我虽然也对出版社迟迟不能履行合同感到不满,但考虑到中央编译局与人民出版社多年来兄弟般的合作关系,所以还是坚持主张双方协商解决,不要对簿公堂。

大约是在2007年初,出版社通知我们,这8本书可以出版了,不过不再是作为"社会主义思想史文献"丛书出版,而是纳入人民出版社的"人民文库",作为文库入选图书出版,书名统一采用"****文选"。得到这个消息我们都很高兴。因为此时我们对这套书的出版几乎已经失去信心了,当初设想的开放式格局,即出完第一批后接着再出第二批、第三批、第四批的宏伟计划,也早已无人再提。只要已经编好的这批书能够出版,无论采取什么形式,我们都会举双手赞成。我回复出版社,同意将这批书纳入"人民文库",希望能尽快出书。

　　从2007年年初起,这批书开始陆续付排。经过人民出版社细致而冗长的编辑流程,到2008年4月,殷叙彝编辑的《伯恩施坦文选》和《鲍威尔文选》终于首先出版了。接着,我编辑的《考茨基文选》于2008年9月出版,李兴耕编辑的《饶勒斯文选》于2009年2月出版。2010年6月和8月先后出版了郑异凡编辑的《托洛茨基文选》和张光明编辑的《普列汉诺夫文选》。李宗禹同志于2010年1月不幸病逝,生前未能见到他编辑的《卢森堡文选》出版。他去

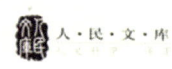

王学东主编的《考茨基文选》

世后，我多次与出版社联系，催促尽快出版《卢森堡文选》，以偿李宗禹同志未竟的心愿。直到2012年6月，《卢森堡文选》才终于出版，后期的部分审校工作是请顾家庆同志帮助做的。这套书中最不幸的当属郑异凡编辑的《布哈林文选》。已经编辑好的书稿交给出版社后，久久未能出书，等到纳入"人民文库"准备出书时，出版社发现书稿找不到了。无奈之下，郑异凡只好从头再来，重新再做一遍。因此，《布哈林文选》直到2014年才得以出版。

伯恩施坦、考茨基等人的著作当初是作为修正主义者、机会主义者的言论被列入"灰皮书"的，目的是当反面教材，供批判用。半个世纪以后，时过境迁、峰回路转，当年反修斗争的批判材料变成了研究国际共运史和社会主义思想史的文献史料，被纳入了"人民文库"，而"人民文库"收的作品，据其"出版前言"所说，是"在当时产生过历史作用，在当下仍具思想性、原创性、学术性以及珍贵史料价值的优秀作品"。这其中的变化和反差，发人深省、耐人寻味。

　　荣敬本，马列主义经典著作翻译家。研究员。曾任中央编译局马列主义研究室副主任，当代马克思主义研究所副所长，《经济社会体制比较》主编。2006年荣获资深翻译家荣誉称号。享受国务院政府特殊津贴。主要从事马列主义经济著作的译校和研究工作，著有《比较经济学》《从压力型体制到民主合作体制的转变》《论延安的民主模式》等。

调查研究是编译局的老传统

荣敬本

我参加工作后曾长期从事马克思主义经典著作编译工作，上个世纪 80 年代初转型做了经济学研究。后来，在局里的支持下，我与吴敬琏和赵人伟一起创办了《经济社会体制比较》杂志。我一贯强调做研究工作要理论联系实际，注重实地调查。20 世纪末，随着市场经济体制的建立，我觉得有必要对中国的政治行政体制的改革进行深入研究。1996 年时，我已经退休了，但还在继续工作，主持了一项县乡体制改革的课题，带着当代马克思主义研究所的研究人员到了河南省新密市进行调研。我们完成了《县乡政治体制改革》报告，首次提出了"压力型体制"的概念。这个研究产生了一些影响，也是我们进行调查研究的一个缩影。

调查研究是编译局的老传统

马克思和恩格斯研究资本主义，对英国工人阶级状况和英国资本原始积累作了详细的调查研究。列宁对俄国资

本文原载《经济社会体制比较》2013 年第 6 期，原标题为《"压力型体制"研究的回顾》。

本主义发展作了详细的调查研究，才提出了符合俄国实际的革命策略。毛泽东重视农村调查研究，才能提出农村包围城市的战略方针，取得新民主主义革命的胜利。

我们编译局的同志在翻译和研究马列主义经典著作时，也逐渐把调查研究当作自己的好传统。在改革开放以后，我们继承和发扬了这种老传统。我们开展比较研究，实际上也是一种调查研究，把翻译和研究结合起来。例如，把围绕计划经济和市场经济进行争论的文献翻译编辑出版，这也是很有意义的调查研究，特别是有关寻租理论和路径依赖的文献，在学术界很有影响。所谓寻租是指计划体制在向市场体制转轨的过程中，利用行政权力来摄取市场的特殊好处，造成官员的腐败，增加了转轨的困难。所谓路径依赖，是指某种历史约束，如果是继承了英国的议会体制，向市场体制发展就比较顺利；相反，在拉美地区，如果是继承了西班牙的官僚体制，寻租现象就比较严重。我国的国情如何，这需要进行实事求是的调查研究。

我们为什么会到新密市

大约在1993年，河南省郑州市举办少林武术节，邀请中央编译局的同志去参加。我们在会上认识了中央办公厅的同志和中经委的刘英大姐，她是张闻天的夫人。新密市人大常委会副主任王拴正同志向我们谈起了一些官员腐败的情况，其中突出的问题是买官卖官。当时流传的顺口溜

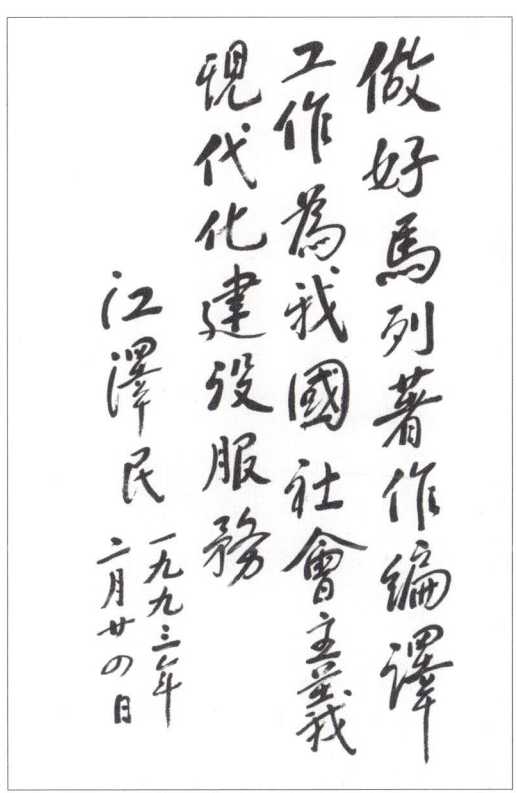

1993年江泽民同志为中央编译局题词

是:"一万二万报个到,三万四万挂个号,十万八万戴个帽",等等。我意识到这是研究寻租现象和官僚体制的路径依赖的好机会。正在这时,崔之元博士回到北京,他同我谈起了三分法。即研究中国的政治体制,同西方不同,必须研究中央、地方和民众三者的关系。目前,中国村民自治有所发展,如果县、乡民主建设有所建树,必然会对中国的政治体制改革有很大的推进。

也正在此时,中央编译局的老朋友托尼·赛奇当了福特基金会的驻华代表,我同他谈起了到新密市作县乡政治体制改革的调查研究的项目,他对此很感兴趣,并表示支持。由于天时、地利、人和,我们来到了新密市。

"压力型体制"是调查研究的结果

新密市原为郑州市的一个郊区县,称密县。由于工业化和城镇化发展很快,故改名。压力型体制是我们到县乡两级政府机构以及各政府职能部门进行调查研究的结果。

为了实现赶超战略,县对各乡镇和各职能部门都规定了各种任务和指标,并且还规定了硬性的考核指标,用一票否决的方式对下级施加压力,迫使各乡镇和各职能部门都去拉关系,自铺摊子,上项目,以便能够得到上级信任,提拔重用。最突出的是新密市有煤炭,在压力型体制下,各乡镇和各职能部门都办起了各种各样的小煤矿,造成资源浪费,环境恶化。

这种压力型体制虽然对于经济的发展起了积极的作用,但是造成资源配置的不合理,重复建设屡禁不止,经济结构不合理,农民负担加重,官员腐败蔓延。在压力能促进经济增长时,干部和群众会出现某种利益的一致性;但当增长的动力衰退时,权钱交易,虚报浮夸,欺上瞒下,行政命令则会日益发展。这种压力型体制同计划体制向市场体制转轨有联系,因为计划体制时就把各种计划指标作为行政命令下达给地方,同时,也同中国历来的官僚体制有关,中国社会的下层机构往往都是由上层机构指派,上层就会把各种不实的任务压向地方。因此,在调查中,我们可以感到,这种压力型体制到了非改不可的时候。

在调查中,基层的同志提出许多的建议:(1)在市场经济发展中,必须加强法制建设,要保护企业的产权,不受政府及其职能部门的任何侵犯。(2)政府职能必须逐步转变,把管理职能和服务职能分开,以避免目前乱收费、乱摊派、乱罚款的"三乱"现象。(3)实行政企分离,不允许企业法人代表兼任政府官员,政府官员兼任企业法人代表。(4)完善县乡两级的选举制度,发展竞争性的民主选举。

在压力型体制下,往往是零和博弈,在一票否决制的条件下,有些地方官员可能全胜,升官发财;但也可能全

荣敬本(右一)在学术会议上发言

负,等于零,撤职罢免,永无出头之日。能否把零和博弈变成合作博弈,变成双赢体制,中央和地方双赢,地方和民众双赢,至为关键。

根据对新密市的调查和合作博弈理论,我们提出了"从压力型体制向民主合作体制的转变"。

调查研究和群众路线是一脉相承的

我们的调查研究过程,也是学习群众路线的过程。

首先,要有眼睛向下的决心。毛泽东同志指出:"群众是真正的英雄,而我们自己则往往是幼稚可笑的。"以前我也去过农村,自认为对农村有所了解。但事实上,在改革开放以后,农村发生了巨大的变化,市场化、工业化、城镇化都有所发展,但经济体制和政治体制改革相对滞后。农民一方面希望保持政治稳定,另一方面也希望在村民自治的整体上适当加快县乡两级的经济和政治体制改革。

其次,必须相信群众的创造力。马克思说过,问题的出现和问题的解决往往是同时发生的。农村实行家庭联产承包责任制以后,谁当家长,就成为问题。但当问题出现时,解决的办法也同时产生,由家庭民主推选能人当家长,使新家庭很快就高速发展。我们在调查中可以看到许多乡镇干部的创新,他们坚持村民自治,把许多复杂的问题,如计划生育、宅基地问题等,在民主的基础上得到解决,取得了政治稳定、经济发展、民众满意、双赢互利的成果。

再次，改革是集体力量和集体实践的结果。在中国这一古老的大地上，皇权下的官僚体制和家长制影响较深，改革绝不是一朝一夕之功，而需要经历长期集体学习和集体实践的过程。

在调查研究中，我们认识到，必须坚持群众路线，但决不能搞群众运动。搞群众运动，其结果必然是一场零和博弈，民众成为大输家。而只有坚持群众路线，坚持集体学习和集体实践，才能真正取得双赢的结果，中央、地方和民众都能从中获益。

　　杨金海，研究员。曾任中央编译局秘书长、中国马克思恩格斯研究会副会长。现任清华大学马克思主义学院特聘教授。全国宣传文化系统"四个一批"人才，国家万人计划哲学社会科学领军人才。享受国务院政府特殊津贴。主要从事马克思主义经典著作、马克思主义哲学等研究，著有《人的存在论》《马克思恩格斯〈共产党宣言〉研究读本》等，主编《马克思主义经典文献传播通考》(100卷)等。

参与马克思主义理论研究和建设工程的回顾

杨金海

我于1994年从北京大学哲学系博士毕业后到中央编译局当代马克思主义研究所工作，从事马克思主义经典著作、马克思主义哲学等方面的研究。新世纪之初，党中央做出实施马克思主义理论研究和建设工程（简称"马工程"）的重大战略决策。其中，中央编译局牵头负责"马克思主义经典著作基本观点研究"这一重大课题，我也有幸参与其中，并且是课题组首席专家之一。从2004年"马工程"启动到2015年退休，这十来年中，我的主要精力都投入到基本观点课题研究。现在，以习近平同志为核心的党中央要求继续深入实施"马工程"，我觉得从个人的角度回顾课题研究的历程和感悟是很有意义的。

课题组的基本情况

"马克思主义经典著作基本观点研究"课题组是"马工程"的重要课题组之一。根据中央要求，中央编译局组建了

本文作于2023年，整理者柳宁。

该课题组,并为课题组的责任单位,对课题的整个研究工作担负领导和监管责任。所以,课题组组建之初,我们就明确了基本任务、研究思路、工作机制等。

按照"马工程"的总任务和总要求,我们把课题组的基本任务定位为:以马克思列宁主义、毛泽东思想、中国特色社会主义理论为指导,立足当代中国和世界发展变化的新实践新需要,深入研究和准确阐释马克思主义经典著作中的基本观点,帮助人们更好地掌握马克思主义的基本原理,结合新的实际丰富和发展马克思主义的理论判断,破除对马克思主义的教条式理解,澄清附加在马克思主义名下的错误观点,引导干部群众用科学的态度对待马克思主义,用发展着的马克思主义指导新的实践。

为完成这一基本任务,我们进一步明确了课题研究的总体思路和目标。总体思路是:第一,致力于从理论、历史和现实的结合上多层面地开展研究工作,使研究成果全面、准确反映马克思主义经典作家的基本观点及其历史发展。第二,特别注重研究那些过去不够重视而今天看来特别具有理论和现实意义的马克思主义经典作家的基本观点,使研究成果充分反映时代特点,努力回答广大干部群众普遍关心的重大理论问题和现实问题,为把我国的改革开放和现代化建设事业继续推向前进提供强有力的理论支撑。第三,在进行理论研究的同时,着重加强对马克思主义基本理论研究队伍的培养,使出成果和出人才相统一。总体目标是:力争用十年左右的时间,形成一批有分量的、能够经得起实践和历史检验的、有时代特点的关于马克思主义基本观点的理论成果,培养一批新时代的马克思主义基本理论研究专家,确保我们党的基本理论研究工作后继有人,不断兴旺发达。

根据总体思路和目标,我们确定了总课题和各子课题研究的三大块重点内容。一是马克思主义经典作家的基本观点研究,完整、准确地阐述马克思、恩格斯、列宁著作中的基本观点,包括重要概念、基本观点、主要结论、时代背景等。二是国内外关于马克思主义经典作家基本观点的重要争论及其代表性观点研究,综合分析国内外学者关于马克思主义经典作家在相关问题上的研究成果,评述历史上有关的重要争论和新的理论探索,包括人物、事件、争论各方的主要观点、历史背景、争论结果、对后世特别是对我国的影响等。三是进行"四个分清"研究,从总体上阐明课题组关于经典作家基本观点及相关研究的结论性看法,根据各子课题的相关研究内容,直接回答中央提出的"四个分清",即分清哪些是必须长期坚持的马克思主义基本原理,分清哪些是需要结合新的实际加以丰富发展的理论判断,分清哪些是必须破除的对马克思主义的教条式的理解,分清哪些是必须澄清的附加在马克思主义名下的错误观点。

为保证课题研究顺利进行,中央编译局构建了一套组织体系。经中央批准,该课题组首席专家是俞可平、王伟光、李慎明,其中俞可平为第一责任人;2008年增补顾海良和我为首席专家。首席专家共同负责对全部子课题的业务指导，包括制订工作规划、分工协调、召集会议、审议成果、出版著作等。成立了由20多位国内有影响力的专家学者组成的总课题专家委员会。

课题组下设18个子课题，分别由来自中央编译局、中国社会科学院、中央党校、求是杂志社、北京大学、中国人民大学、武汉大学、国防大学等机构的专家学者负责。2008年，增设"马克思主义经典作家关于自由、人权的基本观点研究"子课题，由深圳大学的专家学者负责，由此子课题数增至19个。子课题实行首席专家负责制，子课题首席专家对总课题首席专家及专家委员会负责；各子课题的负责单位对本单位承担的子课题担负领导和监管责任。

随着研究工作的深入，先后有来自全国40多个科研机构、高等院校、政府部门的200多名专家学者参与了这项课题研究。各子课题的研究工作都得到了课题成员所在单位的大力支持。

我们这个课题组比较大，涉及的学科多、机构多、人员多，做好总课题和各子课题的组织、协调、服务和管理等工作，是课题组各项工作能否顺利进行的关键。为此，中央编译局制定了规范的管理制度和协调机制。2004年4月，成立了中央编译局实施马克思主义理论研究和建设工程领导小组，对中央交给我局的任务负总责，领导小组下设办公室。我担任办公室主任，杨雪冬同志为副主任。局里还专门成立了马克思主义基本理论研究处作为局"马工程"办

2004 年 5 月 11 日，中央编译局召开落实《中央实施马克思主义理论研究和建设工程》动员大会

公室的执行机构，挂靠原当代马克思主义研究所，负责课题组的日常事务和协调保障工作。

此外，课题组还制定了档案和财务管理规定，规范课题组日常工作；建立联系机制，加强信息沟通；编辑《工作简报》，便于上传下达。

课题组的推进机制

为圆满完成研究任务，我们制定了前后衔接的研究计划，分三个阶段规定了各个子课题的主要研究任务。第一阶段从2004年7月到2005年底，各子课题围绕"马克思主义经典作家的基本观点"展开研究，对马克思主义经典作家的基本观点和有关论述进行全面梳理，辨析其来龙去脉、历史背景、文本依据和准确含义等。第二阶段从2006年初到2007年上半年，各子课题围绕"中外学者关于马克思主义经典作家的基本观点的不同认识"展开研究，全面梳理相关理论观点和代表性观点，并力图分清是非。第三阶段从2007年下半年开始，在前两个阶段工作的基础上，根据当代中国和世界的实际，提出课题组自己的观点，直接回答"四个分清"。前面的研究都服务于回答"四个分清"这一核心任务。

我们认真贯彻落实中央领导同志提出的"时间服从质量，确保准确性、权威性"的总体要求，在2008年成立了由7名同志组成的"四个分清"研究报告终审小组，有中央编译局的韦建桦、俞可平和我，中国社会科学院的王伟光和李慎明，《求是》杂志社的夏伟东，教育部的顾海良（时任武汉大学校长）。课题组和终审小组对"四个分清"研究报告实行严格的初审、复审和终审的三审制度，确保按时向中央提交高质量的最终研究报告。

课题组在成立至全部上报"四个分清"研究报告之间的每年年末，都要召开总结会议，把中央有关方面的最新要求传达给各子课题，并将课题研究的总体进展与下一步工作计划报告给各子课题，以保证研究工作能够按照中央的部署，有计划地稳步推进。课题组还不定期召开工作会议，及时传达中央的有关精神和指示。局"马工程"办公室创办了《中央编译局要报》和《编译参阅》,向中央报送具有重大参考价值、时效性较强且不宜公开发表的重要研究成果和调研成果。创办了《工作简报》《会议纪要》和《研究成果简报》,及时汇报交流研究进展和工作情况。

该课题的理论性很强,但我们并不是仅仅躲在书斋里搞学问,而是把理论与实际紧密联系起来搞研究。为此,课题组的专家学者深度参与了一系列考察活动。根据中央"马工程"办的统一安排,2004至2014年十年间,课题组专家参与了数十次国内外调研、实地考察和交流研讨会,深化对国情和世情的了解,加强了理论研究成果的交流和传播,提高了理论联系实际的自觉性。据统计,课题组先

马克思主义经典著作基本观点研究课题组专家委员会第一次会议

后有30多位专家学者参加了中央"马工程"专家考察团赴国内外的实地考察活动；百余名专家学者参加了中央"马工程"办组织的各种形势报告会和理论研讨会。我和课题组其他首席专家还先后参加了"中国资深社会科学专家代表团""中国哲学社会科学专家代表团"赴朝鲜、印度、俄罗斯、北欧、拉美等地访问。这些调研交流活动对我们了解国内外实际，深入研究重大理论和现实问题意义重大。

课题组专家还积极完成中央"马工程"办下达的重大调研任务。例如，2005年，课题组先后赴山西、陕西、海南、福建、黑龙江、辽宁、甘肃、宁夏、深圳、厦门等10个省区市，进行了较长时间的调研，完成了关于贯彻落实科学发展观的若干问题、加强党的执政能力建设的若干问题和坚持唯物史观的若干问题三项重大调研任务。2007年，课题组赴福建厦门、内蒙古鄂尔多斯进行调研，完成了中央领导同志交办的关于总结厦门、鄂尔多斯经济社会又好又快发展经验的调研任务。2009年，课题组深入党政机关和科研院校进行实地调研，完成了关于"提升文化软实力，加强意识形态安全"等4个重点调研课题。

为了最大限度地吸收社会力量参与课题研究工作，全面宣传"马工程"的研究成果，扩大马克思主义理论的社会影响，课题组积极建立有效的国内外学术交流机制，广泛吸收各方力量协同研究，努力扩大工程的社会影响。我们创办了"全国马克思主义论坛"和"全国社会主义论坛"，这两个论坛为国内从事马克思主义研究的理论工作者提供了交流与合作的平台，为充分调动和有效整合全社会的理论资源对马克思主义基本观点进行协同研究建立了长效机制，为全面宣传工程的研究成果起到了十分积极的作用。课题组支持鼓励各子课题举办各种类型的国内学术研讨会，就各自研究的中心问题与学界进行沟通与交流；组织内容部分交叉的子课题组召开学术研讨会，就相关问题展开讨论。

我们坚持"请进来"与"走出去"相结合，努力扩展研究的国际视野，努力向国际社会宣传中国马克思主义研究的最新成果。课题组通过组织国际学术研讨会、邀请国外著名学者来华访问、应邀赴国外相关机构访问、参加国际学术会议等方式，积极开展国际学术交流，既使国内专家学者较为全面地了解了国外马克思主义和社会主义理论研究的最新进展，也有利于国外学者更客观地了解中国特色社会主义事业，推动中国理论走向世界。

培养政治方向正确、学术能力过硬的中青年理论工作者是课题组的重要目标之一。10年来，课题组以课题带动、会议推动等方式积极探索人才培养新模式，努力培养新鲜血液。2004年课题组成立不久，便根据工作需要，报经中央"马工程"办批准，增加了3名中青年同志为总课题专家委员会成员。此后，课题组以各种方式积极吸纳、培养新鲜血液参与课题研究。自2006年第三届"全国马克思主义论坛"开始，专门设立了"青年优秀论文奖"，致力于通过学术作品发现人才，在学术交流过程中培养人才，在培养过程中给予指导和鼓励,让更多从事马克思主义基本理论研究的青年人才脱颖而出。

课题组的工作成绩

总的来看,我们课题组在出成果、出人才等方面实现了预期的目标,取得了丰硕的成果,受到了中央领导和社会各界的高度评价。在 2012 年召开的马克思主义理论研究和建设工程工作会议上,李长春同志代表党中央充分肯定了马克思主义经典著作基本观点研究课题组的工作。他指出:"马克思主义经典著作编译和基本观点研究取得重大突破,为坚持和发展马克思主义提供了重要依据","这些工作,有力地促进了马克思主义理论的学习和研究,推进了马克思主义学习型政党建设,为提高全党和理论界的马克思主义理论水平发挥了重要作用。"我个人认为主要成绩至少有四个方面。

首先,马克思主义经典著作基本观点研究取得了重大突破。10 多年来,课题组紧密联系中国特色社会主义实际,坚持忠实于马克思主义经典作家原著,扎实推进研究工作,努力回答"四个分清",推出了一批有价值的研究成果,并运用到工程教材编写、理论宣传和重大课题研究中。我们撰写了研究报告 50 篇,上报中央 37 篇;提交《研究成果简报》238 期,被中央"马工程"办公室《工程简报》采用 66 期;完成重大调研任务 9 项,提交调研报告 21 篇。中国近代史教材课题组首席专家张岂之教授和中国古代史教材课题组首席专家陈祖武教授先后给课题组来信，赞扬我们课题组《研究成果简报》办得很好，有助于全面了解马克思等经典作家的基本思想。

课题组成员共出版论著200余种（包括专著、合著、主编和译著）；在《人民日报》《求是》《光明日报》《学习时报》等中央主流媒体发表文章200余篇，在《中国社会科学》《哲学研究》《马克思主义与现实》《马克思主义研究》等权威期刊发表文章1500余篇，在理论界产生了广泛影响，为繁荣我国哲学社会科学，推进当代中国马克思主义理论研究起到了积极作用。组织出版《马克思主义研究论丛》《马克思主义经典著作基本观点研究参考丛书》《全国马克思主义论坛丛书》3套丛书，为国内从事马克思主义理论研究的专家学者提供了重要参考资料，推动了国内马克思主义研究的蓬勃发展。

其次，提升了马克思主义理论研究的国内国际影响力。"全国马克思主义论坛"和"全国社会主义论坛"这两个学术界瞩目的交流平台，成为宣传"马工程"的重要窗口，扩大马克思主义影响力的重要阵地。课题组组织召开的多种国际学术研讨会，比如："中俄经济社会发展比较论坛""中英马克思主义论坛""马克思《政治经济学批判大纲》国际研讨会""当代马克思主义理论的挑战与发展：劳动产权及其他""地方政府创新全球专家会议""社会公正与政府责任国际研讨会""社会创新与建设创新型国家国际研讨会""社会主义市场经济的理论与实践国际学术座谈会"等大型国际学术会议,极大地促进了中外学者的学术交流,为提升马克思主义的国际影响力搭建了高水平的平台。

我们还邀请国外知名专家学者来华进行学术交流。十多年间,课题组先后邀请来自德国、美国、英国、澳大利亚、日本等国的80多名从事马克思主义研究的著名专家学者来华进行学术交流,其中包括依附理论创始人萨缪尔·阿明、新帝国主义理论的代表人物多斯·桑托斯、分析马克思主义的代表人物约翰·罗默、后社会主义和后现代主义的著名学者阿里夫·德里克、法国马克思主义的代表人物雅克·比岱,以及美国马克思主义研究的重要人物大卫·科茨、麦克尔·哈特等。这些学术交流活动,使国内专家学者较为全面地了解了国外马克思主义和社会主义理论研究的最新进展,同时,也使国外学者全面了解了中国特色社会主义事业和马克思主义中国化的最新成果,提升了马克思主义的国际影响力。

课题组成员也积极走向国际,先后赴美、英、法、俄、日等国参加纽约"左翼论坛""中英马克思主义会议"、巴黎"国际马克思大会""中俄经济社会发展比较论坛""中日学者唯物论座谈会"等国际学术会议,把中国化马克思主义研究的新成果、中国改革开放的经验介绍到世界各地,推动中国特色的哲学社会科学走向世界,增进国外学者对中国特色社会主义事业的全面了解。课题组专家先后赴美国、俄罗斯、英国、西班牙、韩国、印度、巴西、越南等国进行考察，积极宣传中国特色社会主义的最新进展，中国哲学社会科学研究的最新成果，努力提升中国马克思主义研究的国际影响力。课题组专家还用外文在西方国家出版专著和发表论文，受邀在国外学术机构用英文发表演讲，努力践行中国文化"走出去"战略，推动中国特色哲学社会科学走向世界。

再次，培养锻炼了一支优秀的中青年马克思主义理论队伍。十多年来，课题组着眼于马克思主义理论研究后继有人的目标，大力促进马克思主义研究者成长成才，形成了一支优秀的马克思主义研究中青年队伍。最初参加课题组的几名中青年专家委员会成员，后来都成长为各自研究领域极具代表性的专家学者。与此同时，各子课题根据工作需要，积极吸纳新鲜血液参与课题研究，适时调整人员构成，增补了几批年轻的子课题首席专家和成员。课题组起初只有少数几个中青年学者，到十八大前后，在200多名成员中，有一半以上的成员为中青年学者，涉及哲学、政治学、经济学、社会学、历史学、军事学等10多个学科领域。这批中青年学者今天都已成为各专业领域的骨干力量，不少成为承担国家重大研究项目的主持人。通过"全国马克思主义论坛""青年优秀论文奖"脱颖而出的不少青年马克思主义研究人才，也成长为各自所在教学科研机构的学术骨干。

最后，完成了中央"马工程"办赋予的其他工作任

中央编译局马克思主义理论研究和建设工程部分成果

务。课题组的同志在完成研究任务的同时,还积极参加中央"马工程"办下达的其他重要任务。我们参加马克思主义经典著作普及工作,特别是参加了 2011 年中央编译局承担的《马克思主义经典著作选编(党员干部读本)》以及《学习导读》的大量工作。参加了"马工程"教材的编写和修订工作,包括组织编写《中国马克思主义与当代》,参与修订《马克思主义基本原理》《思想道德与法律基础》《中国特色社会主义理论概论》《政治学概论》《经济学概论》等。参加了中国化马克思主义最新成果的研究和宣传工作,包括撰写《理论热点面对面》《科学发展观学习纲要》《中国特色社会主义理论体系学习纲要》《社会主义核心价值体系学习纲要》等。此外,课题组还通过多种形式为"马工程"其他课题组提供咨询和参考文献。

参加课题研究的体会

在参加"马工程"工作和课题研究中,我个人也得到了锻炼,在政治上、思想上、学术上不断取得进步。从更高的层面来讲,通过这项工作,我们课题组同志既完成了一项理论研究课题,也完成了一项重大政治任务,为党的思想理论建设作出了贡献,为继续推进"马工程"积累了经验。理论探索的过程是艰辛的,但理论成果的收获是美好的,有幸参与这项世纪工程对我们每个人来说都是值得自豪的。10余年的课题研究留下的感触很多,有些方面可能会对后人有一些参考价值。

我认为经典著作基本观点研究是一项重大的政治任务,既要求研究者具备高度的政治责任感、历史使命感和科学求实精神,也需要相关机构协同配合、分工合作。课题研究实施中,不管是主管单位中央编译局,还是参与课题的兄弟单位,都把"马工程"的研究任务作为首要工作、龙头工程抓紧抓好。各位首席专家和团队研究人员都能兢兢业业、恪尽职守,有些退休的学界泰斗,如黄枬森、庄福龄等老一辈专家,克服年事已高、身体健康状况欠佳等困难,坚持奋战在研究工作第一线,非常令人感动。我们课题组还注重协同创新、联合攻关,正是因为我们创新合作机制,优化工作流程,坚持严谨治学,加强学科交流,提升研究质量,所以能够确保研究成果的准确性和权威性。

需要强调的是，经典著作基本观点研究的根本目的是服务中国特色社会主义建设的伟大实践。所以，一方面，我们要将对"四个分清"的理论认识与深化对中国特色社会主义的理解有机地结合起来，致力于从理论与实践的结合上全面、系统、科学地研究马克思主义基本观点，纠正在马克思主义基本观点问题上的错误认识，为推进中国特色社会主义伟大事业提供强有力的理论支撑；另一方面要重视研究成果向社会的传播，在社会各界普及马克思主义知识，进一步推进马克思主义大众化，加深社会各界对中央理论工程重大意义的认识，为"马工程"取得实效打下坚实的社会基础。

还有一点也值得一提，那就是我们要把课题研究的进程当做培养人才的过程，不断壮大马克思主义基础理论研究队伍。马克思主义学科发展是需要有深厚理论功底的专家学者来从事的。课题组首席专家和主要成员，起初绝大多数是年龄偏大的中老年专家学者。在"马工程"的推进过程中，越来越多的老专家从一线研究岗位上退下来，如果不及时增补年轻的研究人员，就难以保证按期完成预定的任务。因此，我们的理论研究要发展，需要特别重视吸收中青年理论骨干参加课题研究，只有这样，才能确保党的理论事业后继有人，不断造就一支有深厚学养的规模宏大的马克思主义研究队伍。

2013年，中央出台了有关"马工程"的新文件，中央编译局根据中央文件精神对实施"马工程"的方案做出了调整和完善。"马克思主义经典著作基本观点研究"课题组的工作重心将转到中央提出的"继续深化马克思主义基本观点研究,从基础理论上对一些重大问题作出回答"上来。于是,我们继续按照"四个分清"的总要求,密切结合学习贯彻习近平总书记系列讲话精神,对近年来理论界和社会各界关注的热点问题,从马克思主义经典著作那里追根溯源、廓清认识,有计划有组织地深入基层扎实开展调查研究,对马克思主义在当代中国的最新发展给予总结,对国外马克思主义研究等最新成果进行跟踪研究并给予深入评析,为推进新时代马克思主义理论研究作出新的贡献。与此同时,课题组进一步做好工程最终成果的转化工作,做好国家出版基金项目《马克思主义经典著作基本观点研究丛书》的出版工作,扩大"马克思主义经典著作基本观点研究"课题成果的社会影响。

2015年11月,我从中央编译局秘书长的岗位上退下来,不再参与有关"马工程"的组织协调工作,但仍继续承担有关课题研究任务,还担任中国马克思恩格斯研究会副会长,参与"全国马克思主义论坛"的有关工作和高校的有关教学科研工作。作为仍然"在线"的马克思主义理论研究工作者,我衷心希望这项工作越做越好!

文献典藏 |

马克思主义经典文献
编译口述史

2011年12月8日，魏海生（左二）陪同法共全国书记皮埃尔·洛朗参观马克思主义传播史展览馆

魏海生，研究馆员。曾任中央编译局副局长、中共中央党史和文献研究院副院长、全国政协理论研究会副会长、中国近现代史史料学会副会长兼满铁资料研究分会会长、中国索引学会名誉理事长等职。第十三、十四届全国政协委员。享受国务院政府特殊津贴。长期从事文献信息工作和马克思主义传播史研究，主编《海外当代中国研究丛书》（5卷）、《全国馆藏满铁资料联合目录》（30卷）等。

"为党存典"

——马克思主义文献典藏工程回顾

魏海生

2021年6月18日下午，在庆祝中国共产党成立100周年之际，中共中央总书记、国家主席、中央军委主席习近平前往中国共产党历史展览馆，参观"'不忘初心、牢记使命'中国共产党历史展览"。在马克思手稿展柜前，习近平总书记停下脚步仔细观看，询问有关情况，当得知手稿都是多方收集到的原件时感慨"那很珍贵"！习近平总书记饶有兴致驻足观看的这些手稿大多是党中央推动实施马克思主义文献典藏工程所取得的重大成果。回想我从事马克思主义文献信息事业40多年，党的十八大之后启动的马克思主义文献典藏工程可以说是这项事业的又一个高光时刻和精彩篇章。从2014年正式启动到2021年，马克思主义文献典藏工程已经实施了为期3年的一期工程和为期5年的二期工程，取得重大进展和重要阶段性成果。作为这项工程曾经的组织领导者之一，我为这些年来取得的成绩感到欣慰，愿意借此机会回顾工作历程、总结工作经验，以便将马克思主义文献典藏工程更好地推进下去。

本文作于2023年，整理者柳宁。

马克思主义文献典藏工程意义重大

恩格斯有句话说得好:"像马克思这样的人,他的每一个字都贵似金玉。"马克思主义是人类思想宝库中最具异彩的璀璨明珠,而作为其物质载体的马克思主义文献是人类社会极为宝贵的思想财富和文化宝库。系统收集、妥善保存和开发利用马克思主义文献,特别是马克思主义经典作家手稿和珍贵著作版本,对于丰富我国马克思主义文献典藏,构建系统完整的马克思主义文献资源体系,建设与大党大国地位相适应的马克思主义文献信息资源总库,提升我国在马克思主义文献典藏领域的国际地位,推动马克思主义理论研究和建设事业繁荣发展,强化全党理论武装,都具有不可替代的重要作用。

党的十八大之后,习近平总书记要求继续实施马克思主义理论研究和建设工程。在这个过程中,中央不失时机地拓展启动了马克思主义文献典藏工程,并将其作为"马工程"的重要组成部分。这项工程由中央编译局具体实施,编译局马列主义文献信息部承担具体工作。通过有组织、成系统、工程化的方式推进马克思主义文献典藏工作,这在我们党的历史上还是第一次。8年来,在组织实施这项工作的过程中,我深刻感受到,典藏工程是一项事关马克思主义理论研究和建设事业的基础性支撑工程,也是一项功在当代、利在千秋的学术性文化工程,意义重大而深远。

开展典藏工程的历史渊源和时代背景

我们开展典藏工程是承前启后、顺应时代的科学决策和务实之举。党的百年历程,非常鲜明地印证了党把马克思主义的主要载体——马克思主义文献作为宝贵的理论源泉和精神财富,把收集、整理、研究和利用相关文献放在十分重要的位置。

早在中国共产党成立之前,时任北京大学图书馆主任的李大钊就克服重重困难,多方搜集英、德、法、俄等语种的马克思主义经典著作以及宣传马克思主义的书籍,设立"亢慕义斋",成为当时学习和宣传马克思主义的重要阵地。1921年,中国共产党成立后,就把有组织地收集、翻译和出版马克思主义经典著作提上重要日程,党成立之后不久建立的人民出版社和上海书店在极为艰苦的条件下收集了一批马克思主义经典著作并将其翻译出版。1938年5月5日,党中央在延安创办马列学院,院长张闻天对马列学院的图书文献工作、特别是搜集马列经典著作和珍贵历史文献工作十分重视。到1941年,马列学院图书馆的藏书已达3万余册。1941年12月,中共中央书记处会议决定,在中央书记处之下设立以收藏马克思主义书籍为主要职能的图书室,并于1943年正式更名为中共中央图书馆,刘少奇、杨尚昆等亲自领导该馆的建设工作。为了充实馆藏,党中央广泛开展图书捐赠活动,同时还多次秘密派人到国统区和沦陷区采购书籍，有的同志甚至为此献出了宝贵的生命。

新中国成立后，马克思主义文献收集、整理和研究进入新的发展时期。1949年，中央俄文编译局（中央编译局前身）刚刚成立，党中央就将苏共中央赠送的8000余册图书作为奠基馆藏，在中央编译局建立了马克思主义专业图书馆，开展马克思主义文献收集、整理、保存和研究工作，为马克思主义经典著作编译和理论研究提供了重要的文献保障和资源支撑。党和国家领导人对马克思主义文献工作非常重视和关心。毛泽东同志将民主德国领导人威廉·皮克赠送给他的107册德文精装马列主义文献转赠中央编译局图书馆；刘少奇、朱德等同志曾亲临我们馆视察指导；邓小平同志亲自批示同意我们与国外相关机构建立图书交换关系。图书馆的发展，也得到了社会各界的广泛支持，一大批国内外机构和个人赠书，其中不乏名家的珍藏。比如：毛泽东的老师黎锦熙先生、旅日爱国侨胞刘明电先生、原德中友协名誉主席王安娜女士、著名爱国民主人士程希孟先生、著名出版家王禹夫同志等都给我们捐赠过珍贵文献。馆藏文献中还有来自原苏共中央马列主义研究院、原德国统一社会党中央马列主义研究院、原匈牙利社会主义工人党党史研究所、德国特里尔马克思故居博物馆等国际赠书。经过几十年的发展，中央编译局图书馆建立起了比较系统完整、特色鲜明的专业藏书体系，逐步成为全国性的并具有世界影响力的马克思主义文献信息中心。日本著名学者水田洋曾在他写的《中国纪行》中感叹道：没想到在北京这样一个机关里会有如此丰富的藏书。

进入新世纪后,党中央从坚持和发展马克思主义、全面推进中国特色社会主义伟大事业的战略和全局高度,作出实施马克思主义理论研究和建设工程重大战略决策。这为马克思主义理论研究和建设事业翻开了新篇章,同时也为马克思主义文献典藏工作开创了新局面。作为国内权威的马克思主义文献专门收藏机构,中央编译局图书馆以实施"马工程"为契机,大力推进典藏工作,取得明显成效。2011年,时任中央分管领导在视察我们图书馆时,高度肯定马克思主义文献典藏工作,要求把马克思主义文献收藏好、管理好、开发利用好。

进入新时代,习近平总书记站在历史和全局高度,继续深入实施和扎实推进马克思主义理论研究和建设工程。

2011年11月15日中央编译局马克思主义文献典藏研究中心成立大会(左二为魏海生)

习近平总书记多次主持中央政治局集体学习马克思主义基本理论，要求全党"加强对马克思主义经典著作的学习研究"，"推进经典著作宣传普及"。新时代新形势新任务使马克思主义文献典藏工作在"马工程"中的基础性、支撑性作用更加凸显，对其需求也更为迫切。与此同时，面对马克思主义、社会主义在当今世界面临的挑战，国际进步力量和左翼学者也希望中国在马克思主义文献典藏、整理和研究方面发挥引领作用，更好地保护、传承和利用人类社会的这一宝贵精神财富。

正是在这样的历史积淀和时代背景之下，中央编译局致力于"为党存典"，专门设立马克思主义文献典藏领导机构和工作部门，召开马克思主义文献典藏工作会议和国际学术研讨会，展开国内外马克思主义文献，特别是原始手稿的寻访和收藏工作。在先前探索和实践的基础上，中央编译局于2013年12月底正式向中央主管部门报送了实施马克思主义文献典藏工程的请示和《马克思主义文献典藏工程规划（2014—2016）》。2014年初，中央马克思主义理论研究和建设工程办公室批复同意，并要求把工作重点放在加强马克思主义经典作家著作文献的完整性、系统性上。从此，具有开创意义的马克思主义文献典藏工程正式启动。为期3年的一期工程于2016年底结束后，中央马克思主义理论研究和建设工程办公室又批准同意中央编译局实施马克思主义文献典藏二期工程（2017—2021）。2018年，新组建的中央党史和文献研究院接过典藏工程接力棒，继续推动二期工程相关工作。

党中央高度重视马克思主义文献典藏工程。2017年5月，中共中央印发《关于加快构建中国特色哲学社会科学的意见》，明确要求继续实施马克思主义文献典藏工程，加快建设马克思主义文献数据库和信息中心，形成共享网络平台，促进信息资源互联互通、综合利用。2017年，中宣部印发《深入实施马克思主义理论研究和建设工程规划纲要》，也明确提出继续实施马克思主义文献典藏工程，加快建设马克思主义文献信息中心和马克思主义文献信息资源总库。中央领导同志十分关心和高度重视马克思主义文献典藏工作，习近平总书记曾作出重要批示；中央分管领导曾专门了解典藏工程进展和成果情况，要求大力挖掘和收集马克思主义经典作家手稿，重视版本研究。党中央的高度重视和中央领导同志的亲切关怀，为马克思主义文献典藏工作指明了方向、提供了遵循、增添了动力。

典藏工程的重点内容和工作原则

典藏工程专业性、系统性强，涉及面广，工作中我们要应对很多困难和挑战。比如，马克思主义文献卷帙浩繁、范围广泛，典藏工程如何在突出重点的同时实现完整性、系统性；又如，赴国外查寻采集马克思主义文献的工作量大、语言和专业要求高，如何在有限的财力、人力条件下有序展开、取得实效。特别是2020年以来，在新冠疫情影响下，赴国外开展文献寻访工作受到极大制约。面对这些情况，我们进行科学论证和顶层设计，明确工作重点和实施原则，健全领导体制和工作机制，典藏工程整体上推进比较顺利。

一是聚焦经典，突出重点。我们以马克思主义经典作家和经典著作为主攻方向，确定了5个方面的重点采集内容。(1) 马克思、恩格斯和列宁等经典作家著作手稿、通信、签名或题字赠书、批注过的文献资料等；(2) 马克思主义经典著作的珍贵版本；(3) 马克思主义经典作家的藏书或阅读过的图书、创办的报刊等；(4) 马克思主义在中国和世界传播与发展的重要文献；(5) 世界社会主义、国际共产主义运动史方面的重要文献。此外，与上述内容相关的艺术品、纪念品也被纳入典藏范围。近年来，为纪念中国共产党成立100周年，配合全党党史学习教育，典藏工程将涉及中共党史特别是马克思主义中国化的重要文献确定为重点征集、收藏内容，赋予典藏工作以新的使命和内涵。

二是创新方式，构建体系。针对马克思主义原始手稿文献在世界上已极为稀缺、不易获藏的情况，我们坚持以构建完整系统、科学规范的马克思主义文献资源体系和方便快捷、资源共享的马克思主义文献服务体系，为我国马克思主义理论研究和建设事业提供文献支撑为目标任务，以"规模化复制、系统化整理、信息化建设、共享化运用"为工作原则，充分运用多种途径和现代科技手段，在聚焦原始珍贵文献收藏的同时，开展马克思主义手稿等重要文献的规模化复制和数字化加工,通过这种方式丰富我国马克思主义文献资源。

三是健全机制,有序实施。典藏工程启动伊始,我们就建立工作机制和规章制度。成立了马克思主义文献典藏工程领导小组,由时任局主要领导和分管领导担任组长、副组长,相关部门负责同志为成员,负责工程的统筹规划和组织领导;建立了工作机构,抽调精干力量组成工作专班,具体承办落实有关工作任务;建立了咨询机构,组建由中外专家和顾问组成的文献典藏专家咨询委员会,负责对工程规划以及拟购藏的珍贵文献进行评估、甄别,提出意见建议,发挥把关作用;建立了马克思主义文献典藏研究中心,开展典藏研究和国际学术交流。经过几年的探索实践,由中央有关部门宏观指导、牵头单位分工负责、专家学者咨询审核的组织体制以及科学有效的审核机制和成果运用转化机制基本建立起来,从领导方式和组织体制上保证了典藏工程的顺利推进。此外,我们还十分重视规划设计和制度建设,制定了《马克思主义文献典藏工程规划(2014—2016)》《马克思主义文献典藏二期工程规划(2017—2021)》《珍贵文献典藏工作规范》等,保证了典藏工作的科学化和规范化。

四是藏用并举,服务社会。典藏工程坚持收集与整理结合、保护与利用并重,致力于打造科学顺畅的文献资源收藏、整理、服务、研究和展示体系,有序开展珍贵文献数字化加工,精心打造马克思主义文献典藏数据库平台,创办马克思主义文献典藏国际交流平台,举办各类文献展览展示等,极大地发挥了马克思主义文献的思想价值、学术价值和社会价值,更好地服务于马克思主义理论研究和建设工程。

典藏工程取得丰硕成果

典藏工程实施以来,我们的工作人员全力投入、扎实推进,顺利完成工程一期任务,基本完成工程二期任务,形成了一大批重要典藏成果。这些成果,进一步扩大了中国马克思主义文献资源建设的规模,丰富和补充了马克思主义文献典藏内容,使经过70多年积淀的中央党史和文献研究院信息资料馆在国内外马克思主义文献典藏方面的独特地位和重要作用更加彰显,文献资源体系更加完备,专业特色更加鲜明,成为全球有影响力的马克思主义文献典藏中心。

收藏了一批马恩列斯原始手稿,这是典藏工程取得的标志性成果。由于历史的原因,现在约三分之二的马克思、恩格斯手稿存放于阿姆斯特丹国际社会史研究所,另外约三分之一的手稿于1930年代前后由苏联收集、购买,现存于俄罗斯国家社会政治史档案馆。社会上已罕有手稿遗留,获取殊为不易。典藏工程工作人员坚持"积极稳妥、务实高效、合法合规、防范风险"的原则,克服重重困难,多次赴国外追踪寻访,先后收藏马克思主义经典作家手稿原件

20多份。其中，如马克思及其夫人燕妮于1876年10月16日写给友人托马斯·奥尔索普的信，信纸一面由马克思书写，另一面由燕妮书写，极为罕见和珍贵。特别是2020年底，典藏工程一次性获藏6份马克思手稿原件，这是马克思写给《资本论》法文版出版人的书信，主题内容较为集中，此前从未公开发表，是十分难得的珍贵文献。现在，我们中央党史和文献研究院已成为国内收藏马克思主义经典作家手稿原件最多的机构，在国际马克思主义文献典藏方面也占据了重要的地位。

收藏了一批马克思主义经典作家手稿和珍贵文献的复制件。我们的工作人员先后出访德国、法国、美国、俄罗斯、日本等10余个国家，深入40多家档案馆和图书馆开展工作，通过纸质和电子化方式系统性复制了一大批马克思主义经典作家的手稿档案以及其他珍贵文献资料。目前，共复制手稿6000多份、6万多页。此外，围绕马克思、恩格斯、列宁生平档案资料及珍贵文献版本开展的复制工作也在进行中，先后复制了包括《共产党宣言》《资本论》等经典著作早期版本以及马克思和恩格斯的私人藏书、照片等近千册（件），极大地充实和丰富了马克思主义文献典藏资源库。

收藏了一批马克思主义经典作家著作各语种早期版本和同时代重要思想家的文献资料。在收藏经典作家手稿原件的同时，我们特别重视寻访他们著作的各语种版本，特别是早期珍贵版本，在着力构建完整、系统的经典著作版本体系方面取得重大进展。我们还收集了倍倍尔、卢森堡、拉萨尔、蒲鲁东、梅林、考茨基、托洛茨基等人的部分手稿原件,并复制了倍倍尔、李卜克内西、伯恩施坦、巴枯宁、考茨基等马恩列同时代的革命家、理论家的大量手稿,极大地丰富了马克思主义文献典藏。

收藏了一批国际共产主义运动和马克思主义中国化的重要文献。我们收集了一批国际共产主义运动和马克思主义中国化的相关重要文献,包括:第二国际档案;法国大革命史料;苏共及其领导人的资料;共产国际及其所涉及的中共档案;中共领导人及延安时期的档案资料;新中国成立初期有关中共及中国的档案文献,等等。

收藏了一批马克思主义主题艺术品、纪念品。我们收藏了刘开渠、潘鹤、吴为山等艺术家创作的一批有关马克思恩格斯列宁等经典作家题材的艺术品原件和复制件。此外,还在世界各地购藏了近200件有关马克思、恩格斯的雕塑、像章、邮票等纪念品,丰富了典藏资源的载体形式。

构建了马克思主义文献典藏数据库平台。我们在收集珍贵文献的同时,同步启动文献数字化工作,努力构建"结构完善、方便快捷、资源共享"的马克思主义文献信息资源平台和服务体系,马克思主义"数字图书馆"建设取得明显成效。目前,典藏工程已完成分类、标引并载入数据库平台文献4709份,其中经典作家手稿2986份、著作文献1723册。马克思主义文献典藏数据库平台已成为典藏工程的支撑性、工具性平台,成为高效便捷地服务经典著作编译、理论研究和宣传普及工作的重要途径。

典藏工程产生了深远影响

典藏工程的实施及其丰硕成果,对马克思主义理论研究和建设事业形成了广泛的辐射带动效应,我认为它的影响是多方面的,是长远的。

从党的思想理论建设角度讲,它宣示了中国共产党人高扬马克思主义伟大旗帜的坚定信念。我们实施典藏工程,大力收藏马克思主义经典作家手稿和珍贵文献,是中国共产党人在世界上高举马克思主义伟大旗帜,信奉和实践、坚持和发展马克思主义不动摇的有力宣示,充分体现了以习近平同志为核心的党中央对马克思主义理论研究和建设事业的高度重视和奋力开辟当代中国马克思主义、21世纪马克思主义新境界的世界胸怀和历史担当。

从服务和推进马克思主义理论研究和建设工程角度讲,它促进了马克思主义经典著作编译和理论研究。经典著作编译历来被称为"马克思主义中国化的第一道门槛",典藏工程的成果,为马克思主义理论研究和建设事业提供了有力的文献资源支撑和可靠的文本依据。举个最新的例子:我们新收藏的马克思手稿将被收入正在推进的《马克思恩格斯全集》历史考证版和《马克思恩格斯全集》中文第二版,收藏单位身份也将得到权威认证,这对经典著作编译工作来说,无疑是重大的贡献。

从传承人类文明角度讲，它保护和传承了人类优秀思想文化遗产。联合国教科文组织将马克思的文献遗产列入"世界记忆名录"，马克思主义经典著作原始手稿和早期版本是全人类共有的文化遗产，值得永久珍藏。自马克思主义诞生以来，世界马克思主义者和进步人士为珍藏、保护这些珍贵文献作出了不懈努力，有的甚至献出了生命，使马克思主义文献这一人类文明遗产得以传承下来。我们实施的典藏工程，是中国共产党人对人类优秀思想文化遗产保护、传承作出的重要贡献。

从马克思主义大众化角度讲，它助推了理论宣传普及工作。典藏工程的成果为马克思主义宣传普及作出了重要贡献。2013年以来，我们利用丰富的典藏文物，在一些重大时间节点先后主办或承办了10余场大型主题展览，如，2014年，我们与德国恩格斯故居博物馆合作举办了"《共产党宣言》在世界的传播展览"；2015年，我们举办了"思想之光——抗日战争时期马克思主义在中国的传播展览"；2016年，我们与北京市委宣传部共同举办了"旗帜——马克思主义中国化的光辉历程主题展览"；2018年，我们与中央宣传部、中国文学艺术界联合会在国家博物馆共同举办了"真理的力量——纪念马克思诞辰200周年主题展览"。我们还与国家文物局、北京市委宣传部等合作在北大红楼旧址、中法大学旧址等建立了马克思主义在中国传播陈列馆等。2021年中国共产党历史展览馆展出的不少珍贵的马克思主义文献、文物，也是典藏工作累累硕果的缩影。我

2018年5月5日,由中央宣传部、中央党史和文献研究院、中国文学艺术界联合会共同主办,中央编译局、中国美术家协会、中国国家博物馆承办的"真理的力量——纪念马克思诞辰200周年主题展览"在中国国家博物馆开幕。图为参观者在马克思主义文献典藏工程成果前驻足

们还利用丰富的典藏文物,参与创作了《不朽的马克思》《卓越的恩格斯》等多部有深度有影响的电视文献专题片,编辑出版了《马克思画传》《恩格斯画传》《列宁画传》等许多普及读物,在"推进经典著作宣传普及,不断推出群众喜闻乐见、贴近大众生活的形式多样的理论宣传作品,让理论为亿万人民所了解所接受,画出最大的思想同心圆"方面发挥了不可替代的作用。

从促进国际人文交流角度讲,它打造了全球马克思主义文献典藏工作合作平台。典藏工程的实施受到了世界马克思主义政党、研究机构和进步人士的关注,并得到了他们的支持。通过赴欧洲、亚洲、北美洲等国际性访问,我们与这些机构、个人建立了密切的联系。中外7家重要的马克思主义文献收藏和研究机构发起建立了世界马克思主义文献典藏战略联盟,共同签署了《北京会议备忘录》。我们举办了两届马克思主义文献典藏国际学术研讨会,基本形成了高层次的国际合作机制和交流平台,为推动马克思主义文献收集整理、开发利用、展览展示等方面的交流与合作,实现马克思主义文献资源共建共享,发挥了积极作用。

从人才培养的角度讲,它锻炼了一支马克思主义文献典藏骨干队伍。典藏工程对参与人员在政治上严要求,在学术上高标准,在工作上压担子,培养造就了一支有理论功底、会多种语言、懂信息技术、善沟通协调的马克思主义文献典藏复合型人才队伍。8年来,我们的团队中先后产生了国家"万人计划"哲学社会科学领军人才、全国宣传文化系统"四个一批"人才、宣传思想文化青年英才等优秀专家学者,很多年轻同志在工作中得到锻炼和成长,成为马克思主义文献典藏事业发展的生力军。

当今时代正值百年未有之大变局。无论时代如何发展,无论国际风云如何变幻,坚持和发展马克思主义始终是中国共产党人不可动摇的信念。习近平总书记指出:"理论的生命力在于不断创新,推动马克思主义不断发展是中国共产党人的神圣职责。"因此,不断推进马克思主义理论研究和建设事业,继续深化马克思主义文献典藏工程,是在新时代新征程上不断巩固马克思主义指导地位的必然要求和重大举措,也是我们义不容辞、责无旁贷的历史使命。我认为,马克思主义文献典藏工程只有进行时,没有完成时,典藏工程在新时代新征程上必然大有可为。在新的历史条件下,典藏工程要把握好新的职责使命,继续加强全局性谋划、战略性布局、系统性推进,进一步拓展和加强中国化马克思主义文献资源体系建设,进一步加大海内外中共党史档案文献收集力度,进一步加强文献资源数字化和数据库平台建设,进一步加强国际交流合作,力争取得更多更好的文献典藏新成果,为中国特色社会主义伟大事业作出新的更大贡献。

鲁路与俄罗斯马克思主义文献学专家格·巴加图利亚

鲁路，研究员。曾任中央编译局文献信息部马克思主义文献典藏处处长，现任中共中央党史和文献研究院信息资料馆二级巡视员。主要研究方向为马克思主义文献考据，著有《〈马克思恩格斯全集〉考证版编辑与马克思主义文献典藏研究》等。

马克思主义文献典藏工作断想

鲁路

中央编译局承担马克思主义经典作家思想和文献的编译、研究、宣传和普及工作。在我们国家，马克思恩格斯的意义不同于其他任何一位著作家。因此，无论是从巩固马克思主义在意识形态领域的领导地位，还是从编译研究经典著作和开展理论宣传普及等方面来说，搜集整理马克思主义文献资料和档案材料都是我们工作的"题中之义"。于是，以搜集此类历史文献文物为宗旨的马克思主义文献典藏工作应运而生。我博士毕业后在中央编译局从事马克思主义经典著作编译和研究，2003年在德国访学时，对寻访收集马克思主义文献比较留心，并有所收获。后来，马克思主义文献典藏工程正式启动之后，我是工作团队主要成员，这么多年下来，遍尝其中之艰辛和曲折，也收获无比的价值和快乐。

零的突破

2010年，中央编译局出于种种必要性考虑，实际上

本文作于2023年，整理者柳宁。

已开展了马克思主义文献的收集工作,只不过那时候还没有典藏工程。当时,国际上的友人为我们提供了一个收藏信息:有一封马克思和燕妮写给友人奥尔索普的书信可供采购。这封书信的写作背景是:正值奥尔索普夫人去世之际,马克思与夫人燕妮共同向奥尔索普发去慰问信,充分显示出马克思夫妇志同道合的情感,以及他们对革命战友的关爱之情。书信手稿正面由马克思书写,文字已经公开发表。书信背面由燕妮书写,文字内容一直不为世人所知。这一点增添了这一份书信手稿的史料价值和收藏价值,即它从此可以公开收入马克思主义经典作家著作全集。最终,这份手稿入藏原中共中央编译局,这标志着典藏工作取得了零的突破。后来,《人民日报》对此做了专门报道。

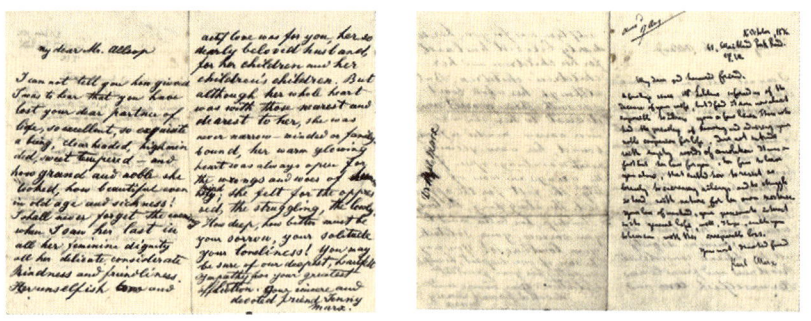

马克思致托马斯·奥尔索普的信(左一)以及信背面所附的燕妮·马克思的信(右一)

当年,我按照局领导班子的指示,前往欧洲执行这份手稿购藏的工作任务。一开始,我没有直接前往手稿行办理采购手续,而是前往我以前曾经进修过的单位,即柏林-

勃兰登堡科学院《马克思恩格斯全集》历史考证版编辑部，向德国专家学者咨询与这份手稿相关的学术问题。当时正值深秋季节，柏林淫雨霏霏。柏林-勃兰登堡科学院坐落于柏林市中心的宪兵广场，它的前身是柏林科学院，由德国哲学家莱布尼茨于1700年创建，是欧洲最早创建的科学院之一。科学院目前正在编辑《康德全集》《尼采全集》等历史考证版版本，《马克思恩格斯全集》历史考证版也是它的一个工作项目。苏东剧变后，科学院接续开展前苏共马列研究院与民主德国马列研究院遗留下来的这一编辑工作项目。

向德国专家请教并获益后，我前往维也纳，通过关系联系中国驻奥地利大使馆的一位公使衔参赞，并请大使馆一名二等秘书陪同我前往当地手稿行，见证手稿采购过程。取得这份马克思手稿后，我并未直接回国，而是径直返回柏林，请《马克思恩格斯全集》历史考证版编辑部的专家对手稿真伪做出书面鉴定，并做出文字识别和历史背景介绍。这是因为，手稿原件与文字识别以及历史背景介绍结合在一起，才成其为完整的文物收藏。而单单取得一份手稿，在文物收藏意义上还不完整。另外，按照历史考证版的编辑准则，将来《马克思恩格斯全集》历史考证版在相关卷次中刊登这封书信时，同时会刊登手稿原件保存地，也就是说，刊登原中央编译局作为手稿原件保存单位的名称。

记得当时编辑部的全体德国同事专门开会讨论这份手

稿,我请编辑部一名资格最深的编辑——他也是我的一位忘年交,因为我以前进修时,就使用他的办公室,以便随时向他请教——向全体同事介绍这份马克思手稿方方面面的情况。我还记得,当时的编辑部负责人——他也是我以前进修时的指导教授——对我有分寸的举动表示认可,因为我们以谦虚的态度向德国学者请教围绕手稿的学术问题,而不是简简单单地将采购活动当作一桩买卖,便打消了我们有可能给德国学者留下一个暴发户形象这一嫌疑,今后可以继续取得德国学者对我们开展典藏工作的学术帮助。

这里尤其需要注意的是,手稿有可能留有一些问题,而这需要借助于文字识别和历史背景介绍解释出来。例如,我们后来收藏的一封马克思书信,明明白白地写明写信日期是 1889 年 2 月 10 日。但这时马克思已经去世近 6 年了,显然这是马克思书写书信日期时的笔误。要确定准确的马克思写信日期,不但要考虑马克思本人的生平活动,而且要考虑马克思与收信人的书信往来历史。而涉及马克思生平活动以及与收信人书信往来的细节,虽然我们国内也有一些文献资料,但这些文献资料远远不如国外档案馆、马克思著述编辑单位掌握的资料详尽。而且国外马克思著述的编辑人员对马克思生平活动及其与收信人书信往来的细节如数家珍,在这一方面完全可以做我们的老师。事实上,正是上文提到的《马克思恩格斯全集》历史考证版编辑部那位资格最深的编辑帮助我们解决了这一难题,确定正确的书信日期是 1882 年 2 月 10 日。

向纵深拓展

我们在少量收藏马克思主义经典作家手稿原件并大量复制手稿的同时,还采购马克思主义经典作家著作各语种早期版本,以及以欧洲社会主义思想史、国际工人运动史、世界各国共产党为主题的外文著作各语种版本。例如,2011年,我们从阿姆斯特丹大规模入藏了一批约9000份的图书。我们在这里讲"份"而不讲"册",是因为一份连续出版多年的期刊、年鉴也属于"一份",而远远不限于"一册"。这批图书的原荷兰收藏人无儿无女,且已离异,得知自己身患癌症之后,希望以低廉的价格将自己的私人藏书转让给国际上一家学术单位,以便为自己这笔终生遗产寻找到一个合适的继承人。入藏之前,我们专门派出一个小团队前往阿姆斯特丹,核查这批图书的保存情况。当时不巧赶上阿姆斯特丹举办一个有关医疗器械的国际会议,当地旅馆价格陡然暴涨,团队成员只好挤在狭小的旅馆房间内过夜。但大家依然毫无怨言地认真执行任务,在收藏人家中踩着梯子爬到几米高处,核对堆放于那里的汗牛充栋的图书。

原收藏人在去世之前为这批藏书编制了书目,题目为《社会自由——从法国大革命到20世纪中叶》,包括8935条书籍词条和161份画报词条。这批藏书囊括马克思主义经典作家著作多语种多版本,其中仅《共产党宣言》就达22个不同语种版本。它不但囊括马恩本人生前著作，而且囊括马恩之前、马恩同时代、马恩身后社会主义思想史、工人运动史上的大量文献，以及不同作者撰写的诸多马克思恩格斯传记、回忆录等。这批藏书还囊括出版于17、18世纪的一些古旧书籍，其中的马基雅弗利著《论李维》1652年版是原中央编译局收藏的出版时间最早的馆藏图书。毕竟，国外学者认为，马基雅弗利在一定程度上影响了马克思思想的形成。

这批藏书中有《资本论》法文版第一版、英文版第一版、荷兰文版第一版、德文第一卷第三版、第二卷和第三卷第一版等《资本论》各卷次多个早期版本。入藏这些《资本论》不同语种首版版本后，我们接下来的工作是进一步搜集《资本论》各个早期版本。马克思终生都在写作《资本论》，每一个版本都是对以前出版的版本的修订，都具有独特价值。在《资本论》英文版出版于英国之前，马克思曾准备出版《资本论》美国版，作为在英语世界传播《资本论》的版本，只是这一愿望在马克思生前未能实现。因此，今天的《马克思恩格斯全集》历史考证版奉行的编辑观念是，重视《资本论》的每一个版本的价值，因为《资本论》的写作是一个未完成的、开放的过程。正是在这样一种观念的支配下，入藏这批藏书后，我们致力于补齐《资本论》各个早期版本，并基本收齐了除第一卷第一版外《资本论》德文版全三卷的诸多早期版本。

再如，《科隆共产党人案件》是马克思恩格斯于1853

年匿名发表的,当年在巴塞尔和波士顿两地同时各出版一个版本。这两个同年异地出版的最早版本,我们此前都未收藏,此前最早的馆藏是1885年的版本。2011年入藏的这批数量约9000份的图书就包括波士顿出版的这一版本在内。入藏这批藏书后,我们致力于查遗补缺的工作,专门寻找到并入藏了巴塞尔出版的那一版本,这样就同时收齐了《科隆共产党人案件》两个最早版本。这批图书入藏后,中央领导视察原中央编译局时,对典藏工作的成果给予了充分肯定。

我们不仅关注马克思主义经典作家手稿和著作,而且关注中国共产党人接受马克思主义的历史,以便在实际工作当中体现一个明确宗旨:既重视经典马克思主义,又重视中国化马克思主义。在马克思主义接受史上,赴法勤工俭学运动曾起到过重要作用,培养了一大批早期中国共产党人。早在中央机构改革之前,我们原中央编译局的工作人员便首先前往原中央文献研究室,向专家请教相关历史情况,随后前往保定赴法勤工俭学纪念馆了解相关史实,最后赴法国蒙特尔纪的赴法勤工俭学纪念馆,以及邓小平工作过的哈金森工厂旧址等地,并在巴黎和枫丹白露的国家档案馆查阅历史资料,找到邓小平等人当年的档案。这些档案为我们后来举办以马克思主义在中国的传播为主题的展览增添了内容。虽然说后来由于疫情的影响,我们与蒙特尔纪赴法勤工俭学纪念馆商议合作举办的纪念活动未能如期举行,但此时为将来有可能开展合作打下了基础。

同时，我们也关注像共产国际档案这一类国际共运史资料，并尤其注重反映共产国际与中共关系的档案资料。数年前，我们在哈佛大学和斯坦福大学等地不但复制了马恩手稿，而且同时复制了托洛茨基涉及中国问题的档案、陈独秀的少量英文档案，在日本复制了李大钊的零星档案，从阿姆斯特丹下载了马林档案，包括马林与李大钊的通信，等等。值得一提的是，马林档案中有一个可堪玩味的情况：马林于1922年7月11日在莫斯科向共产国际汇报，中共作为共产国际的一个支部建立起来之后，中国同志对于尼克尔斯基频频光顾中共会议并不满意。马林写的报告中的原话是，中国同志"依然指望"俄方这种监护角色，但麻烦不少。而莫斯科的档案室工作人员抄写马林这份报告时，越俎代庖地在这里添加了说明性文字：这意思就是"不指望"。而且马林本人提到中国同志，用的是人称代词"sie"，而誊写件却代之以指示代词"die"。从修辞上说，人称代词比指示代词更显尊重态度。显然，像马林这样一位长期在中国与中国同志并肩战斗的欧洲革命者，对中国同志感情更为深厚。而莫斯科一名坐办公室的打字员一看到中国同志对莫斯科方面的"监护"角色有抵触，便在当时想必弥漫于莫斯科的那种世界革命中心式氛围影响下，情绪化地忘记誊写工作最起码的规矩了。而这一情况也为我们今后如何使用档案提了一个醒。

这些年来，为配合手稿收藏工作，我们开始尝试方方面面的专业性工作，其中之一就是学习识别马克思恩格斯的手迹，以便在工作中取得更多自觉性与自主性。例如，前任恩格斯故居负责人伊尔纳在档案馆工作多年，对恩格斯手迹非常熟悉。在他的悉心指导下，我尝试着逐渐熟悉恩格斯的字迹。而且我还借鉴中国人特有的书法学习经验，采取小学生描红模子的做法，将印有恩格斯字迹的纸张垫在下面，将透明纸擩在上面，在透明纸上反复描写恩格斯的字迹。当然，这是硬笔书法练习，而不是软笔书法了。鉴于19世纪欧洲人的文字书写习惯不同于20世纪，我还专门了解19世纪欧洲人通常的文字书写标准，以便在一个更为广阔的文字书写背景下了解马克思恩格斯的笔迹特点。应当说，专业学习为我们开展典藏工作提供了必要的知识条件。

最新的成就

我们最近一次马克思原始手稿收藏，是在中央党史和文献研究院成立之后做的。2018年和2020年分别是马克思与恩格斯诞辰两百周年，国际上的藏家蹭这个热点，提供了马克思致《资本论》法文版发行人的20多封书信，其规模之大，是最近半个世纪以来马克思文献发现史上未曾有过的。

为此，研究院专门派出工作小组，前往德国慕尼黑，亲眼目睹了手稿原貌，接下来取得了柏林－勃兰登堡科学院《马克思恩格斯全集》历史考证版编辑部关于手迹真伪的鉴定意见，以及国外权威性纸张研究机构关于纸张真伪的鉴定，并取得国外官方机构和中国驻外使馆对上述鉴定的认证，还通过中央党史和文献研究院常年聘请的律师事务所和原中央编译局多年合作的中国国际图书进出口总公司开展文献采购工作。这项工作是在中央领导的支持下开展的，如今这六封书信手稿在新近落成的中共党史展览馆中展出。习近平总书记得知展览馆展出的全部马克思手稿悉属原始文物之后，评价所有这些文物极其珍贵。

这六封书信向我们揭示出，马克思亲自参加《资本论》法文版的翻译，是法文版的共同译者。而且马克思在翻译时利用了《资本论》德文第二版对第一版的文字改动，起到了单纯的译者所无法起到的作用。再者，马克思在法文版的译文校订过程中进一步完善了法文版的内容，而这些经过完善的内容后来又被恩格斯不同程度地分别吸收进德文第三版和第四版中。所以说，法文版具有不可替代的独特意义，它融入了《资本论》不断丰富化的过程。最后，这六封书信还向我们揭示出，马克思同官方进行了坚持不懈的斗争，才争取到《资本论》法文版完整出版这一理想结局，让我们在理解《资本论》的整体创作过程之余，对马克思的革命精神留下了深刻印象。

选择收藏这六封书信，我们是经过考虑的。原中央编译局和今天的中央党史和文献研究院承担《马克思恩格斯全集》中文版的校订工作，中文版的基础是国际上编辑的《马克思恩格斯全集》历史考证版，而历史考证版的基础是马克思恩格斯的原始手稿。马克思恩格斯原始手稿大多保存在阿姆斯特丹和莫斯科的官方机构,少量分散保存于个别单位与私人手中。上述马克思原始手稿,包括近年来在国内外市场拍卖的马克思手稿,其绝大部分内容已经为历史考证版编辑部所掌握,只有极少数国际上新发现的马克思文献处于保密状态,内容难于为编辑部掌握,也就难于收入历史考证版。而对于我们来说这意味着:文献难以经过翻译收入中文版。如果说历史考证版在国外只是一项学术性工作,那么中文版在我们国内就不仅是一项学术性工作而已,它更是一项政治任务,其政治严肃性靠学术严谨性得以确保,而学术严谨性的标准之一就是中文版收文的完整性。在新文献处于内容保密状态的前提下,我们有必要取得其物权,以便不但了解其确切文字和内容,而且取得建立在物权基础上的发表权,从而更好地完成这一项政治任务。

据我们联系法国专家学者了解,上述20多封新发现的马克思致《资本论》发行人书信,除这六封外,都将刊登于一本小册子在法国出版。这意味着,除这六封书信外,其他十几封书信都不再是我们必须采购的,因为中文版只要翻译已出版的外文书籍即可。在我们必须将有限的资金用于最为必要、不可或缺的文献这一前提下,一些文字业已发表的马克思书信和笔记的原始手稿,均在我们的采购考虑之外。可能国内外一些藏家不太了解我们的典藏工作,所以近年来一直有人主动联系我们,提供一些内容已经发

"真理的力量——纪念马克思诞辰200周年主题展览"中展出的马克思主义文献典藏工程成果

表的马克思原始手稿的采购信息。而对于这些销售意向,我们一概采取婉拒态度。我们的工作方式,是通过咨询国际上的专家学者,结合自己的工作,确定收藏项目。

再举典藏工作中的一个实例:马克思的《布鲁塞尔笔记》共有六个笔记本,其中四个保存于国外档案馆,另外两个笔记本原本保存于德国社会民主党的档案馆,但在纳粹时期由于局面复杂而流落民间。这两个笔记本中的一个被后来的笔记本所有人拆散,一页一页销售于国外手稿市场,从此难于恢复其作为文物的完整性。另一个笔记本,即第四个笔记本,有四页长久以来保存于莫斯科苏共马列研究院,有两页在苏东剧变前由笔记本所有人赠送戈尔巴乔夫,由戈尔巴乔夫转赠莫斯科苏共马列研究院。除这六页缺页之外,这一相对完整的笔记本后来出现于国外文物市场,原编译局和后来的研究院都有机会收藏。但是,考虑到这一笔记本从德国社会民主党档案馆流失之前,苏共就派人专门做了复制,并根据复制件编辑文本,将其纳入《马克思恩格斯全集》历史考证版相关卷次出版,原编译局和后来的研究院都决定予以舍弃，以便将有限的资金用于我们不掌握其确切文字及发表权的手稿。毕竟这一笔记本只具有文物价值，而不具有相对于编辑工作的价值了。好在这一笔记本后来由我们国内藏家收入囊中，并捐献中国共产党历史展览馆。这也是上文所述习近平总书记在党史馆评价所有马克思文物极其珍贵这一幕的由来。

工作愿景

典藏工作能否取得成果，直接关系到马克思主义经典作家著作中文版能否发表马克思的新文献。例如，2018年马克思诞辰200周年之际，我们在国家博物馆举办纪念展览，展出过一封1860年2月3日马克思致友人吕西安·莱奥波特·若特兰的书信。这封书信极具史料价值，因为它构成马克思的论战性文章《福格特先生》的一个历史背景。但是，本来应当刊登这封书信的历史考证版相关卷次出版于2000年，当时国际上的编者尚不知道存在这样一封书信，因而历史考证版相关卷次出版时未能刊登这封书信。正因如此，历史考证版的负责人曾不得不亲口向本文笔者承认，掌握新发现的文献，其实也是历史考证版的编辑人员如今面临的一项新课题。同样，对于这样一项课题，我们如今也逐渐形成了愈发明确的认识。由于刊登这一时期书信的中文版相关卷次即将出版，在我们得知存在这样一封书信且掌握书信内容的情况下，中文版相关卷次便有必要也有可能收录这封书信。

　　这些年来，典藏工作可谓欣慰与遗憾并存。一些有价值的文物，可惜我们由于条件限制未能收集。例如，举办以马克思主义、世界社会主义运动为主题的展览，要充分考虑和反映欧洲工业化的历史。因此，我们曾专程访问国外收藏近现代欧洲机械文物的私人藏家，目睹其收藏的从印刷机到火车机车等一系列文物。这里有一个尤其值得注意的情况：当年马克思为印刷《新莱茵报》专门购买了一台印刷机，而在我们参观的这一批文物中，就有同一厂家、同一生产时期、同一型号的一台印刷机，这样的机器，如今在全世界范围内存世量屈指可数。可以想象，如果我们能够将这一台印刷机同《新莱茵报》一同展出，必然取得良好的展览效果，因为这样就将马克思的新闻工作置于当时的历史背景中了。可惜的是，因为客观条件的限制，我们不可能从国外收藏印刷机、火车机车这样的大物件。

　　典藏工作固然取得了初步成绩，但还面临一些困难。例如，我们从阿姆斯特丹国际社会史研究所网站上下载大量马克思手稿复制件，并专门委托该所复制其保存的马克思私人藏书，基本完成了在阿姆斯特丹的工作。出于同样的考虑，在这十年间，我们也想用同样的办法复制莫斯科的相关档案，并两度专程前往莫斯科，同俄罗斯国家政治社会史档案馆负责人密切商谈，就首先复制保存在该馆的马克思私人藏书、随后复制保存在该馆的马克思原始手稿达成合作意向。尽管就某些合作细节达成一致，但总的说来,俄罗斯方面档案管理日趋严格,我们很难突破其政策及相关规定,只能寄望双方国家政府机构发挥作用来推动典藏取得新进展。关于典藏工作,习近平总书记作了明确指示,要我们做好海外党史资料征集工作。相信马克思主义经典作家档案文献的海外征集工作,将来也会得到中央更有力的政策支持,并在我们的共同努力之下行稳致远。

　　高云鹏，研究馆员。先后在中央编译局马恩室、列斯室和图书馆工作，从事马列主义经典著作编译和图书文献工作。曾任张仲实同志的秘书、中央编译局图书馆副馆长、馆长。享受国务院政府特殊津贴。曾参与《列宁全集》中文第一版编译工作。

"兵马未动,粮草先行"
——回忆图书馆工作逸事

高云鹏

我到中央编译局工作先是搞经典著作编译,1960年局里调我到图书馆当副馆长,后来当馆长,在这里干了34年,直到退休。我工作上比较严谨,生活上比较规律,但是也关心大家的个人生活,所以大家也拿我这个馆长当"政委"。几十年与同志们一起工作,有很多有意思的事情,我回忆的一些,都是工作中的"花絮"。

意外转岗图书馆

我刚到中央编译局工作是在马恩室,干过科长。1956年张仲实从西北局宣传部调来,局里安排我做仲老的秘书,那时二十几岁。我也当过苏联专家的秘书,任务是辅助他们工作,比如口头翻译《人民日报》的重要社论给他们听;有关情况需要向领导汇报的,我直接向姜椿芳副局长汇报,当时他主管苏联专家。上世纪50年代,所有懂俄文的干部全部调到列斯室去,集中精力搞《列宁全集》,那时搞的是

本文根据高云鹏同志口述资料整理,整理者柳宁。

第一版。工作进度很快,大家非常忙,有的同志办公室门上贴着"请勿打扰""不接电话"诸如此类的东西。突然有一天快下班了,负责干部人事的同志找我,说局长办公会议决定调我到图书馆去做副馆长。我和来人就站在走廊里交谈,我说我对图书馆不了解,也不是学图书馆的,再商量商量?对方说局长正在开会,已经决定了。接着第二天图书馆开会,秘书长来宣布我做图书馆副馆长。就这样,突然派我到图书馆工作,这一天是1960年4月1号,我还不到30岁,是全局第一个被提拔为副主任的年轻干部,正处级。当时馆长是杨威理。

我是学外语的,不是学图书馆的,当工作需要调我到图书馆来工作,就接着在这干下去了,一干就是34年。从年头来说,比首任图书馆馆长杨威理时间还长。他是图书馆开馆元老,但是"文化大革命"整整10年他不在。"文化大革命"期间,图书馆只有四位同志,就是我、梁明、金宗玲和田良英。

影印《真理报》

1963年,在编译局,特别是在图书馆的历史上,应该记下一项艰巨而意义重大的工作——影印苏联《真理报》。这项工作动员人力之众、涉及面之广、持续时间之长,在编译局的历史上是不多见的。因为当时工作需要,由中宣部报中央批准决定进行的。中央对这项工作很重视,时任中央办公厅主任杨尚昆同志亲自批准,由中央特会室拨出100万元作为经费。原版《真理报》系国内孤本,全套原件只有编译局收藏,因此我们责无旁贷地承担了此项工作任务。

《真理报》影印本的年份由十月革命前至1949年,包括8开、4开和对开本,每季度装订1册,每套138本,影印100套,总计达13800本之多。为了加快速度,所以决定由北京和上海两地的工厂分头并进。当时上海的印刷力量和技术比北京先进,因此大部分影印工作是由上海完成的,北京只有1家印刷厂和1家装订厂承担了工作,上海有3家印刷厂和1家装订厂参加。上海的3家印刷厂,其中中华印刷厂过去是印刷钞票的,另外两家印厂在上海也是名列前茅的;装订厂则是装订《苏加诺画册》的那一家,他们的影印和装订质量都是上乘的。

那一年,我局各室先后有数十人次分期分批在北京和上海两地参加了校对工作。图书馆的同志更是全力以赴,每个同志都参加了不同的工作。影印之前,我们逐年、逐月、逐日、逐版地对《真理报》原件进行了仔细的检查,参加校对工作同志的任务,就是在绝对保证质量不出现讹误的前提下,尽量把字母不清的地方辨认填描出来,以便于使用。

影印工作需要大量且高质量的胶版纸,装订则需要很多布料,还有其他东西,这些物资在当时都是极为紧缺的。因此惊动了文化部、商业部、轻工业部及其下属的许多机构，几经周折，最后调拨到所需的纸张、色布及白布等。这些物资向上海启运时，又经过北京铁路管理局特批，调用了专用车皮。为了保证《真理报》原件的万无一失，原件发往上海和运回时都是通过中央办公厅机要交通局和上海市委机要交通局进行的。为了保密，当时《真理报》使用代号《科学报》。

考虑到完成工作需要较长的时间，为了便于组织和管理，参加工作的同志先后租住长江饭店和国际饭店，集中住宿。我们还建立了临时党团组织，定期开党团员小组会，学习《人民日报》重要社论，组织参观，传达重要文件，并请中华印刷厂的老师傅来给我们作报告。

《真理报》影印本的发行工作，是由北京和上海两地的新华书店外文发行所组织专人进行的。当时，经中宣部圈定，主要省（市）委宣传部、中央有关部委、著名大学、主要社会科学研究院所、解放军有关单位、国家图书馆等均可购买，保存1套。粉碎"四人帮"后，又先后向上海外国语学院、江西大学、陕西师范大学等单位出售数套。1989年11月，经局领导决定，向原民主德国马列主义研究院赠送1套。至今仍有少量存放在中央档案馆。

全国各地寻书

创办这个图书馆，师哲局长的指导思想是要看远一点，不能只看眼前。我觉得师哲同志比较高明，在建立编译局的同时，就建立图书馆，提出"兵马未动，粮草先行"。假如下手不这么早的话，现在恐怕有很多珍贵的资料，是未必能收藏到的。

早些年，图书馆会派人到全国各地寻访书。我也到过一些地方寻书访书，东北和新疆都去过，带回来一些好东西。

那是粉碎"四人帮"以前，很多地方比较混乱。在黑龙江省图书馆，我看到很多图书资料来不及整理，堆在屋子里，就蹲在屋子里翻。印象最深刻的是发现一本很珍贵的书，是马克思书信手稿，那时我们国内还没有。在黑龙江省图书馆，还弄回来好多《在马克思主义旗帜下》《共产国际杂志》等资料。当时，这些东西都在一个暖气片底下，没人管没人要，拿回来后翻译出来出了中文版。

"满铁"资料也是我们从东北弄来的。应该是上世纪60年代初，那个时候，我已经到图书馆工作了，是杨威理、崔士敏和我三个人去的。我印象是1961年，许立群兼任中央编译局局长之后。因为当时编译局搞马列主义，在国内的位置很重要，我们带着中宣部的介绍信到辽宁省委宣传部，然后通过他们到大连市委，日本人占领东北时期的书很多存在大连。后来知道"满铁"公司，实际上是日本在远东一个主要的情报站，藏书五花八门，什么都有，尤其是社科类的。我们运回来的书里面有很多名著，像费尔巴哈、康德这些人的著作都有。

1997年，我还通过关系，寻访苏联在迪化（即乌鲁木齐）领事馆的藏书。新疆外办一个领导是我同学，经过他的关照和帮忙，最终发现这批书在当时新疆歌舞团的一个地下室里边。于是，我从地下室挑出来700多本书，都是原来苏联驻迪化总领事馆没来得及拿走的书。我们没花钱就给带回来了，堆在他们那儿根本没有人整理，也没有发挥作用。

重视学习与一专多能

  我们图书馆有一个特点，就是很重视学习，尤其是外文学习，过去规定是每天上班第一个小时雷打不动地学习外语。那时开的外文课，有的是跟着局里开的，有的是图书馆自己组织的。局里很重视请的外国专家，有讲德文的老太太，记得有个讲英文的叫萨福先，已经去世了，还有教法文的，他们都算编译局高级专家。我的德文也是跟外国专家学的。1993年，我还讲了一年俄语课，那时我已经免去职务，所以才有些时间，直到12月退休。咱们图书馆办的外语班，我教俄文，杨威理教日文，程怡教英文。图书馆提倡知识广博，可以不一定非常专业，但知识必须要广、要博。这就需要勤奋学习，持续学习，不然复杂一些的工作就做不了。

  我在图书馆工作这么多年，也深深体会到中央编译局图书馆工作要想做好，是很不容易的。我们是机关内部图书馆，过去没有电脑，也没有网络，大家到图书馆来借书,一般都不查目录。面对读者的目录有三类:著者目录、书名目录、分类目录。读者不查目录,来了就说借什么书,报个书名。比如说马克思著作的单行本《法兰西内战》。《法兰西内战》,这本书我们分类规定是两行,一个是分类号,一个是著者号。因为马克思恩格斯的经典著作单行本非常多,著者号大量重复那就不方便了。因此,我们的分类法,用这个著作本身的第一个字母取外文,又进行了细分,但是这样也会带来问题。假如某个读者说借《法兰西内战》德文版的,那么值班同志马上要想它德文怎么说,英文怎么说,俄文怎么说,法文怎么说。假如值班员不懂的话,找这个书要在3K1.3那儿找很长时间,这样的话工作费工费力。所以说,想做好工作,你知识水平一般,还真是不行。还拿《法兰西内战》举例。比如《法兰西内战》英文"Civil War in France","C"打头,分类就在"3K1.3C"。德文"Bürgerkring in Frankreich",这又是"B"打头的,分类就在"3K1.3B"。法文"La Guerre Civile en France",你得懂法文的阳性、阴性、复数,"La"是冠词不算,"Guerre"是"战争",是"G"打头的,所以分类就在"3K1.3G"。俄文"Гражданская война во франции","Г"打头,要找俄文版《法兰西内战》,要去"3K1.3Г"。这本身就需要很高的水平。既要有知识水平,又要有外语水平,那时大家是一专多能。搞图书馆的为什么还要较高的知识水平呢?我们就拿值班来说,过去我也值班,领导和大家一起值班"站柜台"。比如读者借《哥达纲领批判》,我们不仅能给读者找到这本书,有时候还要做咨询工作,解决一些问题。首先要知道《哥达纲领批判》最原始在《人民国家报》上发表,然后知道我们馆藏有没有《人民国家报》。我们是有这个报纸的,要立马从报刊库提出来,如此等等。所以说,做好我们的工作,真的很不容易,这是真功夫、真本事。现在有电脑和网络了,工作方式和过去也不一样了。

发扬"背篓精神"

图书馆在局里所有业务工作里面,是和各个业务室接

1999年庆祝中央编译局图书馆建馆50周年局领导与新老图书馆工作者合影(一排右五为高云鹏)

触最多的。"文革"以前,没有哪一个搞业务的同志,一个星期都不来图书馆的,绝对没有,有的甚至一天来好几次。因此,图书馆人与很多同志彼此都很熟悉,大家关系非常好。

我们图书馆读者服务有一些规定,其中一条就是每星期一借新书,每人限借两本。新书开借之前,就像百货公司排队买什么稀缺商品似的,借阅处门没开,走廊里已经排着老长的队,都准备着"抢"新书,那是编译局的一道风景线。这些新书先陈列一个星期,倒转入馆后开始出借,有的人已经提前看好了,想着星期一早上一定要借这本书,所以老早排队。这门一开,真是热闹,有时候还要维持秩序,有的人没借着,还非要借,然后就登记等下次再借。

在"大跃进"的年代,提倡服务。那时候,北京市发扬一种"背篓精神",服务下乡,有些单位是到村里去把用品带到农民当中,送货上门。当时图书馆也响应,搞了发扬"背篓精神"活动,但不是"背篓"下乡,而是把书送到业务人员的办公桌前。搞了一小阵,后来觉得不适合我们的实际情况,大家还是喜欢到图书馆来。虽然持续时间不长,但这种精神可嘉,可以用到我们的工作中。

另外,必须要说的就是我们馆里的同志,大家都恪尽职守,忠于自己的岗位。有些特殊时期,全编译局都放假,咱们还开着馆。"文革"时期,我们只有4个人,图书馆在现在的3号楼,图书放在一楼的房间,走道里边都有书架,还有相当一部分放在丰盛胡同中直工委的地下室。那时很辛苦，有时候得从西斜街跑到丰盛胡同去取书，无论风吹雨打，一年四季就这样持续好几年。这么多年发生了一些重大事件，比如1976年唐山地震、1989年动乱等，所有这些非常时期，我们图书馆没有闭过一天馆。1976年大地震时期，我住东井，每天都来上班，没有关过门。2003年"非典"时期，咱们也开着门。

整理毛主席藏书

1992年夏天，中央档案馆的同志来编译局图书馆，商谈帮助他们解决在整理毛泽东主席外文藏书工作中遇到的问题。当时，他们正在中南海丰泽园整理毛主席生前的全部藏书，其中有数百册多语种的外文书，这些书都是过去国际友人送给毛主席的。

工作的具体要求是，对每一本外文原著，用简练扼要的中文表述该书的内容梗概，并将作者、出版社、出版地等相关信息译成中文，以便分类编目，进行加工整理。经双方友好商讨后，我们同意协助他们完成此项工作。这些书中，除通用语种英、俄、德、法、西、日外，还有一些非通用语种的书，这对我们来说则完全是陌生的，借助各种辞典和工具书，几位同志通力合作，完成了中央档案馆相托的这项工作。1993年又送来一批书，前后两次，共计400多册。我们的工作受到了中央档案馆同志的好评和称道，我感到非常欣慰，因为我们完成了一项意义重大的工作，为编译局增了荣光。

中央档案馆的同志为了表示谢意，邀请我去中南海毛主席故居参观，并允诺打开丰泽园故居的所有房间，进入屋中零距离地参观和瞻仰丰泽园的房间和遗物。当年11月19日，我踏雪步入中南海西门，瑞雪中的中南海银装素裹，显得格外庄严肃穆，经过怀仁堂，径直向东，又穿过一个院落，走上湖边大道，沿大道拐向南行，走了一会儿就到达丰泽园门口。

毛主席故居由卧室、起居室、办公室、书房、客厅、餐厅等组成，我轻轻地缓步逐一参观了各个房间，神情专注地瞻仰了室内的遗物。我抚摸着毛主席使用过的办公桌椅，半边堆满书报的旧式木床和各种用具，仰慕和崇敬的心情油然而生。穿行在书香四溢的长列书架间，翻阅毛主

高云鹏在中南海毛主席故居

席亲手点批的名篇佳句，毛泽东主席博览群书、博古通今的形象浮现在眼前。站在过去中央政治局举行会议的颐年堂内，睹物思人，往事如潮，我深情地回忆起毛主席波澜壮阔的一生，那已成为历史的往昔岁月，仿佛他老人家音容宛在，一代伟人的丰功伟绩萦回在脑海中。就在这个不大的庭院里，多少个朝朝暮暮，毛泽东主席深思熟虑五洲四海的激荡风云变幻，运筹帷幄党和国家的方针大计，度过了多少明灯不灭的长夜。

　　毛主席故居的这批外文藏书，经整理后连同其他藏书一起，全部移送中央档案馆永久保存，这里有我们做的一份工作，我们为此而高兴与自豪。

我们的光荣与梦想
——我眼中的中央编译局图书馆

编者按：图书馆是服务马克思主义经典著作编译和理论研究的基础载体，也是马克思主义文献资源建设的主要依托。作为与共和国同龄的马克思主义专业图书馆，一代又一代图书馆人在这里接续奋斗，付出了心血和汗水，成就了光荣和梦想。这里选取了几位老图书馆人在不同时期所写的回忆文章，从一个侧面展示图书馆人的创业历程和精神风貌。

徐汶,副研究馆员。1952—1959 年、1979—1993 年在中央编译局图书馆工作。

忆早期中央编译局图书馆

徐汶

当读者走进这座拥有40多万册图书的图书馆,看着宽敞的目录室和借阅处,坐在有上百种琳琅满目的多种文字报纸杂志的阅览室,享受着信息技术进步从采购、加工到外借一条龙的服务方式,一定想象不到早期的图书馆是啥样子。

20世纪50年代初,当我踏进中央俄文编译局的大门时,给我的第一印象是这里不像个机关单位,倒像个大家族的庭院。走进这深深的庭院,映入眼帘的是古色古香的房屋建筑,雕花和镶有彩色玻璃的亭台楼阁,长满葡萄藤的走廊,游廊围绕着一个大水池,池中碧波荡漾,人造石山上的仙鹤喷泉耸立在池中,再往后走便是迂回曲折的假山。这如画的环境令我心旷神怡。

当馆长杨威理领着我去参观图书馆时,却使我感到吃惊和意外,我想象不到即将在此工作的图书馆是如此简陋。这间位于水榭后假山西头的大平房既是书库、借阅处、馆员办公室,还兼馆长一家三口的宿舍。书架组成了隔墙,从书架的空隙间可一览无余。由于房子小、书架少,有许多书和刚买来的俄文版《列宁全集》全码放在书库墙角的地

本文为1999年纪念中央编译局图书馆建馆50周年所作。

板上，等待分编整理。

有一天，师哲局长来图书馆察看，见地上堆着一些书，便直问馆长杨威理是怎么回事。我当时年轻气盛，未等馆长开口，便抢先说了一句："没有书库书架叫我们往哪里放呀？"师局长只好笑着说："你这个小鬼，真是新生牛犊不怕虎哩。"我记得过了不久，局里又给我们增加了几间小亭子平房作书库和办公室用。1953年夏，又分来北大图书馆系的毕业生和俄专的毕业生，也是在这年夏天开始动工兴建新楼，建成后将一楼全部给了图书馆。这便是1954年前图书馆的全貌。

1955年参与举办"列宁生平事业展览"的工作人员合影（一排右二为徐汶）

在我调入图书馆前，馆里只有5个工作人员，且没有一个学图书馆专业的。馆长是边学边干起家，他曾在北大图书馆系进修过一段时期；另有两个俄专毕业生和两个只有初中文化的一老一小。他们的工作全是馆长手把手教会的。这些同志虽然不懂专业，但他们工作十分勤恳认真。他们的手抄目录卡和用打字机打印的卡片现在仍能在目录室卡片柜中见到。可惜的是这些同志中有好几位已先后离我们而去了。我们不能忘了这几位为早期图书馆作过贡献的人，他们的名字叫：郑福华、于兆年、陈英、房尚志和丁梅先。

建馆初期的另一难题是缺少图书馆工作的专业工具书，如分类法、编目法、著者号码表等。当年局里的工作重点是翻译俄文的《斯大林全集》，图书馆采购的外文书也是俄文居多，因此图书馆采用的分类法是苏联托罗帕夫斯基的"十进分类法"，可书店根本没有这类专业出版物。我初来工作用的分类法就是杨威理馆长亲手用打字机一张张打出来的俄文原文合订本。我在大学没有学过俄文，外文分类法学的是英文版《杜威分类法》。当我拿着这本厚厚的俄文分类法时，心里直发怵，馆长让我边学边干。从此我便开始了这艰难的工作历程，一天到晚抱着一本俄汉大词典翻来覆去地查，晚上还要去上俄文夜校，一年下来终于能得心应手地运用这本打字稿分类法了。直到1955年后才能在书店买到这本分类法的中译本。还有一本《卡特著者号码表》，最初也是杨威理馆长亲自用打字机打的，但愿这些原始工具书能长期保留，作为图书馆的永久纪念物。

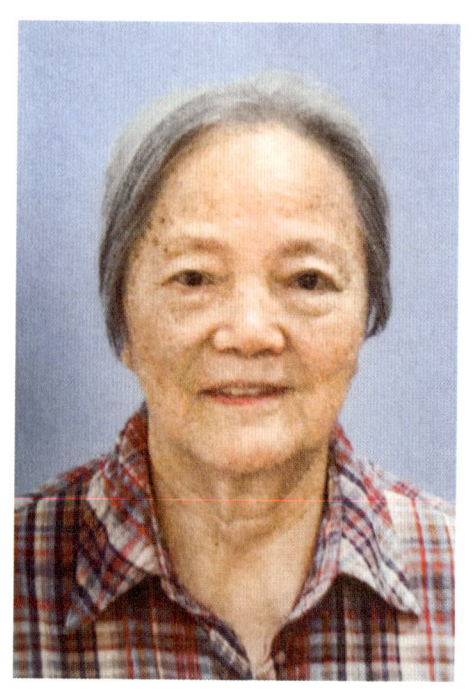

田良英，研究馆员。1955—1993年在中央编译局图书馆工作，曾任图书采编处副处长。

青春岁月

田良英

想当初,一跨进西斜街19号(现西斜街36号),犹如走进了一个小花园:长廊、楼阁、湖心亭、荷花池、形态各异的假山石、葡萄架……多么幽静、多么清雅!人们在此交谈都轻声轻语,走路也静悄悄的,生怕打扰了长廊中间荷花池假山上"老虎""仙鹤"们的宁静,也生怕影响了其他人的工作。

可爱的荷花池,同志们工作之余在此休息、乘凉、划船、赏月、吃月饼。这里也培养出不少老老小小的游泳健将,甚至还传出过"三英下水"的佳话呢!

北京从古色古香变成今天的现代化模样,同样,编译局也是如此。那一份古典、那一份幽雅都消失得无影无踪了,换来的是楼房。

我进了图书馆后,只出过三次"门":分别是1958年、1964年和1975年。除此以外,就一直与它相依为命,同呼吸、共命运。我们为它学习、学习、再学习。谈到学习,还得夸夸我们的馆领导,不论是丰富馆藏还是图书的分编、整理,都为后来的一切打下了良好的基础,而且在干部的培养

本文为1999年纪念中央编译局图书馆建馆50周年所作。

20世纪50年代中央编译局图书馆工作人员在办公室前合影（右三为田良英）

上独树一帜。馆领导严格要求馆员们充分利用这个知识宝库学习文化知识，学习外语，还从时间上给予保障。那时，我们从周一到周六早上，英文、德文、法文、俄文、日文，课程都排得满满的，馆领导甚至还亲自执教，亲自考察馆员们的成绩，察看大家的工作日志，对工作提出宝贵意见。

为了图书馆事业发展，馆员们勤勤恳恳，任劳任怨；为了图书馆的进步，馆员们一直在努力、努力、再努力。比如：从手写卡片到刻钢板印字，到如今的计算机打印卡片，经历了一个不算短的过程，这里浸透了馆员们的心血、汗水和追求进步的精神。图书馆印制卡片的工具和流程足以证明这些。

读者同志们可能难以想象，一本书拿到手里要经过多少次工序。我们的工作过程是：订购、进书、验收、装车、打号、登记、查重、分类（这一过程中还得查找材料，看书的来龙去脉等等，直到确定内容给出分类号）、查复码、打印卡片、贴书标、进库、上架。最后才可供借阅，然而馆员们对这一本书的工作还未全部完成，还有好几套卡片要排入目录中，以供读者查阅。背后的工作就是这么复杂！所以说，我们图书馆工作人员既是脑力劳动者又是体力劳动者。

以前的时候，我们戏称自己是"工匠"，是体力劳动者。想当初，1964年前书库大楼还没有建成时，我们的图书到处放，甚至还曾经存放在档案局（指丰盛胡同原国家档案局办公点）地下室。因此，馆员们经常要做图书的搬运工作，从地下室到平房，从平房到楼房，即使现在有了正规的书库还是要经常搬动，因为一行架上不能太满，否则取书不方便，书也会被挤坏。我们的术语称："捣（倒）架"，也要经常"查架"，这是因为图书"开架"借阅，读者不了解或是馆员不小心而错放了位置，就得找回它，把它放到应在的位置，否则就成了"死书"，就是大海捞针也难以找到。所以，图书馆员有时候是比较辛苦的，辛苦倒也没有什么，只要大家能够理解这都是为了建设社会主义祖国而奋斗就可以了。

馆员们为了全局的工作，把一切爱、烦恼、喜怒全浸注在图书馆了，老一辈是这样，新一代还是这样，他们继往开来，为把图书馆引向自动化、现代化正在全心全意地努力工作。现在已经是计算机代替了好多人力工作了。我相信，中央编译局图书馆的前途是美好的，是永存的。

刘建设，副研究馆员。1975—2009年在中央编译局图书馆工作，曾任图书采编处处长。

"油印工"的经历

刘建设

要做好一个图书馆员,除了必要的图书馆学专业知识,一定的外语水平,还要具有打字员的本事、油印工的技术、搬运工的力气、排检员的细心等等。这是我初到图书馆时所没有想到的。

记得我刚到图书馆时,老馆员就向我传授了工作中的种种技巧,油印卡片只是其中之一。由于它的特别,给我留下的印象也最深刻。

一块玻璃,几块胶皮,就是印刷工具,简陋得让人吃惊。可是,看到老馆员的示范,更让人吃惊:沾了油墨的胶皮就像是绘画的笔、刻字的刀,在老馆员灵巧的手中挥舞,动作连贯、娴熟、有条不紊,好像上了发条的机器,卡片一张一张印出来,既清晰又漂亮。看上去真是太神奇了,我迫不及待也来试一试。

坐到桌前,突然感到有点儿不知所措。先拿起胶皮刷子,糟糕,手上好像沾到了油墨,赶紧放下,又拿起蜡纸,不知怎的,手竟然有点哆嗦,好歹把蜡纸和一摞白卡片对齐,再拿起刷子,左手摁住蜡纸,右手用刷子从左至右刷

本文为1999年纪念中央编译局图书馆建馆50周年所作。

20世纪90年代中央编译局图书馆员在工作中

过,放下刷子,赶紧揭开蜡纸,怎么会这样?印好的卡片简直不能看,原先沾在手上的油墨沾到了蜡纸的背面,在卡片上留下了一个大大的黑点。再来,手劲小了,看不清楚;再来,手劲大了,一片模糊;再来,用力不均,一半有,一半没有印出来;再来,蜡纸放歪了……

唉,简直是一团糟,手忙脚乱地印了十几张,竟没有一张看得过去。望着沾满油墨的双手和一堆不能用的"成果",心里实在是佩服我们的老馆员。

只要功夫深,铁杵磨成针。经过一段时间的努力,我终于掌握了这门技术。首先,要调好油墨,这是关键。油墨太稀要掺水,因为只有加水后油墨才会变稠,太稠时要加油。

第二是选好刷子。根据需要,刷子有大、中、小三号,最小的大约有2厘米宽,是用来印书标和卡片上的索书号的。卡片一般用中号刷子,如果内容较多、蜡纸比较满的就需要用大号刷子,大约有5个多厘米宽。刷子越大,刷的难度也越大。同时,还要注意刷子的软硬,恰当地掌握好印刷的力度。

第三,就是油印的技巧了。刷子上要均匀地沾上油墨,不能太少,少了刷不到头;也不能太多,多了容易滴下来。

刷的动作要快，力量要均匀，一刷到底，不能停顿，也不能中断，否则油墨渗透得不均匀，卡片就印不清楚，影响质量。

掌握了这些油印方法以后，还需要练就一手连续印刷的技巧，以保证工作效率。在这方面，各人有各人的高招，真可谓"八仙过海，各显神通"。我的做法是：先把打印好的蜡纸放在白卡片上，右手食指与中指夹住刷子，左手摁住蜡纸的左边角，防止它移动，右手迅地将沾有油墨的刷子一扫而过，提起，拇指与食指将蜡纸揭开，左手把印好的卡片摆放到卡片盒中，再协助右手将蜡纸准确地摆放在下一张白卡片上。卡片就这样一张一张地被印了出来。

当你熟练掌握了这一切，看到一张张清晰、漂亮的卡片，心中的快乐与满足是无法用语言来表达的。从建馆到现在，我们已拥有了上百万张卡片，其中大多数都是手工油印的，它们包含了多少图书馆员的辛勤劳动啊！

现在，每当我在查阅目录的时候，仍然可以闻到一丝丝油墨的清香，仍然会想起油印卡片时的情景。当大家在图书馆查阅目录的时候，可曾留意到那每一张记载着知识的卡片，可曾想到卡片的制作者，想到他们的辛苦而去爱护每一张卡片。

如今，一切都改变了。油印卡片的工作已被计算机所代替。当时勤学苦练的技巧已成为历史，计算机操作又成为我们现在必须掌握的技能，今后还会有更先进的技术等待我们去学习和掌握。

做一个好的图书馆员的确不容易！

魏海生(左二)陪同韦建桦、顾锦屏等局领导参观中央编译局图书馆珍贵文献

闹市中的一方净土

魏海生

从1982年的春天起,我在中央编译局图书馆度过了23年的青春时光,也与图书馆结下了不解之缘。即使在工作变动之后,我依然对她情有独钟。在图书馆工作的23年中,我曾时常沉浸于浩瀚的书海,如饥似渴地阅读古今,浏览中外,获取精神食粮。时至今日,我仍然喜欢徜徉在书库之中,轻抚卷帙,闻着沁人心脾的书香,静静地享受那种悠然不变的感觉。每当这个时候,我都会像朝圣一样,以一种敬畏的心情感受这座智慧殿堂的庄严、圣洁,让自己的心灵得以浸润,压力得以释放,浮躁得以平复,烦恼得以忘记。23年中,我与那些白发苍苍的老前辈和朝气蓬勃的青年人朝夕相处,同甘共苦。我们有过创业的艰辛,有过收获的喜悦,也有过失落时的迷茫。从同仁们特别是老前辈身上我看到了一种特有的"图书馆精神":爱馆敬业、甘于奉献。我欣喜地看到,这种精神在今天的图书馆人身上仍然秉承着、坚守着,成为取之不竭的精神财富。23年

本文为2009年纪念中央编译局图书馆建馆60周年所作,收入本书时经本人修改审定。

中，我时常感觉图书馆就像一个大家庭，每个成员都有着浓浓的集体情结。我想，这一定源于几代图书馆人塑造和传承的一种"馆风"：团结协作、互助友爱。这种温暖的氛围时常滋润着图书馆人的心田，正是在这种滋润中，人们向往的和谐气氛悄然地生长，不知不觉地弥漫在图书馆的各个角落。这样的氛围至今想起来仍温馨如昨，让我感动、让我留恋。23年中，我从事过图书采购、编目、借阅以及书目索引编制等图书馆各个流程的工作，这些经历使我形成了对图书馆工作者一种至今未变的认识：他们是神圣的、高尚的，因为他们守望着人类精神的家园，呵护着文明智慧的殿堂；他们也是平凡的、普通的，因为他们只是我局

中央编译局图书馆阅览室

这个大家庭中的一员，默默无闻地为他人作嫁衣。23年中，我参与了书库的多次搬迁，看到了设备的不断更新，经历了馆名和内设部门名称的几番更迭，亲眼见证了图书馆由小到大、由传统走向现代、由单一的图书藏借到信息资源建设、信息技术开发、信息编译研究三位一体、互为支撑的发展之路。这一切都凝聚着图书馆人的心血和汗水，洋溢着图书馆人的光荣与梦想。作为一个老图书馆工作者，我为此感到骄傲和自豪，我衷心地向那些为图书馆的创建和发展默默付出、无私奉献的前辈同仁和现在仍战斗在这一岗位上的同志们致以最崇高的敬意！

在我看来，一部图书馆的历史，在某种程度上也是一部编译局的历史。从建馆初期的艰苦创业、"文革"内乱的蹉跎岁月，改革开放的日新月异，到新时代的繁荣发展，图书馆与时代同进步、与我局共命运，一路栉风沐雨、砥砺前行，一路春华秋实，硕果累累，令人欣喜，值得庆贺。但我们深知，今天的成绩是明天继续前行的动力和起点。在实现中华民族伟大复兴的新征程上，我们更应奋发有为，勇毅前行，不断做大做强文献信息事业，把图书馆真正建设成为马克思主义文献资源中心，建设成为思想的圣殿、知识的绿洲、精神的家园。我衷心希望每一个图书馆人都能更好地秉承爱馆敬业、甘于奉献的精神，精心地坚守她、呵护她；我也希望我们每一个编译局人都能更多地关注置身喧闹都市的这一方净土，诚心地敬畏她，善待她。衷心期盼我们图书馆的明天会更加美好！

宣传普及

马克思主义经典文献
编译口述史

梁明,研究馆员。1953—1994年在中央编译局图书馆工作,曾任图书馆采编处处长。享受国务院政府特殊津贴。

从马列著作传播展览会到大博物馆计划

梁明

1954年3月在西斜街院内举办的"马列主义经典著作在中国的传播"展览会,是中央编译局历史上的一件大事。展览会盛况空前,在翻译出版界、理论宣传界和图书馆界都有重大影响,那年正是编译局建局的第二年。编译局是根据党中央批示成立的专门机构,建局后即开始翻译三大全集(《马克思恩格斯全集》《列宁全集》《斯大林全集》)。承前启后,继往开来,展览会从历史的发展到编译局的工作生动地说明这一问题。

葡萄架下办展览

展览会筹备由师哲局长亲自领导,筹委会成员有夏道源、张允侯、杨威理等。请著名画家蒋兆和专门绘制了马恩列斯和毛泽东的水墨画像。国际贸易促进会承担展览美工设计,在葡萄架下搭起了展览厅。图书馆几乎全体同志参加展览会的具体工作,外出查书、借书、编目、找资料、抄说明、布展和讲解

本文为1999年纪念中央编译局图书馆建馆50周年所作。

等等，昼夜赶工，紧张忙碌。根据师哲局长指示，从中央档案馆借来的由毛主席批阅过的《中央关于一九四三年翻译工作的决定》珍贵历史文献原件的展出引起高度重视。我参加这次展览会工作的最大收获，就是了解了很多马恩列斯著作中译版本，增长了马列著作在我国传播的知识。这对于我们当时资料组编制三大全集中译文目录有很大帮助。我第一次见到革命历史时期的许多珍贵版本、有趣的伪装本，如线装本《大乘起信论》实际上是毛主席著作《新民主主义论》，封面为《银行会计概要》的小册子是列宁著《青年团的任务》。

春天来了，总要让葡萄藤爬满支架。展览会虽然受到热烈欢迎，也只好拆掉，5月搬到北京图书馆继续展出。在局内和北图两处参观者有250多个单位，近2万人。

在这次展览会前后，我局从出版总署和通过军委总政征集到很多马列著作老版本，大大丰富了馆藏。

在凉亭和水榭办国外赠书展

1954年举办过两次国外重要赠书展览，都是在水池边的凉亭和水榭房里布置的。当年8月初，德国统一社会党马列研究院赠来德文版马恩列斯著作130多册，在池东凉亭展出。师局长邀请了民主德国大使柯尼希夫妇来局参观。更大规模的赠书展是11月的苏共中央马列研究院赠书展。展览分为马恩著作、列宁著作和斯大林著作、苏共党史与百科全书词典等书刊三部分，约1700余册，摆满了环水池的东、西两个凉亭和南边的水榭房间。水池南走廊入口处设置了展览会标,还摆放了马克思、恩格斯、列宁、斯大林的石膏像和一些花草,布置精美,局外各界人士前来参观。这是苏共送来的多套马克思恩格斯和列宁全集、选集以及许多俄文版原著特别是全套《真理报》和《布尔什维克》杂志第一次向社会公开。此后就不断有很多单位来局查阅《真理报》。为保护原件必须进行复制,这也是促成后来决定影印《真理报》的重要原因之一。

1954年8月12日,师哲局长、姜椿芳副局长陪同民主德国大使柯尼希夫妇参观中央编译局图书馆举办的"德国统一社会党赠书展览"

列宁生平事业展览会

1955年4月22日是列宁诞辰85周年,莫斯科列宁博物馆准备赠送编译局全套列宁生平事业展览图片。局领导决定举办"列宁生平事业展览",主要工作还是由图书馆同志承担。展览的列宁著作部分包括原版俄文《列宁全集》《列宁选集》几种版本,各种单篇著作和专题文集,列宁著作的研究成果以及各国文字译本。为了说明列宁著作在中国翻译传播的历史,展出了在中国革命各历史时期出版的列宁著作的很多中译本,请蒋兆和先生专门为展览会绘制了列宁阅读《真理报》的大幅国画。

展览会场设在大食堂南的原小灶食堂。苏联送的图片直到4月19日才运到,已来不及全部拆箱整理,只取出部分列宁石膏像展出。我们已经布置的包括列宁生平事业和列宁著作在中国的传播两部分的展览在4月22日按时开幕。刘少奇同志和王光美同志5月18日来参观,他们还参观了图书馆,看了苏共送的《真理报》。朱德总司令在5月20日参观展览会后写下题词:"很有成绩,有益,同志们学习列宁"。

5月24日,我们将列宁博物馆赠送的展品拆箱,有图片展板408幅和列宁石膏雕像11座,有头像、胸像、立像、伏案写作像、站在铁甲车上演说像和青年列宁像

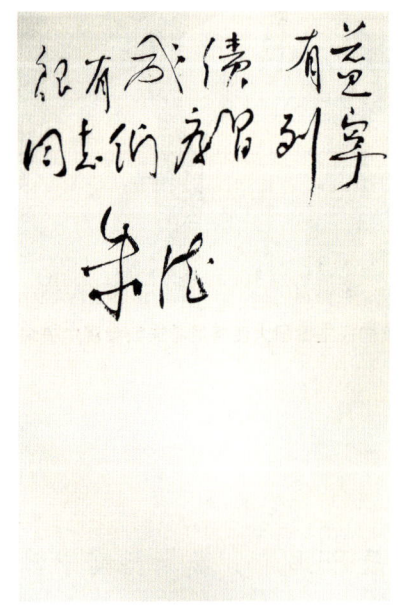

朱德参观"列宁生平事业展览"时题词

 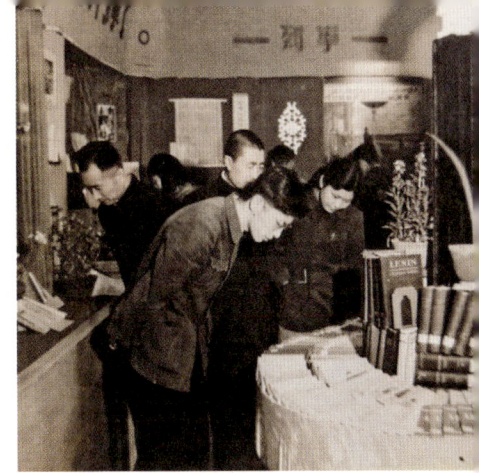

1955年中央编译局举办的"列宁生平事业展览"

等。这些虽都是复制品,但栩栩如生,异常精美。最让人欣喜的是在展板上附有列宁原著和苏共历史文献第1版的珍稀版本,有《怎么办?》(1902年斯图加特版)、《进一步,退两步》(1904年日内瓦版)、《社会民主党在民主革命中的两种策略》(1905年日内瓦版)、《俄国资本主义的发展》(1908年圣彼得堡版)等书,共18本。我们立即翻译打印图片说明,陈列展品,扩大展览规模。除原展厅外,又将展览扩大到水池东南的房子里展出,地方很挤,图片只能上下排成几行。在小院外的西斜街20号垂花门制作了大横幅展览会标"列宁生平事业展览",又从5月28日至7月29日展出。据统计,从4月到7月先后两次展览的参观者共1160人。

  鉴于编译局成功地举办了1954年的马列经典著作传播展览会,1955年又收到列宁博物馆的一批展品举办"列宁生平事业展览",局领导提出建立马列展览馆或博物馆的计划。由姜局长主持组成了筹委会,中国革命博物馆拨出故宫西华门内的一个东配殿给我们作展厅,当时据说已经开始动工。1956年12月,局里决定,近几年集中力量翻译三大全集,展览馆不搞了。苏联列宁博物馆赠来的列宁生平展览图片和石膏像后来全部移交给了中国革命博物馆(即现在的国家博物馆)。

　　胡永钦，马列主义经典著作翻译家。编审。曾任中央编译局马克思恩格斯著作编译室副主任。2006年荣获资深翻译家荣誉称号。享受国务院政府特殊津贴。主要从事马克思主义经典著作编译、研究和宣传普及工作。参与主编《马克思恩格斯著作在中国的传播》等。

马克思逝世 100 周年纪念活动侧记

胡永钦

编写《马克思恩格斯著作在中国的传播》

1983 年,为纪念马克思逝世 100 周年,中央编译局马恩室承担编辑出版《马克思画传》《恩格斯画传》《列宁画传》。此前曾编译出版过马克思恩格斯的战友、朋友等人撰写的回忆文章,编译成四本小册子:《摩尔和将军》《我敬仰的人》《人间的普罗米修斯》《智慧的明灯》。还有一项任务,就是要编写《马克思恩格斯著作在中国的传播》,这本书由我和耿睿勤、袁延恒负责撰写。我主要侧重第二次国内革命战争前后,耿睿勤侧重抗日战争和解放战争时期,袁延恒侧重新中国成立后。我们经过半年多时间的专访和广泛地收集资料之后,到 1983 年这几件事情都完成了。

那时,国内早年搞马恩著作翻译的同志年纪比较大了。人民出版社同志建议,应该采取抢救的办法,去采访老同志,请他们写回忆录,把当年他们冒着坐牢甚至杀头的危险翻译马克思恩格斯著作的经历记录下来,如果现在不做

本文根据胡永钦同志口述资料整理,整理者柳宁。

这个事，可能以后再做就来不及了。根据这个思路，我们就向过去翻译马恩著作的老翻译家写信，请他们写回忆录或者我们看望并采访他们。发信之后，反映比较好，很多老翻译家都回信，说这确实是件好事，现在不能不做了。有的同志从事翻译工作一辈子，能够有这样一个机会，把自己的成果向大家说一说，这种心情是可以理解的。我采访过一些人，比如在北京的柯柏年、李一氓、吴黎平、王禹夫，上海的郑超麟等。

我采访李一氓时，他说这真是一个好事情，我虽然没翻译多少，但是我也愿意把我翻的书拿给你们看一看。在那个年代，能翻译出来，我自己心里也高兴，而且主要是解决了我的吃饭问题。因为李一氓做地下工作，翻译也有一些稿费。所以，这些老翻译家们都以一种特别的心情来对待这件事情。采访时有的老人说话不很清楚，但是也愿意一点一点地说，第一天讲不完，第二天接着再说。因为这些老同志不可能一次说完，都是边说边想。我们把采访记录整理成文章再送给他们，念给他们听，请他们边听边改，他们一丝不苟的精神令我们非常感动。

采访老前辈这件事也有一个很大的遗憾，有时只知道译者的笔名，不知道本人是谁，没发过信，后来才知道是谁。比如杨尚昆，他在中央苏区用"昆"这个笔名发表过中国革命与欧洲革命这种译稿。当时我们不知道是他，就没给他发过信，很是遗憾。后来我们在上海找到了一个姓陈的研究笔名的专家，给我们提供了好多信息。

1983 年之前的一段时间，我们最忙活的就是写《马克思恩格斯著作在中国的传播》这个书。我们是 1982 年下半年才着手开始编写的，应该说时间比较仓促。我们一边采访，一边收集资料，主要在北京图书馆（现国家图书馆）、中国革命博物馆、中央档案馆、北京大学图书馆、上海图书馆、上海档案馆，还有杭州图书馆、浙江大学图书馆、宁波图书馆等等。1982 年以前，有一年多时间在收集资料。我们准备了丰富的资料，争取在 1983 年出书。因为 1983 年党中央要在人民大会堂召开纪念马克思逝世一百周年大会，胡耀邦同志要在这个大会上作报告。当时几乎全国都在准备各自的纪念活动，很多地方都准备出版纪念册和图书，召开研讨会。所以，这段时间是比较活跃的。

举办"马克思恩格斯著作在中国传播"展览

1983 年的另一件大事就是在中国革命博物馆（现国家博物馆）举办"马克思恩格斯著作在中国的传播"大型展览。这个展览由四家单位——中央编译局、北京图书馆、中国革命博物馆、中央档案馆——联合举办。当时的分工是：北京图书馆负责收集资料、布置展览；中央编译局负责展览里的前言、结束语，每一章的情况介绍，具体内容是我写的。我印象中，大概中央档案馆、中国革命博物馆、北京图书馆，以及全国各地能调来的图书大概有 1400 多册件，还有些文件材料、图片等。当年翻译的一些重点马恩著作，

"马克思恩格斯著作在中国的传播"展览请柬

基本上都集中到这儿来展览了。时任编译局局长王惠德主持展览开幕式。展览期间,我曾陪胡乔木看过这个展览,他挺关心,也很喜欢。

与此同时,还有一个展览在中国美术馆,叫"马克思恩格斯生平事业展览"。这个展览承办单位主要有中央编译局、德国艾伯特基金会、马克思故居,还有文化部展览公司。德国提供展品,我们负责安排展览。展览的解说员基本上是当年马恩室的一些女同志,因为她们比较熟悉,不用培训,随时来个人就可以帮着讲解一下。"马克思恩格斯著作在中国的传播"展览,是北京图书馆负责讲解的。

这两个展览在北京结束之后,搬到上海展了一次,在沪西文化馆,时间大概是在5月下旬,都展了半个多月的时间。在上海展览期间，马克思故居纪念馆的馆长佩尔格到编译局来访问，还要到上海参加在复兴公园的马克思恩格斯雕像奠基仪式。我们局荣敬本、蒋仁祥陪同马克思故居的馆长和恩格斯故居的馆长参加了雕像揭幕仪式。10月份，马克思故居的馆长又来编译局，让我们介绍一些马克思恩格斯著作在中国的情况。他们回到德国后来信，要在德国办马恩著作在德国的展览，于是我10月份带着展品又去德国办展览了。

1983年这一年，我们把马恩著作在中国的传播情况比较集中地进行了大量宣传。在这之前，别说整个社会了，就连我们也不是很清楚整个传播的情况，对这些老同志在什么情况下搞翻译，也不是很清楚。通过这些活动，深入挖掘一些史料，让人们了解这些人确实很不容易。像陈望道翻译《共产党宣言》，是在他老家草房子里翻的。吴黎平当年做地下工作，在上海的一个亭子间里面翻译，白天趴在屋里翻译，晚上还得上课、宣传，还得防备特务跟踪。他为了宣传马克思主义，一方面用这个掩护自己，另一方面也可以得点稿费过日子。当时党的经费很少，没有给经费做地下工作，都由自己想办法去解决。许多人就是在这种艰苦的环境下译书的。

20世纪80年代初，在做这些工作的过程中，我们感觉自身的思想还不够解放。比如郑超麟，他翻译的书比较多，在法国留学是跟邓小平在一起的，翻译过《路德维希·费尔巴哈和德国古典哲学的终结》《科学社会主义》。这个老

1983年,时任中央编译局局长王惠德主持"马克思生平事业"和"马克思恩格斯著作在中国的传播"两个大型展览开幕式

人2008年97岁去世,他是有托派观点。比如刘仁静是托派头子,他翻译过《德国的革命和反革命》。当时总觉得跟他们有一点距离似的,现在看来,没什么了不起的事,都属于思想还没有完全打开。应该说这些人当年翻译都是很不容易的,能够在那样艰难的情况下,把马恩的著作翻给中国一些先进分子和革命者看一看,学习新的东西,挺不简单。

应该说,1983年的这些活动使得马克思恩格斯在中国得到很大的传播,马克思主义在这个时候是个大普及时期。党中央也比较重视,在人民大会堂开全国性纪念大会。我自己也有亲身的感受,"文化大革命"那么多年压抑了一些东西，人们愿意把精力全部集中起来做工作，所以应该是个大释放，同志们都是兢兢业业，要把这个事做好。

鉴定《共产党宣言》陈望道译本

20世纪80年代，华东石油学院余世诚同志给编译局写信，邀请我局派专家参加鉴定山东省广饶县发现的《共产党宣言》，局里就让我去了。

发现广饶这个本子确实是挺周折的。据说保管者把《共产党宣言》放在一个小盒子里，藏在一个鸟窝里，才在日寇扫荡的战火中幸存下来。我去调查鉴定时面见了保管者的家属，也到了他们家里，他们的房子还是那个老房子，一些实物都看了。陈望道翻译的《共产党宣言》第一版封面是《共党产宣言》，广饶那本封面就是"共党产宣言"这几个字。我一看封面就知道确实是陈望道译本，而且保存的状况算是比较好的，封面上马克思粉红色的头像都很清楚，只是纸有点脆了。我同广饶博物馆商量，把此书收藏到中央编译局，未获同意，就作罢了。

当时浙江余姚县还有一本，这样全国大概还有7本[①]。上海有两本，广饶一本。北京图书馆那本也是9月版本，没有封面，但有陈望道在书上的签名，这本就更加珍贵了。中央编译局也有一本，我们这本封面是蓝色的，是9月出

---

① 口述者的数据未做修正。——编者注

版的。8月份出版的封面是粉红色，书名是《共党产宣言》，9月份这版的书名就改了。当时肯定是排字工在忙中出错，把两个字排颠倒了，9月版马上就纠正了书名，封面也改成蓝色了。

《共产党宣言》影响最大的是博古的译本，1943年出版，延安时期学习都用这个版本。此前，1938年的时候，曾有成仿吾和徐冰译本，在我印象里面它流传不广。20世纪20年代出版的陈望道的译本，是第一个译本，第二个译本是华岗翻译的。华岗翻译的《共产党宣言》是1930年出版的，正当中国向何处去的大讨论时期，影响很大。

华岗译本第一次出现在《马克思主义基础》里面，有好多手抄本，因为革命战争时期，大家没有《共产党宣言》读，就要用手抄。手抄本，也有陈望道的本子。但华岗这个本子当年影响大，因为《马克思主义基础》收了《共产党宣言》，还收了序言，而且前言还写了当时中国的历史背景。我认为译者和编者，是有针对性地出版这本书，不是为了糊口，他肯定是有意图的，是针对当时讨论的中国怎么办、向何处去的问题。《马克思主义的基础》有武汉版，有上海版，也有后来其他地方出版的本子，都用了华岗的译本，他的通俗性比陈望道那个好，译文也好一些了。

《共产党宣言》第三个版本是成仿吾翻译的，第四个版本是陈瘦石翻译的。陈瘦石的译本是我在北京图书馆找到的，但这个书当时不知道是谁翻译的，也不知道在哪儿出版的。后来是局里的杨金海他们把这个书的情况搞清楚了，查明是无锡出版的一本中外对照经济学方面的辅助材料，其中收录的《共产党宣言》就是陈瘦石翻译的。第五个版本就是博古的。博古用的俄文原版翻的，成仿吾用的是德文版，华岗用的是英文版，陈望道用的是日文版。

　　日本学者石川祯浩的《中国共产党成立史》评论我们翻译的《共产党宣言》，最大的缺憾就是没有说明翻译的版本依据是什么。比如，陈望道就没有写他是从日文版同时参考了英文版翻译的。这算是个问题，因为当时《宣言》有英文版、日文版等几种版本，读者不知道译者是参照哪个文本翻译的。说明译本参照的好处是什么？在于能够知道翻译者的情况，了解中国马克思主义传播到底从哪儿来，是从俄国来的，是从日本来的，还是从欧洲来的，总得有个源。如果翻译的人懂日文，大概是日本留学生，在日本受教育，就知道日本传播史和中国传播史的关系。也可以说这个是中国译者的疏忽，那时没想到这一条。所以，经典著作版本研究工作带有考证性，挺不好做的。我觉得干这个活是个苦差事，有时候睡不好觉，琢磨不出来它到底是怎么来的。

　　1983年前后这一段时间，我们还翻译了《马克思传》，从俄文版翻译的。再往后，我的工作精力基本上都在《马克思恩格斯全集》中文第2版的翻译上了。

在马克思故乡特里尔举办展览的经历

胡永钦

特里尔是位于德国西部摩泽尔河畔的一座文化古城。它有悠久的历史和多彩的古迹。它与我们虽远隔千万里,却与我们有着特殊亲密的联系。它是德国人民的伟大儿子卡尔·马克思的诞生地,而我们的历史使命就是传播革命

德国特里尔马克思故居

本文为1993年纪念中央编译局成立40周年所作。

导师卡尔·马克思的学说和理论。正因如此，我们局的不少同志都曾去过那里，瞻仰马克思的故居，到马克思故居研究中心参观访问；我们局和故居经常交流资料，共磋学术理论研究；故居也曾数次派人来我局参观访问。1983年和1988年，为纪念马克思逝世100周年和诞辰170周年，我局与马克思故居研究中心在特里尔先后共同举办了两次规模较大的展览，一次是"马克思恩格斯著作在中国"，另一次是"马克思和恩格斯生平事业画展"。我们有幸作为我局的代表去到特里尔，在那里度过了一段愉快的日子，常常留在记忆里，至今难忘。

为纪念卡尔·马克思逝世100周年，我局于1983年3月14日与有关单位合作，在中国革命博物馆举办了"马克思生平事业展览"和"马克思恩格斯著作在中国"两个大型展览，隆重纪念伟大的科学社会主义创始人卡尔·马克思逝世100周年的活动从此在中国拉开了序幕。

在筹备这两个大型展览的同时，我局还协助德意志联邦共和国艾伯特基金会在中国美术馆举办"马克思恩格斯生平事业图片展览"。以艾伯特基金会副主席屈恩为首的代表团来华参加了这次展览会的开幕式，并参观了我们举办的上述两个展览会。他们对展览会反映极好，尤其是对"马克思恩格斯著作在中国"展览特别感兴趣，看得认真，问得仔细。之后，他们向我局领导提出，邀请我局去德国特里尔——卡尔·马克思的故居筹办"马克思恩格斯著作在中国的传播"的展览。也是这一年5月，西德马克思故居研

"马克思恩格斯著作在中国"展览

究所所长汉斯·佩尔格先生和恩格斯故居研究所所长克涅利姆先生来华访问,再次表示了这一愿望,并进一步商谈有关展览会的具体事宜。我们认为,能在马克思的故乡宣传马克思和恩格斯的著作在中国的传播是非常有益、意义深远的事情。这样既可以让德国人民看到我国革命人民是怎样在极为艰苦的条件下宣传马克思主义的,又可以使他们了解我国人民对两位革命领袖马克思恩格斯及其思想的真挚感情,同时也是一次很有意义的文化交流,进而增进两国人民的友谊。

我受局领导的委托作为我局的代表前往西德特里尔城筹备并完成这一展览的任务,于1983年10月10日从北京抵达特里尔。就我个人来说,这是多年来所向往的,虽然从未来过,可又是十分熟悉的地方,当然都仅仅是在书本里和报纸上。今天,我见到了,真的亲眼见到了风景秀丽的文化古城——特里尔。能在马克思故乡筹办展览纪念他逝世100周年,实在是令人振奋和难以忘怀的事情。

我们在那里受到了马克思故居研究所所长佩尔格先生和故居所有工作人员热情友好的欢迎和接待。在安排了展览会开幕前的日程之后,故居的朋友们立即同我一起投入了紧张的展览布置工作。按照日程表,我们要在3天内把几百件展品布置在3层楼中的7个展室内。开始我真有些担心,觉得工作量太大,能否如期完成。但是通过第一天的合作,我发现故居的朋友工作极为认真,效率很高,几百件展品的文字说明德译文的卡片,在一天之内就打印制作完成了,而且文字清晰,制作精致。布置展品时,他们虽然看不懂中文的马克思和恩格斯的著作,但是对每一件展品都是轻拿轻放,十分爱惜,使我非常感动。当我们紧张而秩序井然地将全部展品在3层楼的各个展室陈列就绪,胜利完成任务时,大家都高兴得欢呼雀跃,互相握手拥抱,祝贺合作成功,友好之情溢于言表。德国同事们对工作之认真,对展品的爱护,对工作效率的重视,对工作计划的绝对完成的观念……都给我留下了深刻的印象,并把这当成我学习的榜样。

"马克思恩格斯著作在中国的传播"展览于1983年10月15日如期展出,历时一个月。该展览会于10月15日上午在新落成不久的马克思故居研究中心大厅隆重举行了开幕式。出席开幕式的有近百人,他们有来自波恩、爱尔兰根、海德堡、哥丁根、卢森堡等地的教授、学者和友好人士,有德国各地和苏联的记者。当时我局在西德学习、访问的有好几个人,除殷叙彝、冯文光是前一天来到此地之外,韦建桦、梁建华、张田英、赵远虹和艾琳都是当天从各地赶来为展览会助威的。柴野和李成毅是晚两天赶来的,他们都给了我很多帮助。看到他们倍感亲切,同时也使我紧张的心情顿时烟消云散。开幕式由马克思故居研究所所长佩尔格先生主持并致开幕词,我国驻西德使馆的代表也讲了话。

佩尔格在致辞中着重谈了这次展览对加强研究马克思及其著作的伟大意义,并概括地介绍了马克思恩格斯著作在中国的翻译、出版和传播的艰苦情况,对中国党和政府支持这次展览会,送来许多珍贵的展品以及中央编译局的大力合作深表谢意。

这次展出的展品有300多件,其中许多书籍和报刊是原版珍本,还有毛泽东、周恩来、刘少奇、朱德等老一辈革命家学习过的马克思和恩格斯著作原件的照片和复印件百余件。所有书报大部分是我局图书馆珍藏的,少量的如蒙古文、维吾尔文、朝鲜文等马恩著作译作,盲文《共产党宣言》等是由民族翻译局和盲文出版社提供的。展览按中国革命历史发展的年代,分为 8 个部分陈列。这些展品概括地介绍了马克思恩格斯著作在中国从无到有、从少到多、从局部地区发展到全国广泛传播的过程;中国共产党如何重视马克思恩格斯著作的翻译、出版和传播工作;中国人民的先进代表如何学习和把马克思主义运用于中国革命的情况。最后一部分介绍了中国为纪念马克思逝世 100 周年所举办的各种活动及出版的多种书刊。

马克思故居研究中心为这次展览作了充分准备。据我所知,他们后来于 1985、1987、1991 年又分别同苏联、意大利、荷兰合作在这里举办了 3 次类似的展览。这就是说,1983 年与中国合作举办的这次展览是他们的系列展览中的第一次。因此,他们对这次展览非常重视。展览之前,就印发了题为"马克思恩格斯著作在中国"的海报,印刷精致,广为宣传。同时,为展览期间将举行的学术报告会向德国各地、西欧和东欧一些国家的学术团体发了 1000 多封邀请信。

学术报告会按日程是 10 月 29 日,由我和殷叙彝分别作《马克思恩格斯著作在中国》和《马克思主义在中国早期传播》的学术报告。在这之前,我们抽空参观了马克思的故乡。特里尔是一座小城,但却是具有悠久历史的文化古城。它靠近法国,位于风景优美的摩泽尔河谷,夹在满山遍野的葡萄园和葱茏的山林之间。至今城里仍屹立着宏伟的古罗马的城门以及皇帝的行宫、浴场、露天大剧院等保存完好的遗迹。此外,还有许多教堂、小礼拜堂、修道院、议事厅等。因此,它素有"德国的罗马"之称。每到节假日大街小巷挤满了来此参观游览的人。特里尔的确是座古朴、美丽、受人尊敬的城市。而特里尔人更是待人热情好客。在我们作完学术报告之后,一位当时在马克思曾读过书的中学地下室酿造葡萄酒的老板专程邀请我、殷叙彝、冯文光去他那里参观做客,品尝他酒窖里的葡萄酒,并同我们合影留念。

这次展览会短短一个月的展出期间,来参观的人络绎不绝,有当地的市民和来特里尔旅游的外地人,也有专程来特里尔参观访问的外国人,如日本、罗马尼亚、法国和苏联的学者、工程技术人员、记者等。许多德国的友好人士对展览的成功表示祝贺。其中就有德国社会民主党主席勃兰特。更令人感动的是有一些学校、团体有组织地专程来参观,法国一中学6名教师带领37名学生,德国图宾根一大学教授组织29名大学生,某研究单位的60名非洲学生等前来参观。这些参观者不仅看得认真,而且还在会议厅里进行热烈讨论。许多人看到展品原件满是惊奇,啧啧称赞。有些人对马克思主义在中国的传播过程产生极大的兴趣。有人说,过去听说过中国很早就翻译过马克思的著作,以为是宣传,今天目睹了原件,确信了,也了解了。

自展览开幕以来,特里尔各报以及《法兰克福总汇报》《莱茵报》等相继以《马克思从中国来》《马克思和中国》为题作了报道。《特里尔人民之友报》作了专题报道,并附有我和殷叙彝同佩尔格在开幕式的照片。科隆一家电台作了采访报道。德国西南电视台专程来拍摄电视新闻。此外,美联社也发了3条有关展览会的消息。

这次展览时间虽很短,却产生了很大的反响。正如故居领导人佩尔格先生在闭幕式上讲的,"马克思恩格斯著作在中国"的展览获得如此巨大成功,反响如此强烈是出乎意料的,这应当感谢中国党和政府的支持。我局同马克思故居合作举办的展览获得圆满成功,我想其意义已远远超过了展览会本身,它不仅使德国人民了解了中国人民革命胜利来之不易,而且也加深了中德两国人民之间深厚友情。

吴惕安,马列主义经典著作翻译家。研究员。2002年荣获资深翻译家荣誉称号。主要从事马列经典著作的译校和研究工作,参与《马克思恩格斯全集》《列宁全集》部分卷次的译校和审定,参与主编《马克思画传》《恩格斯画传》《无产阶级革命家论无产阶级专政》等。

编辑出版马恩画传的前前后后

吴惕安

1983年3月14日和1985年8月5日，分别是科学社会主义创始人、无产阶级的伟大革命导师马克思逝世100周年和恩格斯逝世90周年。为了纪念这两个具有深远意义的日子，让广大群众更普及更形象地了解马克思和恩格斯对科学理论所作的贡献，了解他们的伟大一生，局里交给我们一项任务：编辑出版《马克思画传》和《恩格斯画传》。经过编辑组两年多的集体努力，特别是组织了全国七十多位知名画家的积极参与，两本画传分别在1982年底和1985年初编成出版了。画传出版后曾经获得了国内外，特别是国际上的一致好评，也曾获得全国优秀图书一等奖。1986年7月，我受领导派遣，与胡文建同志一道去德国考察访问。在前后八个月对西德和东德的考察访问期间，我利用此难得的机会，对画传中只是用文字和图片来描述的两位伟人的故居和活动场所进行一些实地采访，以利于今后改进工作。亲历其景，看到实物，使我倍觉亲切，感慨万千，永生难忘。现在许多年过去了，记录这段回忆，以留作纪念。

本文为2003年纪念中央编译局成立50周年所作。

接受编辑画传的任务

接受编辑《马克思画传》的任务后,我们首先作了通盘考虑,明确了指导思想,研制出了一个总体规划。大家认识到这是描述革命伟人生平事业的画传,而不是一本普普通通的画册,因此绝不能是简单的图片资料的堆积,而必须按照当时历史发展的真实情景,有板有眼地把马克思和恩格斯的伟大一生显示出来。大家经过讨论达成了共识:(1)画传首先要有严肃深刻的思想性。马克思和恩格斯的思想在人类社会发展史上发出了灿烂的光芒,他们的理论和革命实践必须在画传上用图片、文字和绘画资料完整如实地显示出来,让读者看后广泛地理解什么是马克思主义。同时,马克思恩格斯既是伟人,也是普通人,他们也有自己生动活泼的日常生活,这些情景也应在画传上有所反映。(2)画传也应有活泼灵活的艺术性。画传主要是用图片、绘画附带文字说明来描述革命伟人一生的,图片、绘画以及编排本身也是一种艺术形式。如何使这种形式思想先进、内容丰富、格调雅致,使人看后既能在思想上得到收获,又能感受到是一种艺术享受,不觉得平凡、枯燥和乏味。(3)画传还需要有中国的特色。有关马克思、恩格斯生平事业画册,过去苏联和民主德国出版过几本,我们现在要编辑出版伟人画传可以此为参考,学习他们的长处,但不能照搬,必须有自己的特色。经过商讨,我们认为这

《马克思画传》《恩格斯画传》

个特色主要应反映在以下两个方面：一是应当使用中国人自己创作的有关马克思恩格斯革命活动和生活情趣的绘画；二是马克思主义在中国的影响、传播和产生的宏伟结果。

根据以上三点认识，我们把工作分成两个重点部分：一是按照历史发展顺序，按照马克思恩格斯创作科学理论，开展革命活动，日常生活情景以及涉及的重大事件，收集这些方面的资料、图片，进行整理编辑，加以文字说明，形成一部传记；二是配合场景需要，在全国范围组织擅长人物画的画家进行创作，以充实马克思恩格斯画传。

七十余位知名画家参与创作

编辑画传，免不了要用照片。由于马克思恩格斯一生照片总共也只有15张，而且都是或站或坐的正面相，这些远不能满足一本画传的要求，因此需要用绘画的形式进行补充。为此，我们拜访了中央美术学院、中国画研究院、中国美术馆和军事博物馆创作室，向一些老艺术家如艾中信、闻立鹏、付天仇、何孔德等请教，征求他们的意见。经他们介绍、推荐，我们又先后与北京、杭州、广州、西安、重庆等二十几个单位的几十位画家进行联系、采访和交换意见。在广泛交流时，我们认为通过画传，既要反映中国绘画艺术的水平，也要反映中国绘画艺术的全貌，因此要求画的艺术水平要高以外，还要画种齐全，其中应有中国画（包括大写意、工笔画、水粉画等）、油画（包括丙烯画）、素描、版画（包括铜板、石板、木刻）、雕塑（包括铜雕、石雕）。而在这些画种中，应以中国画和油画为主，重点题材要用中国画或油画来显示。根据这一原则，我们按照画传情节的需要，大致确定某个主题需要用什么画种，落实哪个画家。画家确定后，给他提出主题，即需画的大致内容，同时提供有关人物的照片，有关历史背景的图书和文字资料。画家在规定的主题范围、规定的期限内去创作，去发挥。

前后为两本画传作画的画家有80余人，除少数青年画家所创作的画未达到要求未被选用外，最后在两本画传中被选用的共有75名画家所创作的109幅画。其中还有几对是夫妻画家，如：中央美术学院的李天祥和赵友萍，广东画院的杨之光和鸥洋，浙江美术学院的甘正伦和王庆明，中国画研究院的杨力舟和王迎春等。

这些画家在接到选题后都勤奋努力、兢兢业业，非常认真地反复思考，查阅了不少当时当地的背景资料。有的画家一出初稿，就拿来征求意见，有的则对自己的画稿总不满意，一再修改，直至完美。画家们都在主题范围内进行构思创新，精雕细琢，极力使人物画面摆脱原来照片的模样，画得更为活泼、生动、感人。例如：杨之光、鸥洋的国画《伟大的友谊》，画面中的马克思面带笑容与恩格斯在聊天；艾中信的油画《三月十四日》，画出了马克思坐在椅子上与世长辞，其面容、姿态和情景十分感人，使人感到非常真实；又如张文新的素描《对弈》和孙向阳的油画《狩猎》等，画面都很生动活泼，把伟大革命家平时的生活情趣、爱好，栩栩如生地刻画了出来。

高标准把好质量关

姜椿芳副局长在画传编辑工作开始时，听取我们汇报总体设计和工作规划时就指出："画传要有我们中国人出版的特点，要生动一些，能拿得出手，书后要加年谱。"这个提示点出了画传要达到的基本要求，给我们留下了深刻印象。"能拿得出手"，意思就是要达到高标准、高质量，出版后能在国内外受到欢迎，获得好评。后来我们就严格按照姜局长的这一指示去办理。

画传的审核基本上分为两大部分：一是对画传的整体

设计，全书编排，图书资料的饰选，文字说明的表达等进行审核。与纯文字书籍不同，画传是以图片资料、绘画作品为主，文字说明为辅。图片资料和绘画作品，本身有一定的艺术性，安排位置的前后、大小、是否醒目都有讲究，但又必须以传记内容要求为前提。分组初稿确定后，先在编辑组内互审，提出修改意见。组内通过后，再提请局、室领导复审，经过一再修改，最后才算定稿。画传编成交到人民美术出版社时，出版社从艺术和出版的角度出发，也曾对某些图片和绘画在位置前后、大小的安排上作了些调整和变动。对出版社的意见，凡是不影响内容要求的，我们都接受了，有些因涉及内容要求，变动后在时间顺序、作用大小等方面有矛盾，我们只好说明原委，没有采纳。

二是对绘画作品的审核。我们编辑组的同志对绘画都是外行，但平时在工作中一直接触马恩著作，经常看到马克思、恩格斯及其亲友的照片，也比较了解当时的一些历史背景，因此对画出来的人物和环境还是能看出画得像还是不像。相对而言，画家们平时这方面接触得较少，只是根据我们提供的一些资料以及他们自己找的辅助材料进行创作，也有很大的局限性。因此我们在初审画家的作品时，发现的问题较多，主要是画得不像，画得呆板，很少创新。特别是在年龄和脸部表情上，画家大都按照我们所提供的照片作画，画出来的马克思恩格斯，中年时代和老年时代的差不多，开会时发言和静默中看书，脸部的表情都一样，没有喜怒哀乐之分。另外在时代背景的细节上，也有欠考虑之处，如描述过去的画面，却出现了现代的东西，如现代的药罐，中国的茶杯、书橱等等。经过编辑组和局内专家反复细致的观摩，提出意见，画家们再进行修改，有的甚至改了四五遍，每次改后再给我们审阅，征求我们的意见。画家们就是这样孜孜不倦，认真负责，抱着对伟人崇敬怀念的心情，最后拿出了定稿。为了对这些艺术作品作最后评定，我们还请了美术界的一些知名人士，如刘开渠、华君武、傅天仇、艾中信、刘宇一以及中国美术馆、人民美术出版社和北京画院的领导等十余人对所有作品一一进行评定。除个别不够水平，未予采用外，其余全部按原计划编入书中。同时也根据不同的画种，不同的画绩，对每幅作品评出应给予的报酬，作为我局买下该作品的酬金。

在编辑《马克思画传》最后一章《马克思在中国》中，有一些涉及国家领导人刘少奇、朱德的珍贵资料，为此我们专门拜访了刘少奇夫人王光美同志和朱德夫人康克清同志，请她们进行审核。她们热情地看了我们的稿子，表示赞扬，也提供了一些十分宝贵的意见和材料。

《画传》产生国际反响

两部《画传》出版后，我们陆续收到一些好的反馈。1983年，《马克思画传》参加了在莫斯科举办的第四届国际书画展，受到观众普遍的好评，被认为是"珍品"。《参考消息》在1983年9月14日的一篇报道中写道："《卡尔·马

马克思恩格斯生平事业画展

克思画传》以它独特的风格，受到普遍赞赏。在展室内工作的一位苏联女清洁工一有空就主动地站在旁边守护，生怕这部画册受到损坏和丢失。她再三说：这本画传太珍贵了！"看了这篇报道，我深有感触，我觉得这不仅是对中国艺术的赞赏，更主要的是它反映出当时苏联广大劳动人民对伟大革命导师马克思和恩格斯的无限崇敬和深切爱戴。

1986年7月，我和胡文建同志受机关派遣，应德国弗里德里希·艾伯特基金会的邀请去西德访问。在特利尔参观马克思故居时，看见故居会客室的墙上和故居负责人佩尔格先生办公室的墙上，都挂着我们请画家复制赠送的中国画。佩尔格对这些画以及我们赠送的画传都十分称赞，认为很有特色。他还建议，希望在1988年马克思诞辰170周年时，把两个画传上发表的绘画原件在马克思故居展出。我们听后感到很兴奋，当即向机关领导作了汇报。1987年春访问归来后，经领导指示，我草拟了向特利尔马克思故居提出的办画展的详细方案。1988年初将，我们两个画传上的 70 余幅原作运到特利尔，举办"马克思恩格斯生平事业画展"，并派遣杨启潾、蒋仁祥同志作为我局代表参加。展览在特利尔展出一个月，收到很好的效果，参观者十分踊跃，盛赞中国人第一次用形象的手段系统而完整地再现马克思恩格斯的伟大一生。

1986 年 10 月 10 日，我和胡文建同志跨过柏林墙，从西德到东柏林参观访问。10 月 20 日，拜访了德意志民主共和国的马列主义研究院，受到副院长格姆科夫和工运史研究室负责人舒马赫的亲切接见，他们看了我们赠送的两本画传后也表示十分赞赏。过了两天，海登院长接见了我们，谈话中也谈到了画传，称赞它们"非常好，很精彩，有这么多中国画家参加创作，真不简单！"在两次拜访中，他们知道我参与了两本画传的编辑工作，因此表示他们那里也有丰富的关于马克思和恩格斯的图书资料，如果我愿意，可以在西德半年访问结束后，再到他们那里访问、考察。我听了十分高兴，能有这样难得的学习机会，也是对我参与两本画传编辑工作的一种鼓励。后来经领导批准，我在西德的六个月访问结束后，又到东德马列主义研究院访问学习了两个月。

瞻仰马克思墓

因为参加编辑画传的机缘，我应邀到当时的西德进行半年的考察与访问，这使我很自然地想到要利用此机会对画传中所刊登的马克思和恩格斯的故居以及他们活动过的地方作出实地寻访和考察,收集一些资料,如果将来这两本画传再版,可以作些补充或改进。因此,除了德国的马克思故居所在地特利尔和恩格斯故居所在地伍珀塔尔外,我还去了当年马克思和恩格斯居住和活动最多的地方英国的伦敦和曼彻斯特,以及比利时的布鲁塞尔。

1986年12月初,我和胡文建一同来到伦敦。首先想要寻访的就是安葬在海格特公墓中的马克思墓。12月7日,是阴雨天气,没有太阳,我们找了半天,总算在伦敦北郊找到了海格特公墓。海格特公墓是一个历史悠久规模很大的公墓,里面树木茂盛,小道纵横交错;路边大部分是或斜躺或竖立的小小墓碑,也有少数立有大碑围圈起来的中型坟墓。由于天色阴沉,时有细雨,加上树木遮挡,公墓中也没有什么人,所以转了几处,才找到马克思高大的墓碑。尽管整个墓地见不到什么人,可是在马克思墓前,却看到围了二十余人,大部分是中青年,有的在献花,有的在照相,还有两位青年背靠墓碑正举手在宣誓。我赶快举起相机,想把这动人的场景抢拍下来,匆忙慌乱中忘了打开镜头盖,结果拍照无效,十分遗憾。马克思墓碑是在1956年3月14日为纪念马克思逝世73周年新建的。碑高近3米,1米多宽。碑上是一个1米见方的马克思头像。碑的上端刻着:"全世界无产者联合起来",中间刻有马克思及其家人的出生年月,下面刻着马克思的一句名言:"哲学家们只是用不同的方式解释世界,而问题在于改变世界。"

碑面上的这些文字在编辑画传时因所取图片字小模糊，看不清，所以未作文字说明，以后如再版，就完全可以写出中文了。

碑前用铁栏杆围了两小方草地，里面种了鲜花，碑前地上放着人们敬献的花束，这在整个海格特公墓中是少见的，这也说明了伟人虽已仙逝，但他永远活在信仰他的人们的心中。这时天色渐暗，我与胡文建赶紧在碑前相互拍照，留作纪念。接着，我们又寻找马克思原来的墓地。转了几个弯，找到了，墓地上已不是画传上刊登的老墓碑，而是斜躺着一块石碑，上面刻着："此处原安葬着卡尔·马克思的夫人燕妮·冯·威斯特华伦，卡尔·马克思，他们的外孙哈利·龙格，海伦·德穆特。1954年11月25迁移。1956年3月14日在此处附近竖立一个纪念碑。"

寻访马克思的遗迹

1986年12月7日一早，我按计划去寻访马克思于1849年至1850年4月在伦敦切尔西区安德森街4号居住的房子。这天是星期日，又是清晨，马路上冷冷清清，见不到行人。找了几条街，遇见一位年轻的女警察，我问她安德森街在何处，按照她的指点很快找到了安德森街4号。楼房的式样、颜色与画传上刊登的完全一样。门是紧闭着的，我也不敢随便敲门。正准备照相，不料那位女警察也跟了过来，友好地问我找到了没有。我说找到了，并告诉她这是伟大人物马克思当年住过的地方，她听了点点头。我问她现在谁住在里面，她说不知道。我说我想以此为背景照张相留作纪念，能否请你给我照一张？我的英语说得不好，大概她也没有听明白，以为我要为她照相，就说可以可以，我们互相照。说着她马上摆好姿势，站在门前，让我拍照。我当时很高兴，马上为她照了两张，随后她也为我照了两张，并将她的地址写在我的本子上，让我以后寄去。现在翻开相册，看到这张照片，觉得也挺有意思。我想马克思当年不会想到，百年后会有位带着报话机和手提包的年轻漂亮的女警察英姿勃勃地守卫在他的门前。

第二天，我和胡文建同志找到了马克思在1850年7月居住过的第恩街28号。这是一幢四层楼的楼房。从外表看，与画传刊登的完全一样，三层楼外端上有一块圆形蓝底白字的纪念牌，写着："卡尔·马克思，1850年12月7日在此居住。"楼上还保留着马克思居住过的一间卧室，楼下是一家餐馆。我们进到里面，没有见到管理人员，而是餐馆老板出来了，问我们的来意，我们说想上去看看马克思的卧室。他说可以，但要先吃一顿饭才能上去。我们为了赶时间，在餐馆吃饭又很贵，不想在他那里吃，就说我们吃过了，只是想上去看看。他说不行，一定要吃了才能上去。这显然是借马克思的光赚钱了。我们只好和他商量，不吃，给他五英镑，他让我们上去了。楼上马克思的卧室不大，也只有十几平方米，很简朴，一张单人床，上面用红色绒罩盖着，床头墙上贴着一张马克思半身像，一张简要介绍

1845年至1883年马克思在伦敦概况的说明。床边是一张长条桌，上面放着一盏油灯，靠窗是一张半圆桌，上面放一个酒瓶，其余四周都是空空的。马克思的这间故居虽然被作为文物保留了下来，临街的墙上还挂有纪念标志，但室内并没有将马克思当年居住时的陈设，如书籍、生活用具等布置出来，实属遗憾。

在伦敦，我们还走访了英国博物馆的阅览室，马克思在伦敦时常到这个阅览室来看书。他的座位是固定的，据说长年累月在这个座位的地上磨出了他的脚印。这是我们感兴趣要察访的。英国博物馆在世界上很有名，建筑庞大，进出制度很严密，外国人不能随意进入，需有介绍信，我们来前由艾伯特基金会开了证明，进去后必须临时照相印在出入证上。阅览室的规模很大，是一个圆形穹顶四层楼高的大厅，高处一圈有20个大窗户，阅览室中间围了两圈座位，然后以此为轴心，座位向四周放射延伸。马克思的座位在向东延伸的一排靠边上。这时阅览室负责人知道我们是来观看马克思座位的，就非常积极地向我们介绍。他也提到了马克思因常来看书，日久天长把地踩了个脚印，后来阅览室整修把地填平，脚印也没有了，现在已看不出来。但是马克思孜孜不倦的学习精神，却是值得人们崇敬和学习的。

在伦敦，我们还察访了马克思一家在1864年至1875年居住过的伦敦梅特兰公园路莫丹那别墅1号。当时国际工人协会成立后，总委员会的委员常来这里开会。此处原来的建筑在第二次世界大战中被炸毁，后来又按原样重建，外面墙上也挂着蓝底白字证明马克思一家在这里居住过的纪念牌。

我们还找到了当年马克思和友人常去喝酒聚会的"稻草人城堡"酒店。这个酒店过去是一幢类似住宅楼的老式二层楼房，比较破旧。1962年重建，现在是一幢三层楼的新式楼房，门口停了不少车辆，看来生意还不错。离"稻草人城堡"酒店三四站远处，是当年有名的"红狮旅馆"，地处一个十字路。1847年，共产主义者同盟第二次代表大会就在这里召开。房子虽然陈旧，但具有历史意义，我们无一例外地拍摄了一些珍贵的照片。

在曼彻斯特探察恩格斯旧址

在伦敦，我们只找到一处恩格斯居住过的地方，就是伦敦瑞琴特公园路122号，这是一栋带有色彩的四层楼房。在第三层墙上挂着蓝底白字的纪念牌，上面写着："大伦敦议会。弗里德里希·恩格斯。1820—1895。这位政治哲学家于1870—1894年在此居住"。

除伦敦外，恩格斯一生中有20年是在曼彻斯特度过的。他在曼彻斯特有多处旧址，如曼彻斯特海德路252号、特隆克利夫小林坊6号、格雷特杜西街70号，还有一家恩格斯曾经工作过的欧文—恩格斯公司，以及他与马克思常去的切特姆图书馆。这些地方我趁到英国的机会，也决心去考察一下。但时间很紧，英国的签证只有10天，能够支配去曼彻斯特连路上的时间也只有两天半。

1986年12月9日，经伦敦英中了解协会的朋友指引和协助，我从伦敦乘火车到达曼彻斯特。一下火车就受到曼彻斯特华人信息中心负责人钟先生和华侨李小姐的热情接待。到达曼彻斯特后略事休息，便在华人信息中心一位英国年轻人的陪同下去寻找上述几处恩格斯的住处。但跑了一天，没有什么收获。原来的特隆克利夫小林坊6号的房子已被拆除，变成了一片草地。格雷特杜西街70号也变了样子，虽然还是一些破旧的楼房，但马路已改造，找不到原来的街道了。只是找到了恩格斯工作过的欧门——恩格斯公司所在地曼彻斯特南小街7号。这是一幢很陈旧的住宅式四层楼房，当年恩格斯时代就是这样，至今没有改变。它临街有两扇小的陈旧玻璃窗，大门很窄，只像住家，不像公司，但门口现在还挂了两家公司的牌子。在一个资本主义大国的一个不算小的城市，公司的形状如此低级真叫人有点吃惊，但恩格斯当年在这样的楼房里办公司，可能就算不错了。

曼彻斯特之行最大的收获是，第二天在当地一位已退休的中学老师路易·威特费尔先生的陪同下，参观了曼彻斯特一座古老的图书馆——切特姆图书馆，这位先生对研究恩格斯传记很感兴趣。这座图书馆是马克思恩格斯在19世纪四十年代、恩格斯在五六十年代常来查阅资料和从事写作的场所。图书馆的阅览室里有他们各自喜爱的座位。后来恩格斯在给马克思的一封信中曾经写道："最近几天我又坐在小楼凸窗处的方形斜面桌前勤奋地工作,这是我们 24 年前曾坐过的地方,我很喜欢这个位置,因为那里有彩色玻璃,阳光始终充足。"这座图书馆是一座用古老砖瓦砌成的建筑,显得很陈旧,里面并不大,但收藏的大部分是古旧珍贵的书籍。进入里面大厅,我就看到有一处使人很惊奇:在一个书桌的二层书架上有二十几部开本较大、书皮较厚实的 15、16 世纪出版的有关历史、文化等方面的书籍,每本都用粗大的铁链子拽着,锁在书架上。读者可以自由阅读,但拿不走。到了晚上由管理人员把书连带铁链子一起锁进书柜,第二天再打开,但铁链子始终牵着书籍。据说这种状况已有百余年的历史。对于这一珍贵景象我赶紧用相机照了下来。再走进里面是一间大的阅览室,边上有一个凸出的能放一张桌子的窗口。这就是恩格斯上面所说常喜欢坐在这里看书写作的地方。现在桌上还放有十几本马克思、恩格斯当年看过的书籍。每本书的封页上用铅笔注明是马克思或恩格斯哪一年看过的。这一场所与我们在画传上采用的图片完全一样,看了让人兴奋。

那天晚上,他们还带我去参观了曼彻斯特一个私人办的家庭图书馆。该图书馆的创办人是一对老年夫妇,男的叫埃德蒙·弗罗,80 岁,原是一位工人;女的叫罗丝·弗罗,64 岁,原是一位中学教师。他们没有孩子。创办此图书馆的动机是他们年轻时看到社会上贫富不均,工人受到压迫,很是同情,因而支持工人运动,拥护马克思、恩格斯的主张。但是他们看到社会上宣传工人运动的书籍太少,为了扩大影响,就用自己住的楼房创办一个工人运动图书馆。楼房不大,共三层,包括卧室共5间,里面都摆满了书架,连卧室的床头、走廊和楼梯拐弯处也有书架,有共12000册图书。他们原先都只有微薄的工资收入,生活简朴,不抽烟,不喝酒,有钱就买书。图书馆每天都免费对外开放。一楼作为阅览室,谁都可以来阅读,凡是学生或学者来,他们更是高兴,还免费提供咖啡,进行招待。两位老人并非共产党人,只是马克思主义的同情者,但他们爱护穷人,支持工人运动,用实际行动来办有益于人民的事,其精神值得崇敬。

　　李楠，编审。现任中共中央党史和文献研究院第五研究部副主任。长期从事马恩经典著作编译和研究工作。参与《马克思恩格斯全集》中文第二版、《马克思恩格斯文集》《马克思恩格斯选集》等编译工作，担任《马列主义经典作家文库》和《马克思画传》《恩格斯画传》《列宁画传》纪念版编委。

在参加马恩列画传编辑工作的那些日子里

李楠

2010年,我被部门指派参加《马克思画传》《恩格斯画传》《列宁画传》编辑工作。我那时候已经工作了十几年,做了很多单项工作,又刚刚结束《马克思恩格斯文集》十卷本的工作,基础相对扎实,但是缺乏对于这个领域宏观的认识。参加画传的编辑工作让我对马恩经典著作和经典作家的生平事业有了更为深入的了解。所谓厚积薄发,我的工作也是在这个基础上又上了一个新的台阶。十几年过去了,三部画传一直摆在我的案头,每当我翻看一摞摞曾经花费了无数心血的稿纸,就会回想起当年,如烟往事,历历在目。

精雕细刻,攻坚克难

三部画传由中央编译局编纂、重庆出版集团(重庆出版社)出版。画传编纂委员会成员包括主编韦建桦(中央编译局原局长),常务副主编顾锦屏(中央编译局原常

本文作于2023年,整理者柳宁。

务副局长），副主编魏海生（时任中央编译局副局长）、王学东（时任中央编译局副局长），编委里有柴方国（时任中央编译局马列著作编译部主任，现任中央党史和文献研究院副院长）、张海滨（中央编译局原秘书长）等等。这些重量级的专家济济一堂，他们都是在经典著作编译领域耕耘多年，很多都是业界泰山北斗级的人物，对于马克思、恩格斯、列宁的一系列重要著述、生平事业知之甚详，如数家珍。负责排版的重庆出版集团也派出了最强阵容，出版集团总编辑陈兴芜亲自关心，从排版到美术设计都找了专业团队。按照编委会领导们的要求，三位导师的画传必须达到思想性、理论性和知识性、艺术性的高度统一，要用编译经典著作的标准编辑画传，做到考证严谨、内容翔实。在这样的指导思想下，无论对编纂工作还是排版、美术设计的要求都很高，难点很多，三部画传又是同时推进，任务很重，而负责具体编辑的同事们当时都是第一次接触到画传编辑工作，生怕出错，心理压力还是很大的。

根据分工，我在顾锦屏老师和柴方国主任的指导下主要负责《马克思画传》的编纂工作，同时也参加其他两部画传的编辑研讨。记得三部画传启动会是在 2010 年 4 月 7 日召开的，会议讨论确定了三部画传的编辑方针和原则、框架结构和工作计划、组织领导和具体分工。2012 年 5 月 4—6 日，三部画传编委会在北京召开了出版前最后一次编辑会议，解决了收尾工作中有关体例、版式和装帧设计等一系列问题。整个编辑过程历时两年。"考证严谨、内容翔实"只有八个字,但是真正做到这一点是非常不容易的。我跟同事们一起在专家领导们的带领下,努力奋战,攻坚克难。有一段时间我们几乎天天都在讨论,反复推敲,从发排稿到终审稿一共审读了6次校样,大大小小的编辑工作会议无法计数,三部画传包括约1600多幅图片,20万字。大家本着经典著作编译工作者一贯以来严谨求实的治学态度对画传的总体方案、条贯脉络、篇章结构、各章导言、各节提要和大事年表反复斟酌。从文字到图片都一一过目,细细考量,不厌其烦,不厌其精,巨细无遗。编委会的领导们尽管对于马克思、恩格斯、列宁的一系列重要著述、生平事业耳熟能详信手拈来,但是还是本着高度认真负责的态度,重温了三位导师经典著述,认真收集、梳理、分析和研究了他们生平事业的各种史料和研究成果,对整体结构、各章导言、小节提要、语录甄选等等都精雕细刻,对反映历史事件、人物、著述和文稿的大量图片进行了审慎的考证和精选。在装帧和版面设计方面,也是力求庄重朴素、清新典雅。我和具体负责《恩格斯画传》《列宁画传》编辑工作的同事们需要核对所有图片和文字,确保无一错漏。这个过程是艰辛的,也是很锻炼人的。领导们的要求极为严格,所有图片我们都要按照出处一幅幅查找核对,语录更是一遍遍核实。家谱、地图图片小,涉及的内容多,我们就复印放大,几百个人名和地名对照着外文逐一审核。经典著作各个版本出版发行时的封面扉页图片非常珍贵,能充分反映经典作家的生平事业,但是也很容易出错,有时候不同的版本图片就只差一个小小的花边或者几个很小的文字,不细看根本分辨不出来。我们就一张张比对,生怕造成一点疏漏。我和我的同事们也曾经为了画传的排版工作直飞重庆,现场改稿,重庆出版社的同事们也几次来京,现场排版。正是双方这种一丝不苟、精益求精的精神,才成就了三部画传的精品水准。

厚积薄发,功夫在诗外

在编辑过程中,发生过很多感人至深的事,随着时间的推移,很多事情都记不得了,但也确实有一些事情,虽然没有刻意去牢记,反而随着岁月的沉淀,越发突显出来,熠熠生辉。

记得当时在编纂《马克思画传》的时候,有一张马克思夫人燕妮的《自白》图片,需要将其中译文刊出。自白是19世纪中叶流行于欧洲的一种文字游戏,以问答的形式出现。马克思的自白是比较著名的,当问到他喜爱的座右铭是什么,他的回答是"人所具有的我都具有"。马克思夫人燕妮对这个问题的回答是"Never mind",老版画传将之译成"什么都不在乎"。我们都觉得这样的直译虽不中亦不远矣,虽略显粗疏,却也能反映出燕妮这位女革命家面对艰难的那种大义凛然无所畏惧。但是主编韦建桦局长认为,这句话的译文还需要进一步仔细推敲,使之更加符合座右

《马克思画传》《恩格斯画传》《列宁画传》

铭的凝练风格,更能反映燕妮的豪迈气概,以便给广大读者留下更深刻、更鲜明的印象。于是在韦局长的启发和引导下,大家经过讨论,将原译文改成"纵有万难,处之泰然"。这句话我一直认为是可以作为翻译的典范的。"纵有万难,处之泰然"将燕妮面临云谲波诡的局面、颠沛流离的生活,仍然坚守着忠贞的爱情、对马克思无怨无悔的追随和对革命事业坚定执着的信念淋漓尽致地表现出来,燕妮瑰丽多彩而又坚韧顽强的一生跃然纸上。译文磅礴大气,直击人的心灵深处。至今十几年过去了,每每读到这句,我都会为译者的匠心独具所感动,为其境界极高的翻译水准而击节赞叹。能够将短短的"Never mind"译成"纵有万难,处之泰然",说明译者不但具有极高的外文水平,还具有极深厚的中文造诣,以及对于经典人物生平和风范的深邃理解,更是充满对经典著作编译工作由衷的热爱。其实在经典著作的编译过程中,在韦局指导下精心编译、校订的经典译文例子数不胜数,这个例子远远不是最复杂的,但是让我记忆深刻的原因就是它几乎完美体现了经典著作翻译家的综合素质。所谓厚积薄发,要想做好诗,功夫在诗外。通过这件事,我明白了做好经典著作编译工作,除了要下苦功夫打好外语基础,还要在自己所涉及的领域具有广博的知识基础,金字塔只有牢牢将基础打实,金字塔顶才能愈发耀眼闪烁。

严谨求实,言传身教

在编纂《马克思画传》和《恩格斯画传》第十章《马克思恩格斯著作在中国的传播》时,我负责初稿的编辑。其中有一个对开页涉及马克思列宁主义早期传播者陈独秀和李大钊。李大钊不仅是一位伟大的革命者和战士,是马克思主义中国化的引领者和先行者,而且也是20世纪初我国思想文化界的一位杰出人物。他留下大量著作、文稿和译著,内容涉及哲学、经济学等诸多领域,为20世纪中国的思想文化建设作出过突出贡献。正如鲁迅先生所说:"他的遗文却将永住,因为这是先驱者的遗产,革命史上的丰碑。"1927年4月6日,李大钊同志被捕,受尽严刑拷问,始终坚守信仰、初心不改,4月28日,惨遭反动军阀绞杀,牺牲时年仅38岁。出于对这样一位革命先驱的敬仰之情,也同样由于一直以来对于陈独秀后来所犯错误的深刻印象,我不由自主地觉得这两个人的照片出现在一个对开页上,李大钊图片应该大一些,陈独秀照片应该小一些,以示区别。出版社按照我的编辑思路排版出来。当时画传的常务副主编顾锦屏老师注意到了这个问题,问我为什么这么排,我把自己的想法和盘托出。顾老师当时严肃地对我说,陈独秀后期犯了错误,是真实的历史,但是他是我党早期创始人之一,为马列主义理论传播做出过很大的贡献,这也是真实的历史,他跟李大钊在马克思主义早期传播阶段的历史作用应该是相当的,图片应该一样大小,你要尊重历史。说实话,当时被批评,我心里还是有点小不服气的,但是出于对前辈的尊重我没有反驳。回去以后翻阅历史材料,我才发现陈独秀作为中国共产党的主要创始人之一,与李大钊一样,积极传播马克思主义,发动和组织工人,积极开展建党工作,为促进马克思列宁主义与中国工人运动相结合并建立中国共产党作出了杰出贡献。作为党的主要领导人,陈独秀的错误是导致大革命失败的原因之一,这是事实,但是不能因为他后来所犯的错误就抹杀他为中国革命做出的贡献。对此,毛泽东同志曾指出:"五四运动替中国共产党准备了干部。那个时候有《新青年》杂志,是陈独秀主编的。被这个杂志和五四运动警醒起来的人,后头有一部分进了共产党,这些人受陈独秀和他周围一群人的影响很大,可以说是由他们集合起来,这才成立了党。""他创造了党,有功劳。"陈独秀作为中国早期马克思主义主要传播者和中国共产党主要创始人之一的巨大功绩,是不可磨灭的。通过一张图片大小的编辑问题,我接受了这样一种严谨治学的态度,尊重客观事实,尊重历史,采取一种历史唯物主义者立场,才能把学问做好,这一理念从那时起直到现在都对我产生重要影响。

传承理想,终结硕果

三部画传终于在 2012 年出版了。画传将描绘恢弘历史场景、重大革命题材以及动人的生活细节和珍贵手稿图片有机结合,既有思想的感召力,又具备艺术的感染力,凸显经典人物的思想伟力和人格魅力,泱泱大气中不失细腻笔触。主编韦建桦为三部画传撰写了序言《走近马克思恩格斯列宁的壮丽人生》,他写道:"我们希望这三部画传能帮助广大读者走近三位伟人生活的时代,走近他们的心灵。如果我们的读者在感动的同时进行深入的思考,进而以浓厚的理论兴趣去阅读马克思、恩格斯、列宁的著作,直接聆听他们关于历史与未来、自然与社会、宇宙与人生的教诲,那么,本书编者将感到无比欣幸,因为这正是我们齐心协力编纂三部画传的初衷。"每当我看到这些话,都会心潮澎湃,就好像回到了我们信守初心努力奋斗的那些日子。我们的努力没有白费,三部画传发行 5500 套,获得 2013 年

《马克思画传》《恩格斯画传》《列宁画传》（纪念版）

第 26 届全国城市出版社优秀图书奖一等奖、第五届中华优秀出版物（图书）奖提名奖作品（2015 年）。画传成功地让读者特别是青年读者深切感悟到了经典作家的光辉品格和宝贵思想，社会反响强烈。2018 年、2020 年，正值马克思诞辰 200 周年和恩格斯诞辰 200 周年、列宁诞辰 150 周年之际，我们又在此基础上出版了普及版，三部画传普及版分别入选"中宣部重点主题出版物选题""全国优秀通俗理论读物""国家新闻出版总署优秀通俗理论读物出版工程""中国图书评论学会中国好书"，并荣获第五届中国出版政府奖图书奖提名奖。三部画传实现了权威性基础文本到普及读物的过渡，是宣传普及马克思主义经典著作的重要读物，取得了很好的社会效益，是经典著作编译史上浓墨重彩的一笔。

时光荏苒，日月如梭，回想当初，仍然清晰感受到整个画传编纂过程，其实是我们站在巨人的肩膀上，一步步由前辈们引领走入这个行业殿堂的过程。前辈们言传身教，现身说法，带领我们领略其中的奥秘。我们付出着艰辛，同时也收获着成果。司空图说"要路愈远，幽行为迟"，意思是篇中的主线愈是安排得绵邈悠远，细节的设计更要幽婉缜密。这句话不但准确体现了三部画传的编纂思路，同时也是对我们这些后生晚辈的一种精神提示，要想路走得远就要在今天走好自己脚下每一步。前辈们用自身的实际行动向我们展示了这样一种品格，直到今天，很多东西潜移默化深深印刻在我们的脑子里，自觉不自觉地跟自己融为一体。作为经典著作编译工作者,我们深刻认识到,经典著作编译工作是"代圣人立言",是"真正老老实实的科学工作",我们更应该脚踏实地一丝不苟做好这一工作。

冯雷,研究员。曾任中央编译局马克思主义研究部副主任、主任,中共中央党史和文献研究院第四研究部主任,中国马克思恩格斯研究会副会长。主要从事马克思主义理论研究和宣传工作,担任电视文献纪录片《不朽的马克思》《卓越的恩格斯》总撰稿,著有《理解空间——现代空间观念的批判与重构》等。

追寻马克思的足迹
——电视文献纪录片《不朽的马克思》拍摄亲历记

冯雷

2018年是伟大的革命导师马克思诞辰200周年。作为纪念马克思诞辰系列活动的一部分,根据中央统一部署,拍摄一部文献纪录片的任务由中央编译局(机构改革后由中央党史和文献研究院接续)与中央广播电视总台联合实施。2017年7月,我们启动了这项工作,我作为电视片脚本撰稿组负责人,带领几位从事马克思主义理论研究的中青年同志开始撰稿,并参与摄制。当然,对我们而言,这次创作并不仅仅是做一部片子,也是对马克思主义理论及其发展历史的进一步学习和思考,更是一次理想信念的精神洗礼。

一次不忘初心的纪念

中国特色社会主义进入新时代,我们为什么还要如此隆重纪念马克思呢?习近平总书记指出:"在人类思想史上,就科学性、真理性、影响力、传播面而言,没有一种

本文作于2023年,整理者柳宁。

思想理论能达到马克思主义的高度，也没有一种学说能像马克思主义那样对世界产生了如此巨大的影响。""尽管我们所处的时代同马克思所处的时代相比发生了巨大而深刻的变化，但从世界社会主义500年的大视野来看，我们依然处在马克思主义所指明的历史时代。"所以，我们要在马克思诞辰200周年这个重要时间节点，通过电视纪录片的形式，使广大党员、干部群众特别是青年一代进一步增进对马克思主义理论及其发展历程的认识，增进对党带领中国人民走社会主义道路的历史必然性的认识，进一步坚定共产主义理想信念，坚定中国特色社会主义道路自信、理论自信、制度自信、文化自信，深刻认识我们所处的新时代，不忘初心，牢记使命。

电视文献纪录片《不朽的马克思》力图融合图像与文字，紧扣历史脉搏，形象地再现马克思的人生历程及其对中国前途命运的现实关注，在现实与历史的经纬画卷中徐徐走进历史的深处，在视觉和声觉的立体传播中凝结历史的真实。拍摄有关马克思主义的理论文献片我们20多年前就有过尝试。1998年，为纪念《共产党宣言》发表150周年，中央编译局和中央电视台一起创作了纪录片《共产党宣言》。那时候我们30多岁，年轻有激情，我第一次做纪录片的撰稿，中央电视台导演闫东也是第一次探索重大题材文献纪录片的创作。我们住在紫玉饭店的小院子里，每天从早到晚除了查阅资料就是讨论脚本，有时不免还有些争论。大家对工作都是非常严谨认真，过程中时有争论，但不伤感情,磨合中片子圆满地完成了,我们也成了很好的朋友。倏忽20多年过去了,我们期待能够再合作,也讨论过不止一次,甚至已经有很多具体的构想,没想到这次真的如愿以偿。

中央编译局是编译和研究马克思主义经典著作的专门机构。这里既汇聚了一批编译研究马克思主义的专家,也是全国珍藏马克思主义文献最多、最集中的地方。不仅编译出版了完整展现马克思恩格斯思想遗产的《马克思恩格斯全集》《马克思恩格斯选集》《马克思恩格斯文集》《马列主义经典作家文库》等经典文献,也编辑出版了展现马克思等经典作家人生路标的《马克思画传》《恩格斯画传》《列宁画传》等图文并茂的传记。这是我们独有的优势,也是撰写《不朽的马克思》的有利条件。此外,我们的图书馆还收藏了马克思、恩格斯的珍贵手稿和以马克思、恩格斯为题材的艺术作品,其中不少画作也在纪录片中得到呈现。

电视文献纪录片《不朽的马克思》宣传海报

除了上述这些优势和资源以外，我们1998年制作的纪录片《共产党宣言》，获得了"五个一工程"奖。2011年，为庆祝建党90周年，我们和黑龙江省委宣传部合作拍摄了电视纪录片《思想的历程》，获得了"纪念建党90周年全国优秀纪录片"一等奖。做这两部片子的经验，为我们创作《不朽的马克思》打下很好的基础。

着力刻画两个"最优秀的青年"

纪录片《不朽的马克思》讲述了马克思波澜壮阔的一生，包括他的人生经历、思想著作、革命活动、友情爱情，以及他的高尚品格与个人魅力等等。这些丰富的内容要在只有100分钟的两集电视片中展现出来，对我们撰稿人员是很大的挑战。脚本全篇六易其稿，大大小小的修改不计其数。从第一稿的3万多字到最后定稿的1.7万字左右，我们不仅要"忍痛割爱"，还要反复思量，字斟句酌，力求在简洁的话语中传递出深刻的思想。

为了达到言简意深、微言大义的效果，撰稿组同志们力求精炼又要留有余味。例如，片中在讲到马克思与恩格斯在巴黎的"历史性会面"时，我们把这一场景描述为："这是那个时代两位最优秀的青年的会面。"在这个段落，我们想向观众传达的是：1844年，马克思26岁，恩格斯还不到24岁。想一想，现在20多岁的青年正在做什么？可能在学校读书，可能在为工作发愁，可能在为恋爱苦恼，但马克思和恩格斯，他们已经在关心人类解放这个大问题。大家会觉得，这两个"优秀的青年"实在太酷了，他们应该是当代青年最好的榜样。

让青年爱看是中宣部在下达任务时对我们提出的要求之一。本片在讲述马克思生平故事时也希望给青年朋友们一些启示：应该如何去交友，如何去恋爱。纪录片着力讲述了马克思与恩格斯的友情、马克思与燕妮的爱情。马克思与恩格斯之间的友情，基础是他们共同的信仰与追求；而在马克思与燕妮的爱情中，燕妮倾慕的是马克思的品格、才华和胸怀，他们不仅是夫妻，也是战友。

为了更贴近青年学生，我们仔细考察了马克思在中学、大学期间是如何学习的，但由于电视片脚本篇幅所限，我们选取几个有代表性的事情。比如，马克思一开始对哲学产生兴趣，就写了约300页的文稿，他还多次因为通宵达旦地学习而病倒。又如，在自学古希腊哲学时，他做了10万多字的读书笔记，并在此基础上完成了4万多字的博士论文。讲述这些学习、记笔记、写论文的事例，都是为了靠近现在青年学生的学习生活，让他们感受到马克思读书的时候也有学业压力，但他刻苦学习的精神是很值得当代青年学习的。

为了让马克思的形象更加丰满，我们在刻画马克思的伟大事业和精神风范时，也注意要全面展现伟人的家庭生活、感情生活，让观众感受到"顶天立地的伟人"马克思，同时也真正看到一个"有血有肉的常人"马克思。为了讲述好马克思和燕妮的革命伉俪之情，我们仔细翻阅马克思和燕妮的书信、燕妮的回忆录、他们女儿回忆父母的文章、恩格斯等身边人的相关回忆文章，从中挖掘出最能展现其夫妻情、战友情的真实故事。比如，考虑到诗歌是情感最好的载体之一，马克思爱好诗歌，也善于写诗，撰稿刘思妤提议，就用诗歌展现两人青年时期的纯洁、真诚的感情。大学读书期间，马克思曾写下了三本爱情诗献给燕妮，我们仔细分析了每一首诗，最后选了这么几句：

"燕妮，任它物换星移、天旋地转，
你永远是我心中的蓝天和太阳，
任世人怀着敌意对我诽谤中伤，
燕妮，只要你属于我，
我终将使他们成为败将。"

这首诗也许不是马克思写给燕妮的诗歌中最出色的一首，但它能用短短几行就充分展现情感，符合电视片的表达方式，能让观众感受到，作为思想家的马克思在青年时期也和年轻人一样，会写情诗，他的形象就能更加贴近年轻朋友。

那么，如何表现燕妮对马克思的感情呢？我们认为非常有必要首先向观众介绍燕妮的家庭背景。燕妮虽然出身于普鲁士贵族，却赞成丈夫的革命信念，她放下贵族的身份，一生追随马克思。我们选取了燕妮的回忆录——《动荡生活简记》。她在其中生动记录了他们的生活苦难，比如，他们多次被普鲁士政府驱逐的遭遇、几年之间7个孩子里有4个都相继离开他们的情形等，燕妮把悲痛的心情都记录了下来。在写作这些经历时，有好几次，撰稿组成员都感到太难下笔了，一旦走进了燕妮的真实内心，就很难不为之动容。我们在撰稿中也引用了一些燕妮回忆录的原话，希望能真实还原她的心路历程。同时，我们还介绍了燕妮当时参与的政治斗争，比如，她担任马克思的秘书，誊写手稿，受丈夫之托与人谈判，同外界通信等。我们希望通过这些具体细节的介绍，观众能充分感受到燕妮一生对马克思的支持，以及他们共同的信仰和追求。

在展现马克思和恩格斯的友情时，除了通常人们所知的两人撰写理论文章、参与革命活动，以及恩格斯对马克思的经济资助外，我们也努力寻找一些细节故事。比如，我们提到在《资本论》第二卷出版时，恩格斯特意选择5月5日马克思生日这一天为该书写了序言，作为对逝去的老战友的最好纪念。

片中还特别提到了马克思的中学毕业考试作文《青年在选择职业时的考虑》，17岁的马克思就确立了"为人类而工作"的崇高理想，尽管马克思一生经历了种种艰难困苦，但他"目标始终如一"。撰稿吕增奎认为，这篇作文包含了很多闪光的思想和精彩的句子，由于篇幅所限，片中无法全部介绍出来，观众看过片子之后定会有所触动，把文章找来读一读，这样对年轻朋友的人生规划很有帮助。

《不朽的马克思》创作组研讨脚本（右三为冯雷）

马克思生活在19世纪，用当时的时间来界定马克思人生不同阶段，不容易有记忆点，因此我们在脚本中有意识地突出了一些有意义的年龄时间。比如起草《共产党宣言》时马克思29岁，恩格斯27岁；马克思被驱逐而移居伦敦时31岁；马克思从20岁开始研究政治经济学，《资本论》出版时快满50岁。并且作了一些计算，比如马克思和燕妮共同生活了38年等。由此在短短的100分钟里，让观众获得一个清晰的"马克思年表"，增强对不同阶段的人生历程的认识。

引文一个标点都不能错

尽管撰稿组下了很多工夫，帮助年轻朋友走近马克思这位"千年思想家",但通俗生动的前提,首先是准确把握。我们这个撰稿组,是一个以青年学者为主的团队,无论在学术素养还是在创作经验上都还存在着不足。所以,我们创作的过程,也是不断学习、不断完善的过程。

从2017年8月工作启动到2018年5月节目播出,撰稿组先后进行了三次封闭写作,多次将脚本报中宣部理论局、中央编译局领导和专家组,根据审议意见进行修改。脚本中引用了许多马克思和恩格斯著作的原文。撰稿组抱着科学严谨的态度,对所有引文都进行了反复的核对、订正,力求一个标点符号都不错,片中所有故事均来自书信、公开出版的回忆录和传记等权威资料,细节均有据可考。我们讲马克思一定要真实、可靠、准确,如果有一处做不到,整部片子的质量就会打折扣。

这个片子主要反映马克思个人的生平与活动,但我们也没有忽略理论与实践的互动性,要将马克思的革命活动、马克思与恩格斯的伟大友谊、马克思的爱情以及其他丰富多彩的生活与马克思主义的创立和发展紧密结合起来。这就要求我们梳理出一条马克思主义创立与发展的理论线索。片中,马克思、恩格斯的代表性著作几乎一个不少地被提到了。之所以这么做,是为了让观众比较全面地了解马克思的思想历程。但是,在将理论用解说词的方式呈现出来时就会出现一个困境。因为,理论总结的语言都不是故事性的,都有较强的总结性和抽象性,用解说词的形式呈现效果不好。为了增强观众的接受度和理论的阐释力度,我们采访了8位国内外权威专家,以专家解读的形式讲解理论,由此在观看纪录片的同时也提供了一个理论小课堂。这种技巧和技术处理,也能增加理论文献片的生动性。

在脚本创作中,我们还考虑要反映马克思主义科学理论的深远影响以及对现实的指导力与阐释力,因此我们增加了用马克思主义解释金融危机、《资本论》在全球热销等内容,拉近马克思主义理论与现实的距离。我们撰稿团队希望通过这部片子使观众感受到一个丰满的、有血有肉的马克思,更希望能唤起一点感动和认同,激起大家对马克思和马克思主义的兴趣,进一步深入了解它。

读万卷书且行万里路

为了拍好这部片子,我们主创人员在国内外大量考察马克思恩格斯的手稿、档案、文献资料,并赴德国、法国、俄罗斯、英国、荷兰、比利时等国进行实景拍摄。

尽管与文献中的马克思"神交已久",但这还是年轻的撰稿人员第一次有机会沿着马克思的足迹,实地考察他当年学习、生活、工作过的地方,也是第一次有机会探访马克思和恩格斯手稿和档案的保存地。

赴国外拍摄时间紧任务重,出发前必须细致筹划,保证拍摄精准,撰稿组从文献资料中梳理出一个详细的行程图。马克思居住过的主要处所,我们一个一个去找,很多地址都是从马克思和恩格斯的书信中找到的,具体到门牌号。这个过程并不容易，比如，马克思移居到伦敦后，多次搬家，我们查阅了他在伦敦住过的每一个房子的具体地址，从他最初落脚的切尔西区安德森街4号，到索荷区，再到梅特兰公园路，从市区到郊区，我们跟随他的足迹一个一个找。

100多年过去了，很多地方物是人非。据文献记载，马克思与恩格斯会面的雷让斯咖啡馆在法兰西剧院对面。摄制组特意去拍摄时，却发现昔日的咖啡馆已经改成了一家书店。正当我们为此抱憾时，撰稿组姚颖扭头看见街的另一边现在有一家同名的咖啡馆，里面的陈设也是19世纪的风格。这给了我们意外的惊喜。

又如，正义者同盟于1847年6月在伦敦红狮旅馆召开了第一次代表大会。红狮旅馆是我们计划在伦敦的一个拍摄地，我们提前通过文献资料查到了红狮旅馆的位置。拍摄时到了资料中的位置后发现这个地点是伦敦市中心闹市区，街道布局复杂，建筑鳞次栉比，从外墙来看很难找到和资料图片一样的建筑，于是我们只能通过建筑形状对比，一条街一条街地找，最终找到了红狮旅馆。

读万卷书，行万里路，实地考察，感触更深。我们知道马克思在写作《资本论》时经常查阅"蓝皮书"，这是英国下议院授权出版的类似于年鉴性质的报告和统计资料。当我们看到这部蓝皮书时十分惊讶，因为光目录就有十几卷，每一卷目录都有几百页。这么庞大的资料，马克思需要花费多大的精力去阅读和研究，这让我们感触颇深。受到蓝皮书启发,我们就决定通过一些数字和具体事例去展现马克思为写作《资本论》付出的艰辛。比如将马克思在20多年政治经济学的研究中,读了1500余部书籍,其中有800多本著作在《资本论》中引用过,这个事例写进了解说词,让观众可以有一个直观的认识。

我们团队年轻的研究者们多年学习马克思恩格斯著作,但在荷兰阿姆斯特丹国际社会史研究所和俄罗斯国家社会历史档案馆里,他们第一次目睹了这么多经典作家的手稿。泛黄的纸张,都不敢用手去碰,只能用小卡尺翻动。其实很多关于手稿的介绍他们早已烂熟于心,但是再生动的文字描述,都不如这一眼直抵心灵深处,这种触动对未来的研究会很有帮助。

我们在国外拍摄时还有一些意外的收获。前期查找资料时,我们查到英国曼彻斯特有一个保存有工人阶级运动状况、生活状况的图书馆——英国工人阶级运动图书馆。因此我们计划拍摄曼彻斯特时去那里看一看。意料之外的是我们在那里找到了一本有关恩格斯的剪贴簿。这是图书馆的工作人员整理搜集的恩格斯在英国工作、生活的地方的图片资料,包括恩格斯在曼彻斯特的厂房图片,他的几所住处故居的图片等等,这为我们在英国的拍摄提供了新的线索。根据资料的提示,我们找到了恩格斯在曼彻斯特的一些居住地,这也为脚本撰写提供了新的材料。这个图书馆还收藏了一些描述19世纪工人活动的照片和图片,尤其是一些表现当时童工的悲惨命运的图片触目惊心,于是我们在脚本中增加了对童工现象的描写，以此作为资本家残酷剥削工人的一个事例，电视片中也采用了图书馆收藏的一张童工们的合影。后来，电视片播出后，根据观众观影反馈，这个部分非常有感染力。

《不朽的马克思》这部电视文献纪录片是成功的，在中央电视台综合频道播出后广受关注，相关衍生短视频成为青年追捧的热门，社会效益显著。2019年8月，本片获得第十五届精神文明建设"五个一工程"特别奖。我们处在多媒体、融媒体时代，充分运用电视片、短视频等传播手段宣传马克思主义、党的理论和当代中国的伟大实践，既是当今理论工作者的责任，也是创新我们的工作方式、扩大社会影响的有利机会，相信年轻一代在这方面必将大有作为。

期刊工作

马克思主义经典文献
编译口述史

冯申,马列主义经典著作翻译家。原中央编译局马恩列斯著作编译部译审。2002年荣获资深翻译家荣誉称号。曾参与《马克思恩格斯全集》中文第一版、《西方哲学词典》等编译工作。

毛主席为我们题写刊名
——《学习译丛》的创办过程

冯申

1951年,中央编译局的前身——中央俄文编译局陆续调进一批年轻的大专院校俄语毕业生。这批小青年来局后,少数人担任口译工作,大部分人从事笔译工作,分别属于原第一翻译室和第二翻译室。为了培养一支能长期从事理论翻译工作的队伍,局领导决定创办一个翻译刊物,让青年有更多的练笔机会,在翻译实践中打好基础,更快地成长起来,成为马列主义理论翻译的笔译人才。这个翻译刊物原拟定名为《理论译丛》,后经局长师哲请示中央,毛主席说:"就叫《学习译丛》吧!"就这样,一本小小的三十六开本的《学习译丛》便问世了。刊名原来用印刷体,到1953年师局长请毛主席亲笔题写了"学习译丛"四个苍劲有力的繁体字。从第7期起刊名就改用毛主席的亲笔字体了。从刊名的改变这一点上可看出当时编译局的领导对出版这一理论翻译刊物是极为重视的。我1952年从上海俄专毕业到编译局工作就是在《学习译丛》起步的。

本文为1993年纪念中央编译局成立40周年所作。题目为编者所加。

《学习译丛》的主要内容包括：即时翻译苏联《共产党人》《哲学问题》《经济问题》《历史问题》等杂志以及《真理报》《共青团真理报》等刊登的重要理论文章，介绍苏联理论界的观点和动态，还选登未发表过的马恩列斯著作的部分中译文。这样一本翻译刊物在当时全国上下学习苏联的热潮中，产生了不可低估的影响。《学习译丛》开始不定期出版，从1951年起出双月刊，一共出了六辑，每辑8万至10万字。从1952年起改为月刊，每期6万字上下，印数1万5千册左右，以后逐年上升，1953年为3万多册，1954年为4万册左右（其中包括重庆承担的印数4千册），1955

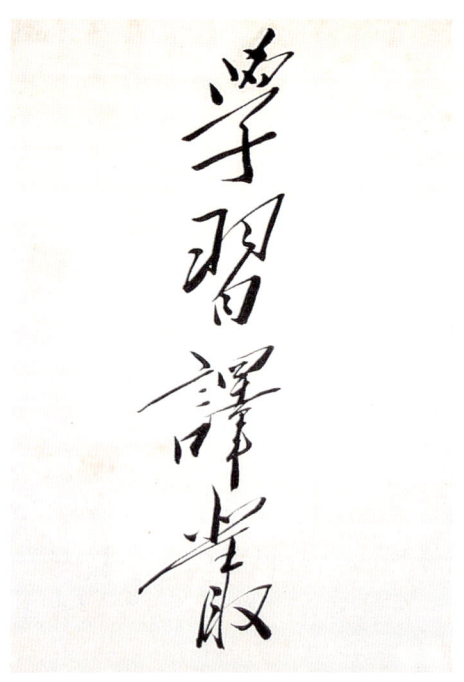

毛泽东为《学习译丛》题写刊名

年上升为 4 万 5 千册。出版事宜完全由《学习》杂志社承办。《学习译丛》创刊初期并没有正式设置编委会，每期选材、组织译校、审稿、编辑和付排等具体工作均由翻译室主任何匡和刘水同志负责，每期目录由局长师哲和副局长王一飞同志审定，并送中宣部理论处于光远、王惠德等同志征求意见。每一期出版后，局领导都要指定专人根据中央组织部提供的名单和地址，按时寄赠中央和地方的领导同志阅读和参考。据有关同志回忆，中央委员人手一册。由此可知，这本翻译杂志从创刊初期就与中宣部理论处有密切联系，得到中宣部理论处老同志以及中央和地方的领导同志的关怀和大力支持。

1953 年初，中央批准中央编译局正式成立，师局长在成立大会上宣布：编译局的主要任务是为中央服务，完成中央下达的翻译马恩列斯三大全集的任务。编译局的业务机构大大扩展了，设有斯大林室、列宁室、马恩室、校审室、核对室、译丛室等等。人员也作了重新调配。《学习译丛》这个翻译刊物自然直接归属译丛室领导。记得当时编译局大部分业务人员在西斜街 19 号新建的三层办公楼里工作，而译丛室则在南宽街 13 号师局长住的院子里办公。担任译丛室主任的是刘水同志和陆梅林同志。出于培养干部和专业分工的需要，译丛室下设哲学组、经济组、党建组和文艺理论组。我自调入译丛室后就一直是以老翻译韩灵锐同志为组长的经济组成员之一。

译丛室除每月翻译出版《学习译丛》杂志外，还接受局

20世纪50年代《学习译丛》室工作人员合影

内笔译和口译方面的各种临时工作任务,参加翻译苏联当时出版的一些重要著作和党代会文件,如斯大林的《苏联社会主义经济问题》《苏共十九次代表大会文件汇编》《政治经济学教科书》等等,还出版了多期《苏联报刊文摘》,供中央领导同志阅读参考。在刘水同志和陆梅林同志的领导下,译丛室绝大多数年轻翻译同志工作量饱和,心情舒畅,精神振奋,力求又快又好地按期或超前完成所承担的杂志翻译任务和各种临时工作任务。1954年前后,译丛室有些翻译同志还为当月出版的《学习译丛》撰写介绍文章,引人注目地发表在《光明日报》上,得到局领导的肯定。到1955年10月,《学习译丛》出了近50期,其中重要的理论文章由中宣部《学习》杂志社分类汇编成书出版,如《辩证唯物主义论文集》(共3辑)、《苏联社会主义经济问题文集》(共2辑)、《苏联文学艺术论文集》(共2辑)等等,这些书也都受到广大读者的欢迎和普遍赞誉。大量的读者来信（包括领导同志的来信）可以证明这一点。

1955年下半年，翻译经典著作的任务日益加重，局内翻译干部配备又有变动。《学习译丛》杂志于当年9月由中宣部理论处老翻译家曹葆华同志接管。经局里商定，译丛室抽调韩灵锐、冯申、汲自信、李庆廷、李甦、范锡鑫等人组成独立翻译组随《学习译丛》一起到中宣部理论处报到。《学习译丛》从此完成了在编译局的使命，离开了自己的发源地。到中宣部后继续存在了3年，并改为大开本出版，印数始终保持在5万册左右。到1959年，选材内容大大扩展，包含俄、德、英、法、日各大语种的译文，以摘译为主，遂改名为《学术译丛》。

回顾《学习译丛》自创刊到离开编译局这段经历，可以自豪且毫不夸大地说，编译局相当多的翻译干部，包括我本人在内都是在《学习译丛》这块园地上进行笔译锻炼成长起来的。译丛室为局内其他业务室输送了不少业务骨干，包括后来成为局长和室主任的顾锦屏和周亮勋等同志，为翻译三大全集做了很好的理论翻译准备工作，培养了一批马列主义理论翻译的笔译人才。现在看来，这本出现在上世纪50年代上半期的翻译杂志，唯一翻译和介绍苏联理论界的观点和动态的刊物，虽然对传播马克思主义基础知识和推动我国广大干部学习马列主义理论起到了一定的积极作用，但也不可否认，它同时也给中国读者带来不同程度的负面影响。这是应该用历史的眼光加以审视的。

张秀珊,马列主义经典著作翻译家。原中央编译局马恩列斯著作编译部译审。2002年荣获资深翻译家荣誉称号。曾参与《马克思恩格斯全集》《列宁全集》《斯大林全集》以及《和平和社会主义问题》杂志等翻译工作。

一项光荣而又曲折的任务
——《和平和社会主义问题》杂志的中文翻译工作

张秀珊

我记得是 1956 年年中的时候,我不再担任陈昌浩的秘书,就回到了列斯室。1959 年,我从列斯室调到新成立的杂志室。当时从编译局的马恩室、列斯室一共抽调了 20 多位同志,负责人是张慕良同志。这个杂志室的主要任务就是翻译《和平和社会主义问题》杂志。这本杂志,是包括中国共产党在内的各国共产党和工人党联合创办的理论性和报道性国际刊物,于 1958 年 9 月在布拉格创刊,以 15 种文字分别在各国出版发行。曾在中联部任职的崔松龄同志被派到布拉格参与这项工作,后来他调到了编译局,跟我在一个组,对我讲述过在布拉格工作的许多情况。我们的老领导张仲实同志也曾在布拉格的编辑部工作过。

当时中央决定该杂志的翻译工作交由编译局承担,由人民出版社出版,在国内外同时发行。我局接到通知后,立即组织力量着手翻译工作。开始是在列斯室成立了杂志组。1958 年 12 月 29 日,编译局局务会议作出决定:"根据工作需要,杂志组改为杂志室,由张慕良同志任杂志室副

本文根据张秀珊同志口述资料整理,整理者路军。

主任。"在同志们的共同努力下,《和平和社会主义问题》杂志中文版每月按期出版。

到了1960年,中苏关系开始恶化。9月份,苏联撤走了在中国的全部专家,我们这项工作随后也有所调整。杂志本来是公开发行的,8月起在国内就改成内部发行。这年年底,我局对机构相应作出调整,撤销了杂志室,原有的工作交由编译局新成立的国际共产主义运动史料室杂志组负责。原杂志社的部分同志调到马恩室和列斯室,我跟部分同志调到了国际室杂志组工作,这时候负责人是国际室副主任陆梅林同志,他兼任组长。加入该组的还有王家华、王其侠、阎殿铎、顾家庆、唐春华等同志,后来又陆续调来了韦清豪、许易森、宋洪训、丁世俊、王士云、刘彦章、崔松龄等。

1962年,中苏关系破裂,中国共产党当即退出了位于布拉格的杂志编辑部。这年的《和平和社会主义问题》第1期仍正常出版,从第2期开始就不再出版了。但是,我们每个月还是照常翻译,全年的都翻译出来了,只是没有出版。我们对各期做了详细摘要,送中央领导同志参考,还选择一些

《和平和社会主义问题》1958年第1期

中央编译局荣获资深翻译家称号的部分老同志合影（左四为张秀珊）

重要文章刊登在《各兄弟党报刊》上。

1962年底，组织机构又调整了，陆梅林同志调列斯室工作，由我和宋洪训同志分别担任杂志组的组长和副组长。这时候，组里头有十七八个人吧。从1963年开始，《和平和社会主义问题》杂志又重新翻译出版，改为内部发行，一直到1965年第5期。之后，机构又有变动，撤销了杂志组，原有工作由国际室的第三组负责，我随之调到第三组去了。从1965年第6期开始，杂志不再全文翻译，改为做摘要，一直做到1966年第3期，一共做了9期。

从1958年到1965年，杂志都是全文翻译的，没有缺一期，共有81期。当时我们做了一些统计，大概是1400多万字。因为杂志工作的时效性比较强，到时间就得出版，所以来了以后就要马上翻译，而且是从俄文本转译，很难，尤其最难的一个是意大利文，一个是拉丁美洲一些国家的文字。所以，参加这项工作的同志还是比较辛苦的，经常加班加点。这份工作，我希望在编译局的局史上能有所记载。

李洙泗，马列主义经典著作翻译家。编审。曾任中央编译局列斯室副主任、当代马克思主义研究所所长，《马克思主义与现实》杂志主编。2006年荣获资深翻译家荣誉称号。享受国务院政府特殊津贴。参加《列宁全集》《列宁文稿》等编译工作，著有《马克思主义人权理论》等。

走理论与现实结合之路
——《马克思主义与现实》的创办与发展

李洙泗

《马克思主义与现实》杂志是编译局主管、当代马克思主义研究所主办的理论刊物。它的历史得从其前身《马列著作编译资料》说起。

打倒"四人帮"之后,编译局为了更准确地理解和传播马列著作,在中央党校和其他单位一些同志协助下,对马列重点著作的译文重新进行校订。列斯室则早在1975年就开始对20—60年代出版的《列宁全集》5个俄文版本和国内仅有一套、从未翻译发表的俄文版《列宁文集》以及当时通用的中文版《列宁全集》进行比较研究。在此基础上,局领导决定重新编辑、译校列宁著作,出版《列宁全集》中文第二版。经典著作的编译决非只是简单的文献编排和语言文字转换的纯技术处理。对历史背景、历史事件、人物、理论观点的仔细研究,是决定编译质量的一个重要因素。在这一时期的工作中,编译人员接触到大量相关资料,还取得许多有价值的研究成果。为使这些资料和成果得以保存、发表、为社会所用,局领导决定与人民出版社合作,

---

本文为2003年纪念中央编译局成立50周年所作。

创办《马列著作编译资料》。这是一个32开本内部发行的不定期刊物,由马恩室资料组编辑,人民出版社用书号出版。1978年11月出版第1辑。大体上是每年出6辑。内容主要有三方面:1.国外新发现的马列文献;2.有关马列著作的研究文章、资料,马恩列斯传记资料和他们提到或批判过的著作;3.马列著作编译、修订、出版情况。因刊载的信息量大,且多属国内读者不易得到、有助于教学和研究的新材料,这个刊物一问世就很受理论界的欢迎。1981年起改为国内公开发行。

1982年《马列著作编译资料》改刊为《马列主义研究

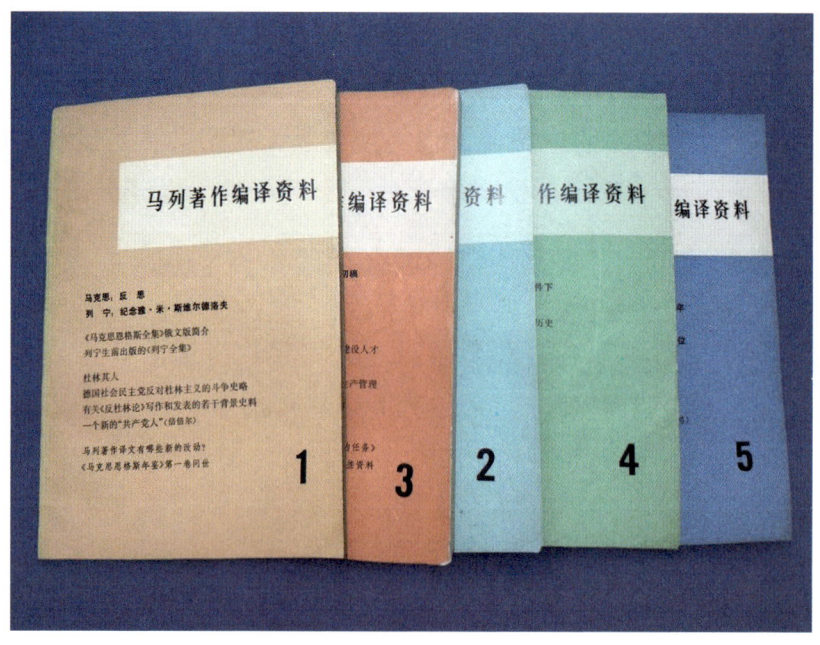

《马列著作编译资料》

资料》，每年出 6 辑，仍为 32 开本。从刊名变更可看出内容有所调整。1984 年当代马克思主义研究所成立，《马列主义研究资料》编辑部作为处级单位归入该所编制序列。1989 年末，由于经济效益问题人民出版社不可能继续合作，《马列主义研究资料》不得不停刊。编译局的领导只好另谋出路，考虑改出新刊。《马列主义研究资料》最后一辑（1989 年第 4 辑，总 58 辑）发表了简短的告读者书，其中称："为了更好地宣传马列主义，本刊将于 1990 年起改刊，关于新刊物的名称和宗旨，文章的内容和所设栏目等，不久在报刊上或邮购订单中敬告。"

具体负责新刊物策划、创办的是副局长林基洲同志。基洲同志在主持《列宁全集》中文第 2 版编译的繁忙工作之余，还为推动马列主义的研究和传播而殚精竭虑。在郑州的一次学术研讨会上他结识了河南人民出版社总编辑赵燐同志，谈到马列著作研究成果和新刊物的出版，二人一拍即合。赵总很有眼光和胆识，在当时马列主义出版物销路不好、出版界因无经济效益而对此类书刊的出版普遍持冷淡态度的大环境中，他独树一帜，允诺以畅销书的利润补贴出版。目的有二：一是为马列主义理论的传播作贡献，二是为出版社树品牌。当即商定，由他们出版社出一套《马克思主义研究丛书》和《马克思主义与现实》丛刊。

《马克思主义与现实》这个刊名的确定是经过一番斟酌的。基洲同志思想上很明确，研究马列主义不能脱离实际。有一天，在他的办公室，我向他汇报《列宁全集》中文第 2 版某卷前言写作情况后，他征询我对新刊名《马克思主义与现实》的意见，我觉得倒是很贴切，既表明编译局的特点，又突出理论联系实际的宗旨，只是不够简练。但我又提不出更好的方案。基洲同志说，的确如此，虽不理想，但不要因词害意。也许他还征求过其他同志的意见，最后就这么定了。开本问题基洲同志也有自己的主意。他不主张用通行的 16 开本，坚持以 32 开本的丛刊形式出版。他说，小开本可以插在书架上，便于保存和使用。

1990 年 11 月《马克思主义与现实》第 1 辑问世，每年 4 辑，仍是以书代刊，由河南人民出版社出版。基洲同志亲自写了发刊词《致读者》，阐明本刊的宗旨、方针和主要内容。与前两刊物不同，《马克思主义与现实》的内容侧重于对有重大现实意义的理论问题和有重大理论意义的现实问题的研究，对国外新理论、新思潮的评介和评析。杂志仍由当代马克思主义研究所主办，由所长詹汝琮同志负责。编辑部的同志有编辑部副主任陈晓希，参与《马列著作编译资料》创办的老编辑陈瑞林，《马列主义研究资料》时期的编辑苑洁，以及王吉胜、周雅波等同志。1991 年 1 月我从列斯室调到当代所接替詹汝琮同志的职务。基洲同志要我在抓研究所全面工作的同时，直接主持《马克思主义与现实》。不久，陈晓希调外单位，王吉胜继任编辑部副主任。

创刊伊始，困难重重。一是组稿难，二是发行难，三是与河南人民出版社合作跨省市操作不方便。在局领导关怀和指导下,编辑部同志们齐心协力克服了困难。基洲同志亲自联系知名人士约稿,编辑部的同志也四处跑稿。除发表局内现有成果外,《马克思主义与现实》刊登的既有高层领导和著名学者的文章,也有成就卓著的青年学者的文章,质量都比较高。一些贴近现实的栏目如"中国九十年代改革笔谈""市场经济与按劳分配""社会主义历史命运笔谈""人权问题笔谈"以及"名家专访"等,很受读者欢迎。

《马克思主义与现实》

发行方面,由于刊物专业性的限制和刚刚问世,订数不多。编辑部的同志积极找各种机会和门路推销,如到各种学术研讨会宣传介绍,也到过中央党校摆摊销售。售量从最初的几百册很快上升到两千多册。

1992年新闻出版署明确规定不准以书代刊。《马克思主义与现实》此时也已申请到正式刊号，从这年6月起结束了与河南人民出版社的合作。从第7辑开始，由丛刊改为季刊。外观与内容不变。我任主编，王吉胜任编辑部主任。1994年王吉胜调去编译出版社，李惠斌从哲学处调来任编辑部主任。

1997年，为适应市场经济要求和与国际流行的期刊形式接轨，杂志改版为大16开本，刊期改为双月刊。改版后，杂志有几个显著变化。外观方面，重新设计大方美观的封面。同时扩大篇幅，增加版面。原来每期约10万字，增至12.5万字。后来又两次扩版，2003年起每期20万字。杂志用纸由过去的52克凸版纸改为60克书写纸，后又改用60、70、80克胶版纸。印刷和装帧比过去讲究。外在质量大大提高。

内容方面，刊物宗旨和方针依旧，但是内容更加丰富。突出理论性、现实性、对策性、前瞻性。继续办好马列主义、毛泽东思想、邓小平理论以及"三个代表"的研究宣传重点栏目。发表了一批关于中国社会现实重要问题的调研报告和有关改革开放的理论文章（如关于所有制结构、按劳分配、社会阶层、基层民主、社会稳定等问题）。推出一些理论前沿栏目，如："当代国外社会主义研究""全球化与资本主义研究""全球化对策研究""公民社会""善治与治理""社会资本""数字鸿沟"等等。此外，还坚持对国外马克思主义思潮、流派的译介和评析。刊物的信息量和学术含量大大增加。

经费和发行也大有改观。改版前经费主要靠局定额补贴和销售收入，收不抵支，亏损经营。改版后虽然成本大幅增加，但由于经营理念更新，大胆开拓，与一些地方政府或企业建立协办关系，获得适量协办费，不仅解决了改版所需费用，而且从此走上良性发展道路。从2000年开始与深圳、浦东等地方政府建立了课题合作关系，2002年又与一些重点高校建立互动合作关系。经费问题迎刃而解。改版前是自办发行，业务量大，销售不佳。改版后由邮局发行。加上非邮发、零售和少量赠阅，总发行量比改版前增长50%。发行量在同类刊物中属较高水平。

改版后知名度和社会影响力有明显提高。1998年被列为全国中文核心期刊。从1999年开始，与全国社科基金办合作，成为全国哲学社会科学规划办公室指定信息发布期刊。随着杂志学术品位的提高，转载率也显著提高。2001年有7篇文章被《新华文摘》转载。《人民大学报刊复印资料》全文转载《马克思主义与现实》文章26篇，选作索引条目68篇。总共占当年发稿量75%。2001年"政治类"全文转载量排名第13位。引用率在全国同类刊物中排名第一。

几十年来，我见证了《马列著作研究资料》在改革开放之初创刊，也见证了《马克思主义与现实》从孕育期、襁褓期到成长期的迅速发展，成为在全国有很大影响力的专业期刊。这得益于局领导的关怀指导，以及全局同志和社会各界的大力支持，也得益于整个编辑人员的团结奋斗。希望《马克思主义与现实》拥有更加美好的未来！

　　季正聚，研究员。山东诸城人。曾任中央编译局世界社会主义研究所所长，马克思主义研究部主任，《当代世界与社会主义》杂志主编，中央编译局副局长，中共中央党史和文献研究院院务委员，经济日报社副总编辑。现任中共中央党史和文献研究院副院长、中央编译局局长（2023.12—）。全国宣传文化系统"四个一批"人才，高层次人才特殊支持计划国家哲学社会科学领军人才。享受国务院政府特殊津贴。

世界社会主义研究的重要阵地
——《当代世界与社会主义》的创办与发展

季正聚

《当代世界与社会主义》杂志创刊之时是由原中央编译局主管、中央编译局国际共运史研究室（后改为国际共运史研究所、世界社会主义研究所、马克思主义研究部）和中国国际共运史学会共同主办的专业学术理论刊物。1992年我研究生毕业分配到中央编译局工作时，其还是《国际共运史研究》季刊，1994年改为《当代世界与社会主义》季刊，我做过杂志编辑、编辑部主任、副主编、常务副主编、主编，以及后来的杂志社社委会主任。回想杂志一步步成长壮大历程和不断结出硕果，自己心情很激动，虽然经历过多次工作岗位调整，但对这个杂志的感情仍然是很深的。

《当代世界与社会主义》是传承与创新的产物

《当代世界与社会主义》的前身是以书代刊形式的学术丛刊《国际共运史研究资料》，1980年由编译局国际共产主义运动史研究室创办，它的前身还可以追溯到更早。1975

本文作于2023年，整理者柳宁。

年 7 月，国际共运史资料室为配合编译有关国际共运史专题资料的需要，开始内部编辑出版《批修参考资料》（打字油印稿），供内部交流使用。

1978 年党的十一届三中全会召开以后，国际共运史资料室的工作发生重大转折，从单纯编译修正主义、机会主义分子的著作，转向全面地编译国际共产主义运动史上一些重要人物的著作。同年，将《批修参考资料》改名为《国际共运史参考资料》，仍为打字油印稿。1979 年 3 月国际共运史资料室改名为国际共产主义运动史研究室后，工作重点从以编译资料为主逐步转向以研究工作为主。为促进研究工作的开展，提供研究和交流园地，将研究成果宣传和推广于社会，1980 年 6 月国际共运史研究室决定编辑出版《国际共运史研究资料》丛刊，为不定期刊物，由人民出版社出版发行。到 1986 年 12 月共出版 18 辑，并另外出版增刊 2 辑，即《卢森堡专辑》（1981 年 2 月出版）和《布哈林专辑》（1981 年 5 月出版）。

1985 年 1 月，国际共运史研究室改名为国际共产主义运动史研究所，工作重点开始逐渐从研究国际共运的历史转向研究当代国际共运的理论和实践。为了适应研究工作的需要，1986 年底《国际共运史研究资料》改名为《国际共运史研究》，仍由人民出版社出版、国内外公开发行。截至 1989 年 9 月，《国际共运史研究》共出版 7 辑。

《国际共运史研究》丛刊的出版受到我国理论工作者、国际共运史研究和教学工作者的欢迎，在学术界产生良好

《国际共运史研究》

影响。但由于人民出版社的出版周期过长，不利于理论研究信息的交流。为了缩短出版周期，更好地为我国学术界和读者服务，1988年10月，经国家新闻出版署批准同意创办杂志形式的《国际共运史研究》季刊。由于当时中国国际共运史学会主办的杂志《国际共产主义运动》面临停刊，经协商，编译局同意将《国际共产主义运动》杂志与《国际共运史研究》合并为一个新的季刊，名称仍为《国际共运史研究》，由编译局国际共运史研究所和中国国际共运史学会共同主办，杂志的编辑等具体工作由国际共运史研究所负责。从1989年起，正式公开出版发行，每年出版4期。改刊后的《国际共运史研究》季刊的主要栏目，如论坛、论文、文献与资料、人物传记（人物述评）、争鸣与探讨、学术机构介绍、书刊评介等均保留；增加了动态类的栏目，如学术报道、政党介绍、动态述评、事件综述、大事记等，体现了刊物以研究为主的取向和既保持传统又与时俱进的精神。到 1993 年 12 月共出版 20 期。

20 世纪 90 年代后，苏联解体、东欧剧变，国际共产主义运动陷入低潮。总结苏东剧变及共产主义运动的经验教训、跟踪研究世界社会主义与共产主义运动以及世界资本主义的新变化显得日益迫切和重要。为了适应形势发展，加强对世界社会主义的历史、理论、现状及前景的研究，从 1994 年起，《国际共运史研究》更名为《当代世界与社会主义》（季刊），更名后仍为国际共运史研究所（后为世界社会主义研究所）和中国国际共运史学会联合主办的学术刊物。2001 年 1 月，《当代世界与社会主义》由季刊改为双月刊，每年出版 6 期。

2011 年 4 月编译局研究机构进行调整，《当代世界与社会主义》杂志划归新成立的马克思主义研究部管理。从 2011 年第 5 期起，杂志改由马克思主义研究部和中国国际共运史学会共同主办。杂志栏目设置在保持原有基本框架的基础上作了增量调整，进一步强化"本期聚焦"主题栏目，尤其是在学界有广泛影响的"热话题与冷思考"系列学术对话，并增设了世界政党研究、外论专题等栏目。多年来，杂志与时俱进，保持了较高的学术品位和理论品位，得到了学术界、理论界和广大读者的充分肯定。

《当代世界与社会主义》杂志是我国创办较早的马克思主义和社会主义研究方面的专业性学术理论刊物，是我国改革开放和思想解放的产物，也是编译局走向翻译与研究并重的重要标志之一。杂志的创办和发展过程是传承与创新相结合的过程，亦是杂志品牌形成和铸造的过程。

注重编辑与研究相结合

《当代世界与社会主义》能够成为有一定影响力的专业学术理论刊物，是与几代编辑人员的薪火相传、如琢如磨、努力拼搏分不开的，也是各级领导和学术界、理论界专家关心、支持和帮助的结果。杂志的创办和发展既依托了编译局雄厚的人才和学术资源，又在此过程中锻炼和培养了人才，打造了一支研究与编辑相结合的高素质队伍。

杂志的前身《国际共运史研究资料》丛刊没有专职编辑，是举全室（所）之力办刊。1980—1986年，李宗禹任主编，各期的编辑工作由胡文建、李兴耕和宋洪训轮流承担。1986年底，《国际共运史研究资料》丛刊更名为《国际共运史研究》丛刊后，正式成立编辑委员会，李宗禹任主编，宋洪训任副主编，编委有李兴耕、胡文建、殷叙彝、张文焕、刘庸安等。编委会成员轮流负责每辑丛刊的编辑工作。由于编委会成员都是编译局国际共运史研究方面的资深专家，他们集作者、编者于一身。因此，使丛刊树立了编研结合的典范和标杆，形成了专家学者办刊的传统。

1989年1月,《国际共运史研究》与《国际共产主义运动》合并为《国际共运史研究》季刊后,新的编辑委员会成员由编译局国际共运史研究所和中国国际共运史学会共同组成。李宗禹、高放、胡文建曾担任过主编,顾家庆曾担任过副主编。1994年1月,《国际共运史研究》季刊更名为《当代世界与社会主义》季刊后依然保持了这种传统。编委会既有局内资深专家,还有局外国际共运史研究领域的权威人士。李宗禹、高放、李兴耕、殷叙彝、吴兴唐、张中云、钱大东、曹长盛、顾锦屏、胡文建、王天玺、石仲泉、刘海藩、李际均、李忠杰、张全景、蔡武等曾任杂志顾问。

从1995年起,《当代世界与社会主义》杂志有了相对固定的编辑人员,并陆续有新人加入编辑队伍,编辑力量不断得到充实,稳步实现了编辑队伍的新老交替和人员更新。杂志主办单位的领导担任杂志的主编或副主编,设一个编辑资料处专门负责编辑杂志。特别是中国国际共运史学会给予了杂志大力指导和支持,曾先后派出几名同志担任杂志副主编。杂志的编辑出版既对开展研究工作起到了促进作用,也成为人才培养和成长的重要平台,多年来锻造了一支政治素质好、业务能力强、具有高度敬业精神和责任心、兼具学者型编辑和编辑型学者双重优势的专业队伍。

发挥服务与引领作用

给我感受非常深刻的是,数十年来,杂志不仅在编译局的事业发展中,而且在党和国家的理论建设和创新中,尤其是在马克思主义和社会主义研究领域发挥了应有的作用。

《当代世界与社会主义》杂志自创刊起,一直坚持为繁荣我国社会科学理论研究服务、为我国社会主义现代化建设服务的办刊方针,积极发挥引领作用,努力打造具有鲜明特色和自身优势,开放、务实的理论研究、学术交流和思想沟通平台。改革开放后,研究世界社会主义的许多专家学者坦陈,他们这一代是伴随着编译局的这份杂志共同成长的,其专业生涯与杂志紧密联系、难以分割。

《当代世界与社会主义》

早些年,《国际共运史研究资料》和《国际共运史研究》丛刊在当时的学术界包括国际共运史学界、历史学界占有重要的一席之地,作为研究交流的园地,切实发挥了服务与引领的作用。首先,在形式上,丛刊开国内学术刊物规范风气之先，编发的文章体现了老一辈理论工作者一丝不苟的良好学风和严谨作风。例如，《国际共运史研究资料》初期的论文凡是引用外文著作的，必须用原文注明作者的姓名、著作名称和出版地点。在当时的中国社会科学刊物中这种做法还是少见的，现在已成了规范。其次，在内容上，《国际共运史研究资料》丛刊为国际共运史的研究和教学提供大量新的信息和重要的文献资料，对促进当时缺乏第一手资料的国际共运史研究和教学工作发挥了重要作用。同时，丛刊刊登了一些解放思想、突破框框、从不同角度探讨与现实有关的国际共运史上重大事件、重要人物和重大问题的文章，拓宽了研究视野，也促进了对有关问题研究的深化。

《国际共运史研究》改名为《当代世界与社会主义》以后，继续保持并发扬光大原有的优良传统，加强杂志品牌与平台建设，进一步强化特色优势和综合影响力。同时，更加积极主动地发挥服务科研与学术引领作用。我觉得杂志的特色主要体现在以下几个方面。

一是广纳世界理论信息，引领学术理论前沿。我们始终以坚持和发展马克思主义和社会主义理论、促进和推动相关学科的研究与教学工作为旨趣，本着马克思主义的开放精神，努力提供广泛的国内外最新理论信息、大量的理论研究工作的基础资料和研究成果，在栏目设置和文章选择上体现了兼容并包的特色，做到了汇集百家之言论、呈现思想之精华。同时，杂志始终保持思想活力，准确把握时代脉搏,在追踪国内外有关马克思主义和社会主义研究的新动向、反映当代世界政治经济发展的新态势、聚焦理论界和学术界关注的重大前沿问题等方面反应比较及时,为研究和宣传马克思主义提供了丰富的素材和很好的研究成果。在国际共运史一些重大问题研究、全球化问题研究、苏联东欧剧变研究、西方左翼和社会民主主义思潮研究、现实社会主义国家研究等许多前沿理论问题的研究上发挥了引领作用,被很多读者誉为"教学与研究的好帮手"。杂志先后组织召开了十多次全国中青年社会主义学者论坛,发挥了学术引领作用。我记得,1997年杂志有近20篇文章被《新华文摘》转载,实属不易。

二是关注重大现实问题,助力思想理论传播。杂志作为高学术品位的理论研究、交流和传播的载体和平台,也不忘理论传播与宣传的社会责任与担当,有明确的阵地意识,体现了"小众刊物,大众情怀"。一方面,我们始终紧跟时代步伐,关注中国特色社会主义发展过程中的重大现实问题,努力做出学术回应,以理论解读重大问题、以思想引领社会前行。主题专栏"本期聚焦"以及"权威访谈"栏目都有以当前我国和世界发展中的重大现实问题为关注点,从学理角度进行深入剖析的文章。另一方面,我们发挥自身优势,切实承担起理论传播、宣传和引领的责任,担负起巩固社会主义主流意识形态的使命,服务于中国化马克思主义的学习、研究和宣传。因此,我们杂志被学者们誉为"马克思主义的坚强阵地,社会主义的高层论坛"。

三是坚持严谨求实学风，努力践行"三个结合"。我们把严谨求实的学风视为自己的生命力和核心竞争力之所在，始终坚持并弘扬严谨求实的学风，把多刊登言之有物、论之有据、充满改革创新精神的好文章作为自己的责任。坚持实事求是的马克思主义科学态度，尽量避免绝对化和简单化，不跟风、不逾矩，把握好正确的政治方向。杂志改刊之后提出"把社会主义作为科学来研究"的口号和目标，并把"结合资本主义研究社会主义，结合历史研究现实，结合世界研究中国"的"三个结合"作为实现路径，并在栏目设置、选题策划和选稿用稿上充分体现这"三个结合"。从世界的视野和眼光来研究社会主义问题已成为杂志的一个主要特色。

四是提供成果展示平台，扶持年轻学人成长。杂志积极为从事国际共运史、当代世界与社会主义理论与实践以及相关领域研究的老中青三代学者提供学术成果交流和展示的平台。我们在选稿用稿上坚持质量第一标准，不拘一格用稿，不以职称、资历、出身、学历等论英雄。在杂志数以千计的作者队伍中不仅有资深的专家教授，也有正在成长中的中青年学者。今天许多的专家、教授包括一些知名学者，都是杂志当年的青年作者。此外，我们还采取优先发表获奖中青年学者学术论文等专门措施，来扶持马克思主义和社会主义研究领域新生力量的成长。

在各界朋友的大力支持下，经过几代编辑工作者的不懈努力，杂志取得了很大成绩，成为理论界研究世界社会主义、科学社会主义、国际共运、马克思主义、中国特色社会主义、国际政治等学科的重要阵地,成为理论界追踪国内外理论前沿和拓宽理论视野的重要窗口,成为广大作者发表新观点、新思想的重要场所。杂志被评为 CSSCI 来源期刊、全国中文核心期刊、中国人文社会科学核心期刊。在中国人民大学报刊复印资料学科排名中,杂志多年来一直名列前茅,希望杂志能够在党和国家的思想理论建设中更好地发挥作用,百尺竿头、更进一步。我相信,沐浴着新时代的阳光雨露,《当代世界与社会主义》杂志一定会越办越好!

　　李其庆，马列主义经典著作翻译家。研究员。曾任中央编译局马恩列斯著作编译部副主任、主任，中央编译局副局长，中国《资本论》研究会、全国马克思主义经济学说史学会、法国研究会副会长。2010年荣获资深翻译家荣誉称号。享受国务院政府特殊津贴。参与编译《马克思恩格斯全集》《马克思恩格斯文集》《资本论》法文版等。著（译）有《读〈资本论〉》《现代资本主义论》等。

当好中央的眼睛和耳朵

——《国外理论动态》的创办与发展

李其庆

《国外理论动态》于 1991 年 1 月创办，最开始由局里直接主办，1998 年由马列部主办。我 1967 年到中央编译局工作后就在马列部搞经典著作编译，杂志到马列部后我就参与相关工作，算是和它结缘，后来做过杂志社社长和杂志主编。《国外理论动态》具有非常鲜明的编译局特色，现在影响力也比较大，我主要谈一谈我办杂志时留下的一些印象。

杂志的创办与发展

1991 年初，中央编译局根据自身拥有大批高素质理论研究和外语翻译人才的特点，充分发挥藏有大量外文书刊和信息资料的优势，决定创办《国外理论动态》杂志。时任编译局副局长的林基洲同志，在领导班子中分管科研工作，对《国外理论动态》创办和出版起了重要推动作用。杂志

本文为李其庆同志 2011 年在"《国外理论动态》创刊 20 周年座谈会"上的发言，收入本书时经本人审定。

《国外理论动态》

的发展大致经历了两个时期：从 1991 年到 1997 年，是初创阶段，属于内部发行的理论参考资料。它短小精悍，重点突出，信息量大，成为了解国外理论研究最新动态的重要窗口，受到读者广泛关注。比如，周亮勋在 1991 年第 4 期发表的《〈马恩全集〉原文版面临夭折的危险》是一篇向国内介绍 MEGA 版最新动态的文章，对推动马克思主义经典著作的出版和研究起了积极作用。1998 年之后，是发展阶段。当年 1 月，国家新闻出版总署批准《国外理论动态》由内刊改为对外发行的正式刊物，由旬刊改为月刊，它的学术性、思想性、广泛性和时效性都得到进一步加强，并且不断创新，取得了令人瞩目的成就，逐渐成为有重要影响的全国中文核心期刊。

杂志的定位

中央编译局决定创办《国外理论动态》杂志的初衷是充分发挥优势,以期向中央领导、有关部门及研究人员及时通报国外最新的理论动态和研究信息,为把握国际形势走向提供决策参考和理论依据。这个定位是正确的,也是办好杂志的根本保证。编辑部根据这个定位,又制定了具体的选题,发表了不少有影响的文章。例如《国外理论动态》创刊时,正处于苏东剧变前夕,面临大动荡和大分化的局面,国外出现了形形色色的理论思潮和政治流派。《国外理论动态》当时的重点是跟踪研究苏联东欧的演变过程,苏共党内的各种派别及其理论主张,以及各国共产党、社会民主党、国外马克思主义、社会主义和资本主义的新情况,作为介绍和评述国外各种最新学术思潮和动态的窗口和桥梁。

再如,杂志从1998年就开始报道国外批判新自由主义的动态,并受到国家相关部门和学术界的大力关注。我们基本上把新自由主义的理论内涵、产生的历史背景、实质、政策及影响搞清楚了。我们还报道了国内学者关于把作为学术思想的新自由主义和作为官方意识形态的新自由主义区分开来的重要学术观点。后来,我们把在《国外理论动态》发表的有关文献编成了一本书——《全球化与新自由主义》。这个选题做得是比较扎实的。还有关于全球化问题的报道。我们比较早地关注了国外关于全球化负面作用的研究，报道了反全球化的理论观点及其向"替代全球化"和"另一个全球化是可能的"观点的演变，对所谓全球化时代的提法做了辨析，为国内学者提供了新的观察问题的视角。这个选题做的也是比较扎实的。我们当时有《经济全球化》《资本全球化》《金融全球化》等一系列有关译著作依托。对2008年金融危机的报道也是如此。中央编译局中青年学者的理论敏感性很强，2007年美国次贷危机一冒头，就被他们抓住了。他们按照马克思的危机理论对材料进行筛选，对危机的原因、性质、特点、影响和发展趋势作了比较系统全面的分析，为国内学者提供了大量的实证材料。后来这些文献又编成《资本主义经济金融化与国际金融危机》一书出版，受到国内学者的欢迎。通过抓这些选题，青年编辑成长和成熟起来，成了杂志的顶梁柱。

当然，杂志的定位并不是一劳永逸的，必须根据形势的发展和理论界的需要适时作出调整。《国外理论动态》在具体制定选题方面也存在一些问题，主要是选题面不够宽、经济类文章和左翼学者的文章偏多、资料来源单一等。为此，我们做了一些改进，如增添新的栏目、扩大资料来源、从互联网获取最新资料等，但是在反映国外理论的多样性和丰富性方面还有许多工作要做。

保持和发扬特色

如何保持和发扬《国外理论动态》的特色，是一个值得思考的问题。现在国内期刊林立，要想生存和发展就必须保持自己的特色。那么《国外理论动态》有什么特点呢？我归纳成四个：第一，《国外理论动态》是西餐，必须以国外文献为主，翻译和编译的文章为主，特别是原汁原味的翻译文章更受欢迎。只能有少量中国人自己写的文章，特别是必要的评论文章。第二，理论要新。要有新观点、新材料。这是我们杂志的天然优势，因为国外学者写的文章不会是千人一面的，但是有创新观点的文章还是有待于我们发掘。第三，《国外理论动态》是快餐。我们强调文章短小精悍，也就是我们俗称的"短、平、快"。在这方面要有为读者服务的意识，因为现在是信息爆炸的时代，读者没有那么多时间阅读。文章要尽量压缩，没有一点水分，特别是动态性的文章，更应如此。当然，现在已经没有过去做得好了。1994年第1期发表了周亮勋的《俄国学者认为"社会主义与商品生产不相容"的观点不是马克思的观点》一文，他把根据德文摘译而成的2万字的文章压缩到4000字，现在已经很难做到了。第四，编辑特色。《国外理论动态》不同于其他刊物，它加工的是外国人写的文章，因此，编辑的活动余地比较小，只能在文章编排、标题、编者按上体现编辑的意图。特别是每篇文章前面的导读性提要，编辑们下了很大功夫。这方面有些像《参考消息》，据说《参考消息》的标题非常讲究，可以说是搜肠刮肚。往往通过改动几个字，甚至通过语气，把编者的意图表现出来。

搞好内参，当好中央的眼睛和耳朵

《国外理论动态》的有些理论信息产品是通过内参的形式实现的，这是直接为中央服务，是我们需要加强的一个工作环节。为此，我们要搞好内参，为中央决策服务，当好中央的眼睛和耳朵。我看到有不少源自《国外理论动态》的理论信息被其他单位采用上报。这说明我们的理论敏感性还不够强，为中央服务的意识还不够强。我特别要强调的是关于西方左翼的理论信息，因为做好西方左翼的工作，营造良好的国际舆论环境，是中央交给我们的任务，也是中央编译局的优势所在。

为了做好这项工作，我们要了解西方左翼的思想理论状况。现在一个突出的问题是，西方左翼认为自己坚持马克思主义，而对中国化的马克思主义很不理解，很不认同。举个例子来说，2011年12月8日法共新任总书记比埃尔·罗朗访问编译局时，提出中国现行政策与马克思主义的关系以及中国的新一代是否还相信马克思主义两个问题。实际上，这两个问题在法国人肚子里已经憋了许多年。比利时马克思主义研究所也曾经对中国特色社会主义提出9个问题。这9个问题是：(1) 近30年来，中国经历了深刻的改革，这些改革是否脱离了社会主义？ (2) 中国引进了私人资本，允许发展私有制，并提出致富的口号，这是否符合社会主义？ (3) 中国的沿海地区和内地发展极不平衡，这是

2005年6月23日《国外理论动态》编辑工作座谈会（正面左三为李其庆）

否是中国发展资本主义的特征？（4）中国的失业率极高，能否从中得出中国不再是社会主义国家的结论？（5）中国对大量国有企业实行了私有化，中国是否走上了资本主义道路？在中国是否已经出现了资本家阶级？（6）在中国为什么资本家现在能够入党？资本家入党将导致什么后果？（7）中国为什么加入世贸组织？这将导致什么后果？（8）中国为什么没有采取行动反对美国侵略伊拉克和阿富汗的战争？（9）中国共产党是否仍然发挥领导作用？据了解，这9个问题是比利时工人党在全党范围内征求意见归纳出来的。再比如西方左翼许多人是反对中国加入世贸组织的，他们的论据却是马克思在《关于自由贸易问题的演说》中阐发的理论，即资产阶级经济学家和自由贸易派所标榜的"贸易自由"，实质上就是资产阶级充分运用资本的自由，就是资本家压榨工人的自由，同时也是一些国家牺牲另一些国家的利益而聚敛财富的自由。他们认为，正是贸易自由化导致发达国家企业外迁和资本外逃，使发达国家工人深受其害。因此，发达国家的工人阶级必须动员起来反对贸易和投资的自由化。他们认为自己的理论观点体现了马克思主义，代表了工人阶级的利益。这里包含了对马克思理论的片面的理解。因为恩格斯在《关于自由贸易问题的演说》美国版序言《保护关税制度和自由贸易》一文中指出：随着资本主义的发展，保护关税制度会由刺激资本主义发展的因素变为阻碍资本主义发展的因素，从保护关税制度向自由贸易过渡是资本主义生产制度发展的客观需要和必然趋势；在资本主义制度下，只有实行自由贸易，生产力才能得到发展，从而最终导致"生产力与其赖以发展起来的社会制度不能相容，使这种制度成了生产力不能忍受的桎梏；唯一可能的出路，就是实行社会革命，把社会生产力从过时的社会制度的桎梏下解放出来，把真正的生产者、广大人民群众从雇佣奴役状态中解放出来"。从这个意义上说，自由贸易是造成社会革命所必需的条件的"经济培养基"。从恩格斯的论述中，我们可以清楚地看到西方左翼学者的理论的片面性。当然，西方左翼对全球化负面影响的研究也有重要意义，它使我们对发展中国家和发达国家工人阶级的生存状况和政治诉求有了更全面、更深刻的了解。

因此，我们要研究一下西方左翼学者对中国化的马克思主义和中国特色社会主义有哪些误解，原因何在，如何做好他们的工作。在这方面，《国外理论动态》是大有可为的。这项工作实际上就是：以杂志为平台，以马克思主义作桥梁，做好同西方左翼的沟通工作。这对于我们自身马克思主义理论水平的提高也是有促进作用的。

曾任《国外理论动态》主编的刘淑春同志曾提出为办好杂志加强三个队伍建设的目标，我很赞同。这三个队伍就是：编辑队伍、作者队伍和读者队伍。其中编辑队伍最为重要，它是起主导作用的。编辑队伍建设的具体内容又包括思想作风建设、业务建设和职业操守建设。这么多年来，《国外理论动态》编辑部已形成一个严谨求实、踏实肯干、爱岗敬业、无私奉献、团结协作的团队。有了这样一个工作团队，《国外理论动态》一定会越办越好。

与改革开放同行
——《经济社会体制比较》的创办与发展

荣敬本

《经济社会体制比较》是 1985 年 7 月,在中国社会科学院经济研究所的支持下,由中央编译局慎重研究决定创办的。那时候,我刚从社科院经济所访学回来不久,在吴敬琏、赵人伟两位老师的鼎力支持下,我们共同发起创办了这个刊物。几十年过去了,创刊之初的情形依然历历在目。

《经济社会体制比较》创办的缘由

1985 年《经济社会体制比较》创刊,也就是杂志创办的前一年,党的十二届三中全会通过了被邓小平同志称为马克思主义基本原理和中国社会主义实践相结合的《中共中央关于经济体制改革的决定》,肯定了以公有制为基础的有计划的商品经济。这个决定在当时意义非常重大,是否发展商品经济,建国以来在理论界一直存有争议。因此,对当时的经济体制比较研究起到了关键作用。

本文为荣敬本同志 2015 年在"《经济社会体制比较》杂志创刊 30 周年座谈会"上的发言,题目为编者所加。

新中国成立后，我们大都怀着革命的理想，从事马克思主义政治经济学的研究。但现实中，却出现了实践和理论相背离的现象。作为以翻译《马克思恩格斯全集》为己任的中央编译局，最早是从事马恩著作翻译的。但从建局伊始，编译局的领导就强调理论和实践相结合、翻译和研究相结合，并于1985年成立了专门研究马克思主义的研究所，即当代马克思主义研究所。时任中央编译局局长的王惠德同志多次指出，马克思主义的生命力在于不断创新，对传统的社会主义理论需要重新认识，局领导们也认为编译局的发展在于"走出36号院"。因此，局领导派我到中国社科院经济研究所做访问学者，从事经济体制改革的研究工作。当时经济研究所的刘国光所长和董辅礽等同志给予了很大的支持，吴敬琏、赵人伟老师提出研究比较经济学，首先要搜集一些比较经济学方面的研究资料，我记得我最早搜集的资料是一本关于比较经济学的书，书里面有一个明确的提法："主义"的比较已经过时，应该用比较的方法来研究体制。因此，在经济体制的比较研究中，应该摒弃"主义"的简单对立方法，对发达国家和发展中国家的经济体制采取比较借鉴的方法，去探索适合我国经济发展的经济体制。在开展经济体制比较研究时，我们把一些比较经济学的重要文献翻译过来，汇编成册，供大家研究。与此同时，经济研究所也邀请了一些东欧国家最早主张对苏联计划经济体制进行改革的经济学家到中国访问讲学。这些讲学材料和有关著作，依靠编译局的翻译力量很快译成中文，并向中央有关部门做了报告。

在比较研究中，我们发现，经济体制的差异归根到底是资源配置方式的差异，也就是说是按市场配置资源还是按行政命令配置资源。在经济所访学期间，我们曾到深圳去调研，那时刚刚改革开放，火车站全是从香港运来的产品。根本问题在哪儿？在于我们的企业没有自主权，只是按照行政命令而不是市场需求来确定生产的产品和数量，企业缺乏激励和动力，提供的产品不是消费者所需要的。

因此，在中央经济体制改革决定的大背景下，当时分管编译局研究工作的副局长林基洲同志和常务副局长顾锦屏同志非常支持我们主办一个刊物，以便开展更广泛系统的比较研究，探索中国的经济体制改革，丰富和发展马克思主义。

中央编译局的基础和传统

中央编译局的前身是中共中央俄文编译局，当时就有一支较强的翻译经济学的队伍，在何匡同志主持下，曾翻译了当时各大学研究生的教材——《政治经济学》十六分册。中央编译局成立时，有两个翻译室，其中第二翻译室有一个经济组，专门翻译斯大林《论社会主义经济问题》有关的论著，以及开始着手翻译列宁的早期经济著作。大约在1954年，苏联《政治经济学教科书》正式出版。斯大林《论社会主义经济问题》是对这一教科书未定稿的评论意见，因此，教科书的出版引起了中央的高度重视。当时仍由何匡同志主持教科书的翻译工作，并聘请了千家驹和陶大镛等著名经济学家和叶圣陶先生等担任译校工作的顾问。至今难忘的是，千家驹和陶大镛等对经济学的某些概念抠得很细。例如，他们主张计算和核算的概念必须加以区别，现在看来，计算涉及的是社会主义经济理论问题，同社会主义的市场理论有关，而核算则涉及苏联在国营企业中推行的经济核算制等，把两者区别开来在理论上是很有意义的。叶圣陶先生是我国著名文学家，时任教育部副部长。他对修辞很严格，他主张把关系词"同"和并列词"和"相区别，不厌其烦地一一加以改正。何匡同志对各位专家的意见是非常尊重的，这可以说是中央编译局的好传统。

1956年，局里正式成立了经济室，同时在体制方面进行了一些改革，一些老同志不再担任研究室的主任，而是把精力放在科研和翻译工作上。例如，何匡同志不再担任经济室主任，而只担任定稿员，开始着手《资本论》的校订工作。局长师哲请苏联专家图尔琴斯讲授《资本论》，亲自听课，并请局外黑格尔专家贺麟和逻辑学专家金岳霖等来听课并参与讨论。可以看出，他的意图是用《资本论》的逻辑和方法来研究社会主义经济问题。1956年成立的经济室就体现了他的这种意图。在1956年提倡向科学进军时，尊重专家和尊重知识，在中央编译局可以说蔚然成风。例如，副局长姜椿芳曾请原子能专家赵宗尧、建筑学家侯仁之以及文学家丁玲、冯雪峰等到编译局来作讲演，给大家留下了深刻的印象。

　　局领导强调翻译和研究相结合,理论和实践相结合。在合作化运动时,就派我们到北京郊区去了解,写调查报告,1958年我们还下放到山东泰安农村去劳动。回想起来,有些经济学知识恰恰是在实践中学到的。当时何匡同志任山东省委理论刊物《新论语》负责人,他到我们下放的山村来看我们,我陪他看一块红薯地,长得并不太好,但牌子上写着亩产10万斤,这显然受到浮夸风的影响。其实,山坡地何必去种红薯呢?粮食统购统销后,山区农民不得不去种粮,费了那么大劲,把水挑上山坡,红薯也长不好,为什么不种板栗呢?山区农民说过去我们用山果换粮食,从来没挨过饿。何匡同志很有感慨地说,看来不仅社会主义要搞商品经济,就是到了共产主义,也要搞商品经济。1959年,中宣部召开了一次经济学术讨论会,会上何匡同志就讲了上述观点,引起了与会者的巨大兴趣,主持这次会议的中宣部秘书长童大林同志至今还不断回忆起何匡同志在会上的这次讲话。列宁所说的"进一步,退两步"在政治生活中是常见的,尊重专家,尊重知识,重视实践,相信群众,这是"进一步",但是搞"运动",搞"迷信",则是"退两步"。自从1956年以来的一次又一次"运动"和"迷信"的升级,把中央编译局的好传统和好风气破坏了。

　　从1978年党的十一届三中全会到1984年党的十二届三中全会,中央的改革开放路线愈来愈深入人心,使中央编译局的好传统和好风气得以恢复和发扬。其实,中央的改革开放路线是1956年"八大"路线的恢复和发扬,自然使中央编译局的同志怀念起1956年的美好时光。时间快过去30年了。但是,大家恢复了某种青春的活力,总想把已经消逝的时光,再争夺回来,这可以说是1985年《经济社会体制比较》创刊时的一种心态。

确定刊物名称

杂志的发起者算是马恩室的经济组,这也可以说当年第二翻译室经济组和经济室的延伸。在1984年党的十二届三中全会的《决议》明确指出社会主义是商品经济以后,经济组的同志受到巨大的鼓舞。当时的马恩室经济组组长、后任马列部主任的王锡君同志提议办一个资料性刊物,引起了局内有关领导、特别是主管局内业务工作的副局长林基洲同志的关注。这一任务就落到了新成立的研究室和我身上,而我一直处在犹豫之中,因为创办一个刊物,要承担政治、经济、工作等各种风险。一是政治上的风险,万一犯错误怎么办?二是经济上的风险,如果办刊物亏损怎么办,谁来承担这个损失呢?三是工作风险,谁来编,如果自己做,那么意味着编者要额外承担很多工作,翻译、编辑、出版、发行等,纷繁复杂。但是,回头一想,我们为发展商品经济已经冒了很大的风险,现在中央给了很好的有利条件,我们要相信党。经济困难虽然有,但是如果能得到社会资助,困难可以克服。至于工作风险,一些青

《经济社会体制比较》

年人表示他们会大力支持,一些同志愿意到研究室来工作,开创一个新局面。吴敬琏老师当时也很支持,说任何报酬都不要,要把杂志办好。

　　刊物的名称也是经过多次讨论。大家都赞成要突出"比较",但在刊物名称上当时提出了两种方案:一个是《比较社会主义》,另一个是《经济社会体制比较》。前一个名称容易陷入"主义"的比较,后一个名称虽然太长不容易为人们所理解,但经济社会体制是经济社会形态的具体组织形式,通常包括经济体制、政治体制和文化体制。我们相信,随着时间的推移,我国经济社会体制改革必将成为时代的主流，成为推动我国经济、社会、政治和文化发展的动力。因此，经过讨论，大家同意采用《经济社会体制比较》这个刊名。现在回想，这个刊物的名称不仅具有前瞻性，而且经受住了考验。

刊物名称确定之后，就进入紧张的筹备工作。我们发扬编译局的老传统，听取各方面专家的意见，开了几次座谈会。然后，就把局内的意见和局外专家的意见，提到局长办公会议上讨论，但是会上还是有各种意见，未能作出正式决定。关键时刻，时任局秘书长兼党委书记的毕克同志给解决了难题。在会议后，他起草了一个会议纪要，征求了每位与会者的意见，并且得到局长办公会议每个成员的圈阅同意，正式同意创办《经济社会体制比较》，并由我和王锡君同志任正副主编。在筹办过程中，由我提议由吴敬琏、赵人伟同志共同任主编。由于中央编译局有着一贯尊重专家的传统，所以，很快得到局领导和王锡君等同志的支持。就这样，在编译局领导和社会各方的大力支持下，《经济社会体制比较》于1985年面世了。

办刊宗旨——理论联系实际

杂志在创刊之初目标就很明确，不搞"主义"的比较，不去评论社会主义好还是资本主义好，而是要做体制的比较研究，通过各个体制的比较来吸取经验，探索中国如何从计划经济走向商品经济、市场经济，也就是说怎样从原来的计划经济过渡到市场经济。

杂志创刊时以经济体制改革的总体思想为基础开展研究，系统介绍了东亚新兴工业化国家和地区、拉丁美洲国家从管制经济向市场经济转轨过程中的经验和教训，同时还翻译和刊载了以这些经验教训为蓝本的经济学重要文献。在比较研究的基础上，我们围绕我国的经济体制改革组织刊发了一系列文章，提出我国的经济体制改革是一项复杂的系统工程，包括价格、金融、财税、外贸、劳动、企业等方方面面的改革。同时，改革也会涉及各方面的利益调整，必然会引起社会各方面的波动，因此维持社会稳定对改革顺利进行意义重大。要保持社会稳定，需要注意三个方面的问题：控制总需求、防止通货膨胀；加强法制建设，惩治腐败；调整收入分配政策，防止收入不合理扩大，等等。

这些论文在当时影响很大，也引起了体改委领导的重视，时任体改委副主任的安志文同志曾召开座谈会，并把我们的杂志推荐给其他相关部门。我们在座谈会上主张财税、价格联动改革，但是改革并不是一帆风顺的，后来大家主张价格改革，在讨论价格改革怎么改的时候，有的学者主张实行价格双轨制，但这样又产生了寻租现象。因此，从1988年起，我们就组织了关于寻租问题的讨论，把"寻租"这个概念引入到国内来，并指出"寻租"是我国改革进程中某些官员腐败的根源。当年关于寻租问题的讨论引起了社会的关注，有关寻租问题的文章和资料于1989年汇编成《腐败：权力和金钱的交换》一书出版，成为研究腐败问题的重要参考文献。

企业改革是杂志在上世纪80年代关注的又一个焦点问题。我们当年曾刊登过一篇文章，问"中国有企业吗？"答案是否定的。不久，杂志又在国内首先发表了科斯的著名论文《论企业的性质》，由此引入对企业性质的探讨。构成企业最重要的因素是产权明晰，而我们的国企名义上产权属于国家，但实际上产权是模糊不清的。关于企业改革，当时各方意见不一。有人提倡承包制，因为农村实行承包制的成功，那么是不是承包制进城，就能取得成效？但企业的承包远非那么简单。因为企业的承包关系到企业包给谁、如何监督，在缺乏监督的情况下会造成更严重的腐败。所以我们一开始就反对搞承包，因为承包制解决不了产权明晰问题，不是国企改革的方向。那时的青年学者周小川发表了很多文章讲法人资本主义，提出对资本主义的企业管理不要关注它姓资姓社，西方国家的企业管理形式是可以研究的。我们当年对企业管理形式的讨论是很有意义的，还多次专门召开了企业家座谈会。参会的不仅有学者，还有各类企业如国企、乡镇企业和民营企业的代表。

1988年的企业座谈会在江门召开，与会学者指出，不改变原来的所有制形态，很难推行面向市场竞争的企业改革。那时有人提出搞企业承包制，但搞企业承包负面作用很大，也许暂时会收到效果，但长远不行。当时国内很多有名的企业领导都来参加江门会议。我们讨论了一个问题，中国有企业家吗？当时得出的结论是中国没有企业家。没有企业创新何来企业家呢？没有企业家，又如何能办好企业呢？企业都是依指令定生产，缺乏创新精神。所以我们主张，真正地走现代化的科学的产权明晰的有科学管理的企业制度。这个议题我们当时讨论了很多很多，认为不能说姓资姓社，对计划经济和市场经济不能评判姓资姓社。股份制企业不能说它姓资还是姓社，更不能否定西方的企业管理制度，要好好学习借鉴。

1988年在庐山召开的企业家座谈会更明确地指出，企业改革的方向应该是产权明晰，建立有利于资产保值增值的现代股份公司，只有把企业改造成为现代股份公司，才能使企业真正成为在市场经济中展翅的雄鹰。杂志后来还曾在苏州召开座谈会，陈清泰和楼继伟都参加了会议。会后我们到了上海，时任市长朱镕基同志接见了我们，他明确地告诉我们，有些人不懂经济，你们可以大胆地搞。碰巧的是，我们这次上海之行还见到了上海前市长汪道涵同志，他看了我为杂志出版的《腐败：权力和金钱的交换》一书所做的序言，说写得很好。在诸位领导的肯定和鼓励下，我们杂志此后放心地在市场经济的道路上继续前行。

开展政治体制改革研究

随着经济体制改革的深入，我们预感到政治体制改革也必将提上日程，因此有必要对中国的政治行政体制的改革展开深入研究。1996年初,我们以杂志为中心,组织了编译局当代所的一些研究精英,成立了"县乡人大运行机制研究"课题组。考虑到研究的问题在当时比较敏感,因此,在反复讨论后,我们决定从县乡两级政府入手。课题组的调研选择在河南省的新密市进行,除了在新密市走访市级党政部门外,课题组还分别去当地的一些乡镇做实地调查。在新密的调查中,当地官员经常提到三句话:"加压驱动"、"热锅理论"(形容官员是热锅里的蚂蚁,必须不断运动来避免被灼伤)、"一手乌纱帽、一手高指标"。显然,这三句话形象地描绘出基层政府运行的基本模式。上级给下级施压,制定各种指标,完成指标就可以提拔,但如果没有完成指标就要被降级、处罚,实行一票否决制。我们

《经济社会体制比较》杂志创刊十周年座谈会部分参会人员合影(左四为吴敬琏、左五为赵人伟、左三为荣敬本)

在《经济社会体制比较》1997年第4期上发表了课题的研究报告之一：《县乡两级的政治体制改革：如何建立民主的合作新体制》，提出了"压力型体制"这一概念，并将其定义为"一级政治组织（县、乡）为了实现经济赶超，完成上级下达的各项指标而采取的数量化任务分解的管理方式和物质化的评价体系"。课题组的总报告又对"压力型体制"的运行过程展开了分析，认为"压力型体制"是中国计划经济中的动员体制在现代化和市场化压力下的延续，是经济转轨过程的产物。1998年，课题组将其研究报告汇编成书，以《从压力型体制向民主合作体制的转变》为书名，由中央编译出版社出版。"压力型体制"这一概念出来以后，在当时获得了学术界，尤其是刚刚兴起的农村问题研究领域学者的认可。

在杂志创办的过程中，中央编译局的老领导都非常关心和支持这一刊物。王惠德、姜椿芳、何匡同志都曾出席过《经济社会体制比较》召开的座谈会，作过亲切的指示，林基洲、毕克同志等也都为办好刊物作出了各种各样的努力，他们虽然先后离开了我们，但他们那种尊重科学、尊重专家、尊重实践、尊重群众的好传统是会长期起作用的。

聘请局外专家任杂志主编，可以说是继承了中央编译局好传统的基础上的某种创新。实践证明，吴敬琏、赵人伟等一大批经济学家对办好《经济社会体制比较》杂志起了决定性的作用。在刊物初创时，吴敬琏等同志对每期的主题思想、主要文章的组织和审定，都提出了具体的意见，使每期刊物能配合经济体制改革的形势有针对性和可读性，使《经济社会体制比较》在很短的时间内成为有影响的刊物。同时，吴敬琏同志在编辑工作方面要求很严，他经常说："举轻若重，才能举重若轻"，也就是说，不要放过编辑工作中的任何疏忽，才能真正把刊物办好，在他们这种严谨作风的影响下，培养出一批埋头苦干的编辑队伍。

与以往相比，杂志现在所处的境况要好得多，尽管也存在一些困难，但机会和机遇也很多。因此，在杂志未来的发展中，比较研究的视野可以更开阔些，不仅要研究分析发达国家的经验，也要研究分析不发达国家的经验和教训，比如阿拉伯世界和伊斯兰文化，很多问题都非常值得研究。此外，我们国家农业人口占比很大，农村地域广阔，三农问题的解决与否关系到我国未来的发展，因此，要理论联系实际，从经济、政治、社会和文化等角度加强对农业和农村问题的比较研究。总之，希望杂志在回顾发展历史、总结以往经验的同时，未来能把《经济社会体制比较》杂志办得更精彩、更有影响。

学术交流 |

马克思主义经典文献
编译口述史

顾锦屏，马列主义经典著作翻译家。研究员。上海人。曾任中央编译局常务副局长、特邀顾问，中国国际共产主义运动史学会会长、中国马克思主义哲学史学会副会长、中国马克思恩格斯研究会名誉会长。2006年荣获资深翻译家荣誉称号。2019年荣获中国翻译协会翻译文化终身成就奖。享受国务院政府特殊津贴。参与《马克思恩格斯全集》《列宁全集》《马克思恩格斯文集》《列宁专题文集》等翻译、审稿工作和《马克思画传》《恩格斯画传》《列宁画传》等编撰工作。

为了传播马克思主义的共同事业

——追忆中央编译局与苏共中央马列主义研究院的早期合作

顾锦屏

苏共中央马列主义研究院久负盛名。俄国十月革命胜利后,列宁就拨出重金,委派专人复印和购买马克思恩格斯的手稿,并于1921年成立马克思恩格斯研究院,负责编辑出版马恩著作。列宁逝世后,1924年成立列宁研究院,负责编辑出版列宁著作。1931年联共(布)中央决定,将马克思恩格斯研究院和列宁研究院合并,成立马克思恩格斯列宁研究院,后改为苏共中央马列主义研究院。它在成立后的几十年间编辑出版了大量马列著作,成为传播马克思主义的重要阵地,享誉世界。

中国共产党从成立时起就把马克思列宁主义作为党的指导思想。我们党在领导中国革命的艰苦斗争年代,尽力支持马列著作的编译出版。1938年在革命圣地延安成立马列学院,其中设立编译部,负责马列著作的编译出版。新中国成立后,于1953年初成立了中共中央马克思恩格斯列宁斯大林著作编译局,开始有计划地系统地翻译马列著作。

本文作于2023年,整理者柳宁。

中央编译局成了传播马克思主义的又一重要阵地。在我党中央和苏共中央的关怀下，编译局建局伊始，就得到苏共中央马列主义研究院的大力支持，开始紧密合作。

马列著作编译工作和研究工作离不开各种文本的马列著作和各类社科著作。刚建局时，编译局的图书资料严重不足，只有少量通过国际书店和新华书店购买的外文版马列著作和社科著作，以及中宣部移交的一部分中文版马列著作。对编译工作和研究工作来说，这些图书资料是远远不够的。1954年，苏共中央马列主义研究院给编译局赠送了一批珍贵俄文图书：《马克思恩格斯全集》第一版，《马克思恩格斯文库》；《列宁全集》第一、二、三版，《列宁文集》；马克思、恩格斯、列宁的一些传记资料；各种俄文工具书、百科辞典；《火星报》《真理报》《布尔什维克》杂志等等，共计1700多册。这些图书资料是对我局的编译工作和研究工作的有力支持。当时师哲局长指定姜椿芳副局长负责同苏共中央马列主义研究院的联系。1955年，姜局长应邀参加苏共中央马列主义研究院举办的纪念俄国1905年革命的学术研讨会，乘机对马列主义研究院作了深入考察，并参观了研究院创办的马克思恩格斯纪念馆和列宁纪念馆。这次研究院又赠送了一批图书资料和马克思、恩格斯、列宁的大型塑像。当时局领导曾打算在北京建立马克思恩格斯列宁纪念馆，这些塑像供纪念馆使用，这个计划没有实现。马列主义研究院赠送的大批珍贵图书和报刊不仅解决了编译局工作的急需，也为我国理论工作者提供了研究资

1958年10月8日,中央编译局部马恩室全体同志欢送苏共中央马列主义研究院专家康捷尔回国合影(第二排右二为顾锦屏)

料，他们常来编译局图书馆查阅《真理报》《布尔什维克》杂志等报刊。为满足国内研究部门的需要，1962年中央拨专款支持编译局图书馆在上海影印了全套《真理报》。

苏共中央马列主义研究院不仅给编译局赠送大量珍贵图书，还派专家来局协助工作。编译局的翻译队伍除少数有编译经验的骨干，大部分是来自外语院校的青年学子。他们要挑起翻译马恩列斯三大全集的重担，困难重重。马列主义研究院派来的专家给予了很大帮助。1953年，研究院派学术秘书斯米尔诺夫来局工作，名义是顾问。1953年初编译局成立时，业务部门设置为第一翻译室、第二翻译室和校审室。年底业务部门的设置改为马恩著作翻译室、列宁著作翻译室、斯大林著作翻译室和《学习译丛》编辑室。这一变动估计同斯米尔诺夫的建议有关，可能参照了马列主义研究院的设置。斯米尔诺夫在局工作时间不长。他回国后研究院又派潘克拉托娃来局工作。她是研究院列宁室主任。局内派我去车站接她。她告诉我，她很高兴来局工作，愿为编译局翻译《列宁全集》尽点力。在局期间，她为译好《列宁全集》献计献策。后来研究院又派克鲁奇柯娃和谢比廖娃来局工作，前者是研究列宁思想的专家，后者是档案专家。为帮助编译局译者掌握列宁思想，研究院的专家举办专题讲座，还为各卷译者释疑解惑。1955年，苏联出版了新版《政治经济学教科书》，局内成立了经济组进行研究，并计划翻译《资本论》。研究院派图尔钦斯来局工作，他是研究马克思主义经济学的专家。他关于《资本

1990年10月，苏共中央马列主义研究院院长斯米尔诺夫率代表团访问中央编译局（前排右一为顾锦屏）

论》的系列讲座使编译局干部得益匪浅。1958年编译局准备翻译《德意志意识形态》，研究院派康捷尔教授来局工作。他参加过卫国战争，腿部受伤，留有残疾，学养深厚。他写的《马克思恩格斯是共产主义同盟的组织者》一书已译成中文，我拜读过。他来局后给我们系统讲解马克思恩格斯创立的科学世界观和《德意志意识形态》等著作的内容。他在编译局工作期间，我国正大办人民公社，刮共产风，局里组织干部去徐水参观人民公社，他和几位外国专家随同前往，回来后对人民公社颇有微词。他私下说，俄国十月革命胜利后也曾办过公社，结果失败了，中国应当吸取我们的教训。他还帮助编了一本马克思恩格斯《论共产主义》的文集。他于1958年11月回国。1959年，研究院又派伊万诺夫来局协助翻译马恩著作，但时间不长，因中苏关系破裂提前回国。中共中央编译局与苏共中央马列主义研究院的合作从此中断。

党的十一届三中全会以后，中国进入改革开放新时期。随着中苏两党两国关系的改善，中共中央编译局与苏共中央马列主义研究院恢复联系。1990年5月，中央编译局代表团应马列主义研究院邀请访苏。代表团由宋书声局长率领，成员有周亮勋、岑鼎山、李兴耕和我。编译局代表团受到马列主义研究院热情接待。我们在与研究院领导的会谈中交流了各自的工作情况，商讨了今后的合作意向。苏共中央负责意识形态工作的书记在苏共中央办公楼接见了我局代表团。5月9日，我局代表团应邀登上红场观礼台观看苏联胜利日阅兵。我们十分怀念曾经在编译局工作的专家,那时他们都已退休。我们分头看望了潘克拉托娃、克鲁奇柯娃、谢比廖娃和康捷尔,老朋友见面,无比亲切。研究院还安排我们去基辅和列宁格勒参观访问,同有关研究部门进行学术交流。同年10月,马列主义研究院斯米尔诺夫院长应中央编译局邀请率团访华,代表团成员同编译局各部门和在京有关单位进行了学术交流,还去外地参观访问。李瑞环同志接见了代表团。1991年苏联解体,马列主义研究院被解散,由俄罗斯社会与民族问题独立研究所取代。有近七十年光荣历史的马克思主义传播基地被取缔,但它传播马克思主义的丰功伟绩永垂史册。

　　李宗禹，国际共产主义运动史学家。研究员。曾任中央编译局国际共产主义运动史资料室副主任、国际共运史研究室主任、国际共运史研究所所长，中国国际共运史学会副会长，《国际共运史研究》主编等职。2002年荣获资深翻译家荣誉称号。享受国务院政府特殊津贴。著有《第二国际研究》《斯大林模式研究》等。

国际共运史研究的春天
——回忆第一次卢森堡思想全国学术研讨会

李宗禹

1981年3月由国际所发起召开的我国第一次全国性卢森堡思想学术讨论会对国际所的研究工作十分重要。也可以说，这次会议在国际所的历史上起了开拓性的重要作用。

国际共产主义运动史料室1960年底成立时，正值中苏大论战掀起高潮之时。因此，它的任务最初就是为国际共产主义运动的大论战服务，后来逐步发展为研究国际共产主义的历史、理论和实践。

国际所几十年来收集、整理和编译出大量有关国际工人运动和国际社会主义运动历史和理论的第一手资料，特别是比较系统地编译和出版了国际共运史的若干著名活动家的理论著作，对我国这一方面的研究和教学工作提供了很大的帮助。在这一基础上，我们也对一些代表人物、重大事件和问题进行研究，编辑了一些资料，写了一些文章，但主要是在内部发行。实际上，在当时所处的国内外的大气候下，在"防修反修"的指导思想下，在"左"倾思潮泛滥的情况下，真正的学术研究工作是不可能开展起来的。

本文为2003年纪念中央编译局成立50周年所作。

1978年党的十一届三中全会的召开,不仅给我国的社会主义建设开辟了广阔的发展前景,而且也给予社会科学的研究带来了春天。我们从事的国际共运史研究,也正是在党的这次会议之后才有可能开始冲破"禁区",解放思想,比较实事求是地来评价国际共运史的一些重大问题。

1980年年底,中国马恩列斯著作研究会和社科院马列所组织了一个布哈林学术思想研讨学习班。我所郑异凡、宋洪训、蔡恺民等同志应邀参加。他们带去了我们早已开始搜集的一些重要材料,并在会上作了有扎实内容的专题发言,很受欢迎。这件事对我们启发很大。他们回来汇报工作后,大家就议论开来了。这样的会议,根据我们掌握和熟悉第一手资料的优势,完全有条件以自己的名义召开,而且会开得更好。

众所周知,国际共产主义的研究长期受苏联意识形态模式的支配,形成了许多难以逾越的"禁区"和"框框",严重影响了社会科学的发展和繁荣。这一点在我们过去的研究工作中已有所体会。例如,在"四人帮"刚刚被打倒后,我和个别同志就曾议论过,斯大林对布哈林的批判和处置,经不起历史检验,恐怕终究是要翻案的。但是在新的形势下,国际共运史的研究首先应该从哪些方向来突破呢?当时在我们脑子里还没有一个很清晰的想法。正在这个时候,大约是1979年,我接到当时中科院哲学社会科学学部负责人宦乡同志转来的一封信。这封信是一位日本中央大学教授伊藤成彦写来的。信中伊藤介绍说,他是研究罗莎·卢森堡问题的专家,很想来中国同中国学者进行交流,他还特别提到想面见程人乾先生(山西大学原副校长)。因为他曾经发表过关于卢森堡的一个小传。事后我才知道,宦乡同志已决定邀请伊藤教授访华。不久,哲学社会科学学部的一位同志通知我所,说伊藤教授已来华,准备和我所进行学术交流。于是,我们就派周懋庸等几人到社会科学学部和伊藤教授座谈。会上伊藤介绍了国际上和日本学术界研究卢森堡思想的情况,并特别提出,卢森堡思想已成为国际学术界关注的一个热点问题,希望今后能同中国学者进一步进行学术交流。他们回来后,我们专门召开了一次所务会就这个问题进行研究。会上大家一致认为,应该抓住这个契机,召开一次全国性的卢森堡思想学术讨论会,以推动我所和社会上对这一问题的研究。

卢森堡是国际共产主义运动的杰出活动家和马克思主义理论家,也是一个坚强的、不屈不挠的无产阶级革命战士。她把自己一生都献给了无产阶级的革命事业,最后被反动派残酷地杀害,备受世人敬仰。说实在的,当时我们对于卢森堡的生平事业和对革命的贡献,比较了解。但对卢森堡的理论体系,则缺乏深入研究。特别是她关于社会主义的理论观点,更是了解甚少。

为了开好这次会议,我们作了一系列具体的筹备工作。但是现在回忆起来,当时面临的问题首先是能否克服某些思想障碍,改变观念,敢于解放思想,真正实事求是地评价卢森堡思想的问题。大家知道,卢森堡在国际共运中,一直是一个有争议的人物,特别是因为她同列宁在建党、民族自决权等问题上有过争论。在苏联时期,斯大林曾经对卢森堡进行过严厉的批评,给她戴上了"半孟什维主义"的政治帽子,甚至把她和托洛茨基扯在一起,说她也是"不断革命论"的鼓吹者。在斯大林的影响下,苏联理论界在相当长的时间内,认为存在一个有别于马克思主义的"卢森堡主义",是"反列宁主义的",甚至是"反共产主义的"。可见在当时召开卢森堡思想讨论会是有一定政治风险的。党的十一届三中全会以来国内理论界做了不少拨乱反正的工作,但知识分子普遍仍心有余悸,一有风吹草动,就会顾虑重重。说实在的,当时我们也有些担心。记得在向局领导汇报会议筹备工作时,有的领导也提出了这样的担心。当时在局内分管研究工作的林基洲同志态度一直很明确,坚持支持我们召开这样一次会议,并提出了不少具体意见,使我们感到鼓舞。事实上,我们当时也深深感到,中国社会科学界的研究受苏联式意识形态的影响太深了。不摆脱这种束缚,不仅不能有效地开展研究工作,而且会对我国改革开放的前进步伐产生消极影响。

卢森堡思想的研究,可以说,当时在我国还是一个空白。为了召开这次会议,我们从学术上做了认真细致的准备。我们查阅了民主德国出版的《罗莎·卢森堡文集》和国外出版的各种有关的著作以及研究卢森堡的专著,翻译了卢森堡的一些重要文章以及国外一些著名学者对她的评论,并编成《卢森堡专辑》,作为我所已经出版的刊物《国际共运史研究资料》的专刊，在会前及时分送给全国各地应邀参加会议的人，受到一致好评。

当时对编译局来说，组织全国性的学术会议可以说是一件破天荒的事。由于我们没有任何经验，对选择地点、与地方上的单位合作等都是首先要解决的问题。在这方面，我们还是要感谢已故的林基洲同志。他积极热情，主动帮助我们解决了很多具体问题，并建议我们到他的家乡大连去开会，并且通过他在当地的老同学联系开会地点，找到了位于海边的傅家庄的空军疗养院。那里环境优美安静，费用不高，吃住的基本条件都有保证。

1981年3月5日，也就是在卢森堡诞辰100周年纪念日，会议终于召开了。有近百位学者出席会议。编译局参加会议的除了国际所的七八位同志外，还有马恩室的周亮

1985年中央编译局国际所在上海主办"中日学者卢森堡学术讨论会"（正面居中者为李宗禹）

勋、张启荣等同志。大家都带去了事先准备好的论文或资料。国际所的几位同志在会上作了专题发言，受到热烈欢迎。经过四天的大会发言和小组讨论，最后还专门就这次会议开了一个总结会。大家一致认为，这次会议选择的主题有重要的理论和现实意义，会议学术气氛比较浓，大家敢于解放思想，畅所欲言，实事求是地交流思想，开了一个很好的头。大家希望编译局今后能多举行这样的会议，就国际共运史上的若干热点问题展开学术讨论。通过这次会议，我们也深深感受到国内学术界有一种强烈的心情：渴望了解国外，特别是过去很少接触到的一些西方学者的研究信息和观点；渴望进行国际和国内的学术交流，开阔视野，以推动我们的研究工作。

总之，这次会议开得很成功，对我所的研究工作起了重要推动作用。现在回忆起来，这次会议后，我们的研究工作的确有了不少新的起色。具体表现在以下几个方面。

第一，以这次会议为发端，大力开展国内的学术交流。那次会议以后，我们单独或和其他单位联合召开过几十次学术会议。其中给我印象较深的会议有：伯恩施坦、考茨基思想讨论会、第二国际学术讨论会、列宁晚期思想讨论会、斯大林理论研讨会等等。每次会议，我们都作了认真的准备，了解国内外研究动态，提出自己的观点。每次会议都有新的收获、新的体会，而且每一次会都能结识一批朋友、同行，进一步扩大了编译局的社会联系。值得一提的是，早在大连的卢森堡学术讨论会上，我所与北大、人大的同行就倡议成立中国国际共运史学会，后来经过一些筹备工作，很快就经有关单位批准成立。学会的成立为广泛进行学术交流提供了极大的方便。

还有一点也值得提出，从大连会议起，在林基洲同志的倡议和推动下，我们在每次会议后，都留出几天时间，在当地组织一些社会调查活动，如参观大型国有企业、农村以及乡镇企业等，并尽可能请当地的基层干部给我们介绍情况，了解社会，增长见识。这些活动对我们这些长期坐在办公室看书、爬格子的人来说，真是受益匪浅！

第二，扩大了国际交流。日本学者伊藤成彦得知我们在大连召开了卢森堡思想学术讨论会的消息后，非常高兴。1983年在巴黎召开的卢森堡思想学术讨论会上，他专门在开幕词中介绍了中国大连会议，引起了国际学者的注意。

1982年9月，日本社会思想史学会以干事长、名古屋大学教授水田洋的名义向中国发出了邀请信，请我国卢森堡研究者访问日本。我们立即组成一个五人代表团。由林基洲同志任团长，团员有时任山西大学副校长的程人乾、外文出版社杨国光（兼翻译）、周懋庸和我。

我们编译局的三位同志都是第一次迈出国门。在访问日本的半个多月中，处处觉得新鲜、好奇。我们不仅感到我国和日本在经济上的巨大差距，也了解了日本学者的研究精神和风格。在东京郊区多摩的一个幽静的山谷里，我们与日本学者就卢森堡思想专门讨论了三天。为了抓紧有限的时间，主人对日程安排得十分紧张，会议往往开到深

1982年中央编译局访日代表团（右二为李宗禹）

夜。会后，我们在东京访问了东京大学、中央大学、成蹊大学、大原研究所等，并与学者们分别进行了座谈。然后乘新干线火车访问名古屋、京都和大阪等城市，在名古屋大学、京都大学和大阪大学做学术报告，与他们的教授和学者开了多次座谈会。有些座谈会涉及的问题很广泛，已不仅仅限于卢森堡思想了。

我们的日本之行，也可说是打开了我们同国际学术界交流的大门。此后，我们同国际卢森堡协会一直保持着联系。1985年由我所主办在上海举行了中日学者卢森堡思想研讨会。1994年和2004年，我们所又同国际卢森堡协会联合在北京和广州召开了卢森堡思想国际研讨会。从80年代中期以来，我所一些同志不仅多次参加在德国、法国和瑞士等国举行的卢森堡思想国际研讨会，而且还参加了多次有关国际工人运动史的其他问题的讨论会。作为访问学者出国作调查研究和进行学术交流的人更是逐年增加。

第三，开始摆脱苏联意识形态模式的禁锢，走自己独立研究的道路。前面已经提到，我国国际共运史研究长期受斯大林理论的影响，形成了很多条条框框。我国各大学的马列主义基础课程都是按照在很多方面歪曲历史的《联共（布）历史简明教程》的调子讲授的。大半个世纪以来，我们都把苏联形态的理论模式当作唯一正确的马克思主义经典模式。事实上，苏联的马克思主义、社会主义在理论上是扭曲的，在实践上是变形的。正因为如此，一个富有创造性的、具有非凡理论勇气的马克思主义理论家卢森堡，在斯大林的意识形态模式中，被歪曲成了非马克思主义者。历史证明，卢森堡的许多理论观点，特别是十月革命后在拥护和支持这一革命的同时所写的有名的《论俄国革命》一书中表达的对布尔什维克的尖锐批评和忠告，大部分都是正确的。她提出的关于防止无产阶级专政变成少数人专政的观点、关于党的领导人必须接受监督的观点、关于社会主义民主的观点以及思想自由的论点，都是很有预见性的，至今仍有现实意义。

回想起来，20多年前召开的大连会议，在今天看来已经算不了什么。但是在我国改革开放的初期，召开这样的会议，能够在思想解放的道路上有所前进，有所突破，回想起来，总是让人感到欣慰的。

周懋庸,国际共产主义运动史学家。原中央编译局国际共运史研究所研究员。2002年荣获资深翻译家荣誉称号。主要从事西欧社会民主党和德国共产党研究,著有《第二国际研究》《发达资本主义国家共产党的历史与现状》《当代西欧社会党的理论与实践》等。退休后从事文学创作,著有《从红色"帝后"到天涯孤侣:昂纳克和玛戈特》《长相思》等。

从大连到东京、林茨
——追忆中央编译局国际所的重要学术交流活动

周懋庸

80年代初改革开放的春雨滋润了国际共运史研究所的研究工作,尽管当时尚未能繁花满树,枝头毕竟出现了满含生机的青翠。同时,形势也使人感到,基本上处于封闭状态的研究,存在着信息不灵、眼界不阔以及"近亲繁殖"的弱点。研究工作迫切需要和社会乃至和世界的交流。

国际所从1980年开始研究卢森堡思想。由于历史的原因,卢森堡的一些重要著作,当时在我国尚未见到。我们着手编译《卢森堡专辑》的消息引起国内同行的极大兴趣。交流的条件已经成熟。当时的室主任李宗禹、副主任殷叙彝,不失时机地提出召开一个全国性卢森堡讨论会的建议,这个建议获得了林基洲同志的坚决支持。在局领导同意后,决定在卢森堡诞辰110周年,即1981年3月5日在大连召开这次会议。大连这个滨海城市便成为我们学术交流的起航处。

对这次会议,我们作了充分准备。在今天开一次会是寻常事,而在当时却非常慎重。记得每一篇论文都在局务

本文为2003年纪念中央编译局成立50周年所作。

会上仔细讨论过。3月的大连,余雪未消。来自全国十几个省市的几十位代表全都身着冬衣,气氛却极为热烈。代表们充满新鲜、兴奋的感觉。李宗禹、殷叙彝、李兴耕等所作卢森堡在组织问题、对俄国十月革命问题的思想的报告在会上引起极大的兴趣和注意。代表们一致肯定学术研究必须交流,有的代表要求编译局以后继续带头。从此次会议开始,我所和全国许多学术机构建立了联系,结交了不少朋友。

大连会议的消息被日本卢森堡研究者、中央大学教授伊藤成彦知道后,非常兴奋。因为他一直认为,研究卢森堡不能缺少中国学者。1982年国际卢森堡讨论会在巴黎召开,伊藤成彦在开幕词中专门向各国学者介绍了大连会议。

1982年中央编译局访日代表团(左三为周懋庸)

其后，国际卢森堡协会曾有在中国召开国际会议的意向，由于经费问题未能实现，但却引发了中日两国学者的双边交流。

1982年9月，应日本社会思想史学会的邀请，组成访日代表团，主要目的是讨论卢森堡思想。团长是副局长林基洲，团员有当时任山西大学副校长的程人乾，外文出版社的杨国光（兼翻译），我局是李宗禹和我。

讨论会在东京郊外多摩八王子会馆举行。这个地方实际上是一个学术活动的场所。建筑形式很奇特，如从上空鸟瞰，是一枝橄榄枝。它坐落于山谷之中，幽深雅静。任何一室的窗外都是浓绿的山影。讨论每天都至深夜。尽管疲倦，却获益匪浅。

日本在古代被视为蓬莱仙岛，遥不可及；当代却只是4小时的航程。我想起唐明皇请方士访查杨玉环的故事，在多摩的一个深夜写了这样一首七绝：

何须方士路不难，
朝发燕山夕可还。
寄语风流唐天子，
蓬莱随我觅阿环。

在东京绝大多数日本人都非常友好，但也适逢极少数极右分子示威。我联想起鲁迅先生"度尽劫波兄弟在"之句，不禁又写了四句：

仙山琼阁不迢遥，
近隔罗衣水一条。
劫渡虽尽终须记，
莫让和装换战袍。

这次出访，林基洲同志认为国家尚不富裕，应严格要求节约。结果不仅该用的钱尚有结余，而且我局成员每人所行4万日元讲课费也一并上交。

从此，国际所通向社会和世界之门打开了。自那时起，由我所发起（通常和另一单位合作）的全国性学术会议就我记忆所及，比较大型的有：1985年在南京召开的第二国际讨论会，同年在杭州召开的苏联一国社会主义问题讨论会，以及和我局马列主义研究室共同发起的在厦门召开的恩格斯晚年策略思想讨论会；1987年烟台的当代社会党研究会议、同年在杭州开的有关《联共（布）党史简明教程》一书的讨论会；1988年在咸宁开的当代西欧共产党的理论和实践讨论会；1989年在南京召开的纪念第二国际100周年学术讨论会等。

在国际会议方面，首先是1984年6月殷叙彝在西德参加的鲍威尔思想讨论会。在他发言时，与会者以指头敲击桌子，意义相当于我们的鼓掌。1985、1986、1987年，我、胡文建、李宗禹分别出席了奥地利林茨国际工人运动历史学家讨论会。我参加时是中国人第一次出席该会，按惯例，午餐招待会上，第一次来的国家中的女性坐在林茨市市长旁边。于是这次我便坐到当时的市长卡尔·格云勒尔身旁。他给我一张名片，是我迄今尚未再见到过的别致名片。彩色的，有他的照片，还印有一句话："您何时需要，乐意效劳"。我还接受了林茨广播电台的采访，介绍了我局的工作情况，我深感在奥地利的一些人心目中，中国恐怕是清朝的形象。因为他们对于我们居然介绍过鲍威尔等人的著作，惊奇不已。

一天中午，我和同在林茨的张田英上街散步。在问路时，一位老人非要陪我们参观。他说："在林茨，遇见两位讲德语的中国妇女，简直像做梦。你们是天上掉下来的吗？"他领我们参观了市政厅庭院，院中有一个水池，池底有不少硬币。老人要我们也各投一枚硬币，他说：这象征着你们还会再来。

在会上有一位来出售书籍的书商，说他的父亲曾是林茨保卫同盟的成员，参加过30年代的起义。会议最后一晚，适逢林茨每年一度的露天贝多芬音乐会。书商和他的妻子用车把我和张田英送到多瑙河边。暮色中人山人海，庞大的交响乐奏起了贝多芬第九交响乐。在露天环境下，那音响却那么洪亮，雄壮的旋律飘扬在多瑙河两岸。

1985年，日本组成访问中国的卢森堡研究代表团来上海，和我们一起开研讨会。会后参观苏州，日本朋友主要想看看寒山寺。因为唐人《枫桥夜泊》的诗句在日本非常有名，加以寒山寺在古代是因寒山和拾得两高僧而得名，而据说寒山是从日本来的。寒山寺中有一块刻着《枫桥夜泊》

中央编译局国际所部分老同志合影（前排右一为周懋庸）

诗的石碑，日本学者菊地昌典摸着石碑笑说："我到这里，似乎也有几分诗人气了"。

国际所还有一些参加国际学术交流的活动，如葛斯1985年在西德参加了两次纪念活动：一次是舒马赫的，另一次是艾伯特的纪念会。毛韵泽1986年去西德出席葛兰西思想研讨会，1987年又去日本参加"葛兰西与当代"讨论会。顾家庆1991年去苏联参加纪念巴黎公社120周年讨论会等。

1991年3月底，正当柏林墙已拆至将尽之际，郑异凡、蔡恺民、殷叙彝和我，还有上海华东师大的周尚文在西德参加了苏联历史问题国际研讨会。会后去柏林,在靠近国会大厦旁边残存着一堵柏林墙,旁边是一条通道,从东柏林来的人正从通道走过来,郑异凡拍下了这一历史性镜头。残墙边一些小贩正出售柏林墙碎片。一塑料袋装一块巴掌大的残片,或是更小的五六块碎块,都售5马克一袋。我们每人买了一袋,有人说花钱买它干什么?他不知道,在我们这些从事国际共运史研究的人的眼中,这些不只是柏林墙残片,而是历史,一段值得深思的历史。

当我1991年11月初出席在日本召开的国际卢森堡讨论会时,世界已发生了很大变化。东德已不复存在。原东德马列研究院著名女学者安·拉希察在发言中,对她过去在卢森堡思想研究中的某些过于"左"的观点作了自我批评,并且说是现实和痛苦的历史经验迫使她不能不作自我批评。我当时想,需要认真总结经验教训的何止是学术观点。

这次会议是我平生最紧张的几天,从早到晚都在讨论。最后一天下午男士们休息,我们女士们还要出席日本妇女会议,整整一个下午过后,别的女士也休息了,而拉希察和我还被安排去参加一个小型座谈。晚饭都没吃就上了车,在车上拉希察说:"真紧张,回去也够忙的。从前是没有钱,现在既没有钱,也没有时间"。这是她的幽默,她并不那么在乎钱。当天晚上,由她带头,我们把日方给的零用钱全部捐献给国际卢森堡协会。

令人欣慰的是,这次会议不管持何种意识形态,追求一个比资本主义制度更美好的制度的进步学者们相信,卢森堡思想具有现实意义，有助于当代社会的变革。

国际所在对内对外学术交流中吸取了营养，促进了工作，结交了五湖四海的朋友。还有一个意外的收获，就是从交流中寻找到了研究工作的新生力量。每次全国性会议，总有一些研究生或青年教师来参加会议，我们了解了他们的志向和才华，他们了解了我所的工作，后来有的便成了我所的成员。如今所内一批中青年同志已经成长起来，他们将继续进行学术交流，而且必将取得更大的成绩。

"山雨欲来风满楼"
——1990年5月访苏札记

李兴耕

1990年5月3日—17日，宋书声局长率领中共中央编译局代表团应邀访问苏共中央马列主义研究院，并出席了在莫斯科红场举行的纪念卫国战争胜利45周年阅兵观礼活动。我作为代表团成员参访。这时苏共二十八大即将召开，离苏联解体、苏共垮台已经不远，可以感到"山雨欲来风满楼"的浓烈气氛。

出国前的准备

从20世纪50年代起，编译局与苏共中央马列主义研究院有过多年交往。但在60年代中苏论战后，双方中断了联系。从80年代开始，中苏关系逐渐转暖。1989年3月7日，苏联驻华大使馆参赞阿吉耶夫、一等秘书托卡耶夫等首次访问编译局。同年11月7日，我局林基洲、荣敬本、罗正发和我应邀出席了苏联使馆举办的纪念十月革命72周年招待会，并与朱维奇参赞、阿吉耶夫参赞等使馆人员进行友

本文根据李兴耕同志口述资料整理，整理者柳宁。

好交谈。此后，苏联使馆多次邀请我局同志参加苏方举办的各种招待会及其他活动。

1990年1月9日，顾锦屏副局长告诉我，局长办公会议研究决定，我局准备组团访问苏共中央马列主义研究院，代表团由宋书声局长率领，成员有顾锦屏、周亮勋、岑鼎山和我，共5人。局里就此事向中央提交了请示报告。2月15日，中央外事领导小组正式批准了我局的访苏报告。2月17日，宋局长召集代表团成员及外事秘书蔡华文开会研究出访事宜，作了具体安排。2月19日，顾锦屏、我以及蔡华文前往苏联使馆，商谈编译局代表团访苏问题。朱维奇参赞接待了我们，对我局组团访苏计划表示支持。3月21日，我受局领导委托，打电话给朱维奇参赞，通报访苏代表团拟定在5月上旬出发。次日，苏联使馆派遣沙拉波夫来我局递交了正式邀请函。4月25日上午，宋书声局长带领代表团成员前往中联部，拜访了朱善卿副部长及郭庆仕、张志明等同志，听取他们对苏联情况的介绍及有关事项的意见。4月30日中午，苏联使馆沃洛比耶夫参赞在使馆设午宴款待编译局访苏代表团全体成员。

在莫斯科的访问活动

5月3日下午，代表团乘国航909航班离京。容子青副局长、刘秉炎副秘书长以及外事秘书蔡华文、李龙等同志到首都机场送行。我们乘的是波音767大型客机，可载300

1990年5月中央编译局代表团访问苏联（右二为李兴耕）

多人，但只有几十位乘客，几乎全是中国人，仅有个别外国旅客。每人可占一排座位，有的旅客甚至躺下睡觉。天气很好，多云间晴。飞机晚点，原定下午4点15分起飞，实际上5点40分才升空。到莫斯科机场时，已是当地时间是晚上9点40分。苏共中央马列主义研究院院长斯米尔诺夫以及从远东研究所聘请的翻译舍维廖夫（中文名施克强）等到机场迎接。我国驻苏使馆公使以及我局在莫斯科进修的访问学者何宏江、李永全、孙凌齐等也前来迎接。苏方安排代表团下榻苏共中央招待所"十月宾馆"（目前已改名"总统宾馆"），位于季米特洛夫大街。

5月4日上午，代表团前往威廉·皮克大街4号苏联中央马列主义研究院，这里原先是共产国际领导机关所在地。会议厅里悬挂着共产国际主席季米特洛夫的画像（苏联解体后,这座大楼改为"俄罗斯社会民族问题独立研究所",接着又改称"俄罗斯科学院综合问题研究所",楼内仍悬挂着季米特洛夫的画像)。斯米尔诺夫院长、姆切特洛夫副院长、国际共运部主任米纳耶夫等会见了代表团。宋书声局长和斯米尔诺夫院长分别发表讲话,介绍了各自的情况。苏方向我们赠送了研究院出版的书刊及其他资料。何宏江、李永全也参加会谈,李永全还承担了翻译任务。中午斯米尔诺夫院长在与代表团共进午餐时表示,苏方准备组团于当年秋天回访。

下午,代表团成员分别与研究院各下属部门(马恩部、列宁部、苏共党史部等)有关人员座谈。我与苏共党史部当代史室主任利皮茨基进行了交谈。他介绍说,苏共党内目前存在三个派别:第一派是"民主纲领派",代表人物是叶利钦、阿法纳西耶夫(此人后来退出民主纲领派,另组"民主俄罗斯")、特拉夫金、绍斯塔科夫斯基等(民主纲领派在1990年7月苏共二十八大后改组为"共产党人民主运动");第二派是"马克思主义纲领派",代表人物是普里加林、布兹加林和科尔加诺夫等,持中间派立场;第三派是"共产主义倡议派",持左翼立场,坚持民主集中制原则,代表人物是丘利金。利皮茨基说,苏共内部争论激烈,前景暗淡,在二十八大之后可能分裂。

5月4日晚,顾锦屏、岑鼎山和我一起去看望50年代曾在编译局当专家的潘克拉托娃。她现已83岁,其孙女继承老祖母的事业,也在列宁部工作。潘克拉托娃家里的经济状况比较困难,每月退休金只有120卢布,老太太仍然使用50年代从中国带回的被子等日用品,墙上挂着中国的山水画。5月5日上午参观了红场、列宁墓、克里姆林宫。下午前往苏联国民经济成就展览馆参加《真理报》举办的活动,旁听了关于党的生活问题的一场讨论会。当时恰好苏共中央政治局委员利加乔夫坐在主席台上回答群众提出的问题,涉及立陶宛独立、苏共二十八大、党的分裂、俄罗斯联邦总统等热点问题。利加乔夫被"自由派"称为"保守派"。晚上赴柴可夫斯基音乐厅欣赏莫伊塞耶夫舞蹈团演出的俄罗斯民间舞蹈。

5月6日上午,前往莫斯科郊区哥尔克访问。列宁从1918年起因病一直住在这里疗养,直到1924年去世。在莫

1990年5月顾锦屏(左一)、李兴耕(后排右二)、岑鼎山(后排右一)等在莫斯科看望20世纪50年代在中央编译局工作过的专家潘克拉托娃(左二)

斯科进修的十多位编译局同事也一同前来参观。下午前往列宁博物馆，晚上看马戏团演出。

5月7日上午，去国际共运部座谈。苏方参加的人员有共运部主任米纳耶夫、两位副主任菲尔索夫和叶若夫，还有来自远东研究所的格里戈里耶夫和舍维廖夫。我介绍了编译局国际共运所的概况、研究课题及今后的计划等。他们很感兴趣，希望与我所保持联系，进行学术交流。

下午，在舍维廖夫的陪同下游览莫斯科市容，参观了位于伏尔洪卡大街16号的原莫斯科"中山大学"（俄文名"孙逸仙中国劳动者共产主义大学"）旧址。邓小平、董必武、王稼祥、博古等中共领导人曾在这里学习过。这座大楼现已改为农业科学研究所。接着参观莫斯科大学、列宁山观景台，游览了阿尔巴特街。普希金故居位于这条街53号。雷巴科夫的小说《阿尔巴特街的儿女们》写的就是这里的一群苏联年轻人曲折的不幸遭遇。街上的游客很多，摊头上摆满了各式各样的纪念品，其中有色彩斑斓、大小不一的套娃（俄文叫"马特廖什卡"）。有一种套娃上画着苏联历届领导人列宁、斯大林、赫鲁晓夫、勃列日涅夫、安德罗波夫、契尔年科、戈尔巴乔夫的漫画像，一个套着一个。有人拉小提琴或手风琴唱歌，给游人画像，乘老式马车照相，也有人发表演说，不一而足。有一个地方挂着许多政治讽刺画：其中一幅画的是戈尔巴乔夫赶着农民拉犁耕地，地上写着俄文"改革"。另一幅画是戈尔巴乔夫坐在坦克上向立陶宛进军。这些漫画显然是对戈尔巴乔夫改革及其对外政策进行讽刺。

5月8日上午，去苏共中央档案馆访问，了解马列经典著作原稿及共产国际等历史档案的保存情况及开放计划，与该馆领导进行座谈。工作人员向我们展示了马克思和列宁的几份珍贵手稿。上午11时，去苏联政治书籍出版社访问，受到社长波里亚科夫等热情接待。出版社送给我们许多新出版的俄文图书、年历等，其中有《社会民主党词典》《严酷的人民悲剧——学者和政论家论斯大林主义的实质》和《揭开新的篇章——国际问题：事件和人物》等。下午去社会科学院访问，会见了雅诺夫斯基院长等。

5月9日是苏联卫国战争胜利45周年纪念日。代表团成员应邀参加了在红场举行的阅兵式观礼活动。我们一早就到达红场入口处，接受安保人员的多次安检，护照、照相机、雨伞及随身的其他物品都要反复检查。观礼台上到处有安保人员在监视。参加检阅的除苏军各兵种以及军事院校学员方队外，还有二战期间苏军老战士及在易北河会师的同盟国老战士。装甲车在隆隆声中驶过红场，空中飞过各种型号的战机。我们从观礼台上远远地看见戈尔巴乔夫等苏联领导人在列宁墓上进行检阅，但看不太清楚。

5月9日晚，代表团成员前往我国驻苏使馆教育代表处，与在那里工作的袁坚和蒋妙瑞同志共进晚餐。他们介绍了苏联现状和中苏关系问题，谈到苏联国内政治混乱，斗争激烈，苏共党内派别林立，经济状况严峻，各种商品、特别是日用品奇缺。在1500种商品中，有1100种短缺，商店里买不到啤酒、伏特加、奶酪、彩电等，有些日用品实行内部配给。民众不满情绪严重。

　　我们也到莫斯科的一些商店去实地观察，发现许多货架空空如也，等待购物的人们排着长长的队伍。有的顾客甚至不知道出售什么东西就先去排队，也有人（其中不少人是在苏联的越南劳工）从事倒卖紧缺商品，但面包等基本食品还能保证供应，价格也不太贵。我记下了在商店里看到的物价：好大米每公斤88戈比、普通大米每公斤55戈比；好鸡蛋1.3卢布10个、普通鸡蛋90戈比10个；猪肉每公斤2—3卢布；黄油每公斤1.8卢布。其他商品：呢子大衣180卢布（与苏联电影中列宁穿的大衣一模一样）；手表80卢布。据了解，莫斯科人的工资收入是：大学毕业生120卢布，副教授300卢布；技工也可达到300卢布；退休人员的退休金相对较低，生活艰难。

　　5月10日，早晨听到莫斯科电视台报道，俄罗斯联邦社会民主党宣布成立。下午，代表团前往苏共中央宣传部，会见宣传部副部长利亚布夫。他告诉我们，苏共内部存在三派：新保守派、激进派和中间派。这与此前利皮茨基告诉我们的情况基本一致。当晚，代表团乘火车离开莫斯科前往基辅访问。

在基辅的访问活动

　　基辅是第一个俄罗斯民族国家"基辅罗斯"的发源地，

因此被称为"俄罗斯众城之母"。这是一个美丽的城市。

代表团入住位于卢莎·卢森堡大街的"十月宾馆"。下午前往乌克兰共产党中央党史研究所访问。所长鲁迪契介绍了该所情况：全所有研究人员46人，加上其他工作人员共计100多人，主要任务是研究乌克兰共产党历史。接着参观了列宁博物馆。基辅在卫国战争期间遭到严重破坏，现在那里的许多建筑都是战后重建的，比较整齐壮观。大路两边绿树成荫，鲜花盛开，有"花园城市"之称。基辅的道路忽高忽低，坡度很大，路上很难骑自行车，只能乘车或步行。居民一般讲乌克兰语，与俄语略有差别，多数人也能讲俄语。我们访问时都用俄语交谈。

在列宁格勒的访问活动

我在1955—1960年间曾在列宁格勒大学（现称圣彼得堡大学）历史系留学，因此对30年后的这次旧地重游充满期待。我们住宿在斯莫尔尼宾馆，靠近斯莫尔尼宫。晚饭后去涅瓦大街、冬宫广场和瓦西里岛观光。当年我去上课时经常要经过这些地方，因此比较熟悉。

5月14日清晨，我特地去探访了位于涅瓦河畔的梅特宁斯卡娅滨河街的列宁格勒大学学生宿舍，我在这座楼里居住了整整5年。这里一切都是老样子。由于大门紧闭，无法入内，只得在外边照了一张照片留作纪念。接着步行穿过瓦西里岛的交易所广场，经过涅瓦河大桥，到达冬宫广场，转乘电车回旅馆。乘车的人自觉地排着队伍，上车时很有秩序，没有一个人插队。上午代表团参观了斯莫尔尼宫的列宁办公室及住处。接着访问了列宁格勒党史研究所，与该所研究人员进行交流。下午前往普希金城（即"皇村"）以及巴甫洛夫斯克参观。皇村的叶卡捷琳宫在二战期间遭到严重破坏，经过重修，现已恢复金碧辉煌的原状。

5月15日上午登上"阿芙洛尔"号巡洋舰参观。十月革命的一声炮响，就是从这里发出的。此后到了"皮斯卡廖夫"陵园。这里埋葬着列宁格勒遭德军围困期间死去的45万人的遗骨。我想起了在列大学习时的俄语老师薇拉·巴甫洛夫娜的悲惨遭遇，她在列宁格勒围困期间失去了全部家人。接着参观波得保罗要塞、十月革命纪念馆，下午参观伊萨克大教堂和列宁博物馆，晚上去列宁格勒音乐厅观看现代歌舞。这个音乐厅原先是"巨人"电影院，离列大宿舍不远，当年我在那里看过电影《魂断蓝桥》（俄语名称是《滑铁卢桥》），印象很深。晚上，列宁格勒大学经济系希拉克拉德教授来宾馆探望，他的夫人伊拉是我在列大历史系的同学，现任苏联史教授。我们畅谈到深夜12点钟。

5月16日上午，前往芬兰湾畔的拉兹里夫参观。列宁在十月革命前夕，为躲避敌人追捕，曾住在这里的草棚进行写作，领导布尔什维克的斗争。下午参观艾尔米塔什博物馆，遇到了当年列宁格勒大学历史系同学尼娜·拉甫罗娃。她现在是艾尔米塔什博物馆的学术秘书。另一位老同学尼娜·伊沃奇金娜也在那里工作，是研究中国古钱币的专家，曾多次来华访问。

晚上，我们乘"红箭"号列车离开列宁格勒回莫斯科，5月17日早上到达莫斯科。当晚乘中国国航910航班回国，结束了为期两周的访苏活动。

后记

中央编译局代表团的这次访问苏联，先后到达莫斯科、基辅和列宁格勒。这三个城市各具特色：莫斯科作为首都，是苏联政治经济文化中心；列宁格勒是彼得大帝创建的都城，又是列宁领导的十月革命发源地；基辅是乌克兰首都，是古"基辅罗斯"的发源地。三个城市给我的印象各不相同：莫斯科繁华热闹，车水马龙，人们比较关心政治话题；列宁格勒比莫斯科冷清得多，人们的穿着也比较朴素文雅，这里到处可以感到浓厚的俄罗斯文化气息；基辅具有鲜明的乌克兰民族特色，人们有着很强的民族自尊感，对中国友好，与我们交往时没有太大语言障碍。

在两周期间，我们先后访问了苏共中央及地方领导机关、理论宣传部门、研究和出版机构，与各界进行了广泛交流，参观了历史文化遗迹和著名景区，近距离观察了民众的日常生活，加深了对苏联历史和现状的了解，体会到苏联人民对中国的友好情谊，他们真诚希望保持并发展两国间的交往和合作。通过这次访问，我们对苏联的政治、经济和社会状况有了亲身感受，对苏共及其改革道路的成败得失有了进一步体会。在访苏期间，我们在报纸上经常看到苏联领导人的长篇大论，在电视中听到他们喋喋不休的讲话，空话连篇，互相指责，却很少提出解决群众普遍关心的问题的有效措施，对老百姓的生活困难视而不见。这也许是导致苏联解体、苏共垮台的重要原因之一。

1990年10月，斯米尔诺夫院长率领苏共中央马列主义研究院代表团回访我国。10月13日斯米尔诺夫在编译局作了题为"马克思主义与改革"的报告。10月14日我陪同代表团游览了长城及十三陵。10月15日，苏共马列研究院社会主义基本问题研究部主任斯拉文与编译局国际共运史研究所研究人员座谈。10月22日，编译局与苏共中央马列研究院签署了备忘录，双方同意加强交流合作。但一年之后，随着苏联解体和苏共垮台，苏共马列研究院已不复存在。尽管如此，编译局与苏共马列研究院的这段交往历史还是值得记录下来。原苏共马列研究院的一些专家学者，如巴加图里亚、瓦西娜、斯拉文等，仍与我局保持学术联系，后来曾多次访问我局。

域外参会散记

郑异凡

几位教授筹办的国际会议

我1959年从苏联回国,此后将近三十年没有再出国,1988年起陆续到国外开了几次学术会议,次数不多,不过有些事还值得一提。

1988年收到联邦德国贝尔格曼等几位教授的邀请,参加布哈林国际学术研讨会。

我1959年在苏联列宁格勒大学历史系毕业,被分配到中央编译局工作,主要从事布哈林和托洛茨基著作的编译和研究,1980年以前参加了《布哈林言论》的编译,这是供批判用的"灰皮书"之一,1980年后参加编译三卷本《布哈林文选》,此书已经"脱灰",不再列入"灰皮书"系列了。与此同时,我开始写作重新评价布哈林的论文,1981年1月在《世界历史》上发表《有关布哈林的若干问题》的长篇文章,对一直遭到批判的布哈林言论进行了重新评价,如所谓"阶级斗争熄灭""和平长入社会主义论""平衡论"

本文原载《上海书评》2022年8月10日,收入本书时经本人修改审定。

等等，还其本来面目。

1981年意大利曾经举行布哈林问题国际讨论会，社科院马列所所长出席了会议。有人建议我设法参会，但那时编译局还没有派遣过研究人员出国开会的先例，所以我提都没有提。

1988年10月，联邦德国几位左派教授发起召开布哈林问题国际学术研讨会。这一年正好是布哈林诞辰100周年、去世50周年，也是他获得正式平反昭雪的一年，所以特别有意义。中国受邀请出席会议的有中央编译局的殷叙彝和我，社科院经济所的余大章以及武汉大学的曾启贤教授四人。余大章从苏联莫斯科大学经济系毕业后分在中央编译局工作，后调到社科院经济所，70年代末我们合作翻译了布哈林的《过渡时期经济学》一书，由三联书店出版，这是新中国首次公开出版布哈林的著作。

我和殷叙彝两人乘汉莎航空公司的飞机赴联邦德国，中间在迪拜停留了一下，那时的迪拜还比较荒凉，国人在这里可以到机场的免税商店购买黄金饰品，我们没有钱，只是去看了看热闹。

到达德国的法兰克福机场，很快出了关，这时候问题来了，不知谁来接我们，在这人生地不熟的地方，不知怎么办。只好边走边看。突然发现有一位姑娘手拿着一本书，上面有很大的布哈林图像，我们猜是来接我们的，一问果不其然。这是会议请来的志愿者，不但负责来机场接客人，而且负责用自己的小轿车把我们送到会议地点伍珀塔尔——

恩格斯的故乡。

我在联邦德国还开过几次会,会议的主办人都是请一批志愿者来为会议无偿服务的,不仅如此,无论是从机场到会议地点,还是从会议地点到波恩、柏林,都是这些志愿者出车出人负责接送,所以他们办会比较省钱。这些志愿者不一定是从事会议主题问题研究的,但愿意为会议服务。

发起会议的几位左派教授人脉很广,你提出的需求都能予以满足。例如,我到一些城市访问,要求访问对象懂俄语,可以用俄语交谈,他们在柏林就找到几位会俄语的专家来接待我。一般说来,在德国会俄语的都来自民主德国。在柏林我甚至遇到一位上世纪50年代也在列宁格勒大学上学,和我同住在梅特林斯卡亚宿舍的新闻系毕业的朋友。那时两德已经统一,他担任工人运动研究所所长,这真是他乡遇故知,交谈甚欢。

布哈林会议的正式名称是"布哈林著作国际多科性学术讨论会"。会议地点在恩格斯的老家伍珀塔尔的一家基督教青年会,选这个青年会是因为租金便宜。

我们带去两篇论文,一篇是我的《重评布哈林的阶级斗争熄灭论》,另一篇是我起草的《布哈林研究在中国》,由殷叙彝和我共同署名。

会议室有一个小型的展览,我们带去三卷本的《布哈林文选》、布哈林的《过渡时期经济学》,还有我的几篇有关布哈林的学术论文。三卷本《布哈林文选》可是空前绝后的布哈林文集，那时苏联学者只展出一本刚刚出版的单卷本《布哈林文选》，此后虽然还出了一些不同版本的布哈林文选，但始终没有出版过多卷本的文选。这说明在80年代中国的布哈林研究走在了苏联同行的前面，在80代初已经有学者发表有关布哈林的论文，重新评价他过去被否定和遭到批判的观点，而苏联在1988年给布哈林正式平反，这才开禁布哈林研究。苏联来参会的学者不少，他们是匆匆忙忙阅读布哈林著作、看布哈林档案、写作提交会议的论文。苏联马列研究院来了一位专家，其他多数为苏联科学院的学者。我听他们半开玩笑地指责马列研究院垄断档案，说他们自己看，别人却看不到。

会议由联邦德国贝尔格曼、沙菲尔等七位教授发起，来自19个国家的专家学者与会。苏联学者是第一次参加此类会议，其中有一位叫皮西金的机械师，是"布哈林政治俱乐部"的头，在布哈林获正式平反前已经存在并开展活动，出版了一份小报，会议结束后还不断给我邮寄此报。由于他的这个身份，会上第一个发言的机会就给了这位年轻的布哈林俱乐部主任。

会议邀请了布哈林的女儿古尔维奇－布哈林娜·斯维特兰娜，她是布哈林第二任妻子经济学家古尔维奇的女儿，布哈林被镇压后，与他已经离婚的妻子也未能幸免，被关进集中营，女儿则被流放到外地。50年代她得到布哈林老友米高扬的帮助，曾经去集中营探望母亲，但是只在集中营的门口，远远见了一面就又分开了。后来还是米高扬的

郑异凡和布哈林女儿古尔维奇 – 布哈林娜合照

帮助,使她能够回到莫斯科上学。会后我两次访问莫斯科都去拜访过她,她授权给我翻译出版布哈林的狱中遗稿,还为其中的《社会主义及其文化》写了"致中国读者"。

布哈林平反后,当局在莫斯科给了她母女一套两室的公寓,她母亲去世后,就她一人居住。房间摆满了布哈林及有关著作,墙上挂着布哈林画的油画和照片。

参加会议的有东西方的学者,东方即社会主义国家的学者与会的经费都由德方负担,西方学者都自己掏钱,或由他们国家的学校、基金会等资助。这是颇有特色的现象,包括苏联在内,都负担不了学者出国开会的经费。那时候研究苏联问题的西方学者可以一年几次到苏联考察、交流,而社会主义国家的学者却出不了国!苏联学者显然也是第一次出国开会,会议最后一天下午悉数缺席会议,原来他们都利用这半天去商店采购了，这引起主办方的不满。贝尔格曼在会上批评了他们，还表扬了认真与会的中国学者。

这次会议是多年来第一次有社会主义国家学者和西方学者共同出席的国际学术会议，伍珀塔尔市政府相当重视，会议结束后女市长专门举行宴会招待参会学者。晚会地点在恩格斯故居的地下酒库举行，酒库相当大，足见恩格斯生活在一个富裕家庭。女市长在晚宴上发表了热情洋溢的欢迎词。

会后德国出了一本会议论文集，我们把它翻译成中文交黑龙江人民出版社出版，书名为《布哈林问题国际学术讨论会文集》。德方给了出版补贴，但出版社还是没有舍得多印，只印了一百多册，全给了我们，书市上是看不到的。

在德国开会，由于每次会议俄国学者占多数，所以会议用的主要语言不是德语，而是俄语，俄语的发言有时翻译成德语，有时干脆不翻译，而德语大多翻译成俄语。有一位瑞典大学教授亚历山大·坎，是俄裔，德语很好，常常自告奋勇在会上俄译德或者德译俄，这对我这样仅懂俄语的人有点像是在俄国开会一样。

会后我和殷叙彝去汉堡访问。主办方为我们联系了住所，是一家家庭旅舍。旅舍的主人每天早上为我们准备了早餐就离开了，钥匙直接交给我们，我们出去时把钥匙留在门口的篮子里，回来自己用钥匙开门。主人和旅客之间充满了相互信任感，这是我们在国内没有见到过的。

对与会者提出的要求，主办方总是设法满足，1990年托洛茨基研讨会结束后我去柏林，安排我们住在一家艺术品商店里，睡觉是打地铺的。1997年开完十月革命研讨会后，我提出去柏林访问，主办方安排我乘志愿者的中型车去柏林，俄国著名学者梅德韦杰夫同行，到了柏林，又安排了出租车把我送到一位志愿者家里住宿。这位志愿者是共产国际德国领导人的后裔，在柏林的别墅区有一栋房子。他知道我不会德语，又联系了一对会俄语的夫妇陪我去参观了斯大林、丘吉尔和杜鲁门三巨头参会的波茨坦。

这不是托派会议

第二次去联邦德国开会是1989年10月，是关于托洛茨基的国际学术研讨会，还是那几位左派学者举办的。在那个时间点，参加的又是一个相当敏感的历史人物的研讨会，会议论文要经过严格的审查。不过审查单位很聪明，让我们自我审查。唯恐出问题，所以删改得很厉害，几乎面目全非。

编译局应邀参会的有殷叙彝、蔡恺民、周懋庸和我四人，我们还推荐了华东师大的周尚文与会。这次还没有出国门就遇到了问题。那时出国在机场安检需要"出关卡"，有权开"出关卡"的编译局给我们办好了手续，但是机场边防怎么也不认编译局开出的"出关卡"，卡住我们不放行。我们请他们打电话到编译局、外交部去核实，电话联系后还是不行。华东师大的周尚文已经进关，眼看飞机起飞的时间已到，但问题始终无法解决，边防人员告诉我们不要着急，说我们不发话，飞机不会起飞的。我们只好做边防人员的工作，告诉他们我们一直从事马列著作的研究与翻译工作，《马克思恩格斯全集》《列宁全集》上都有我们的名字，国内许多报刊上也发表过我们的文章，而且我们都是年过半百的老头老太太了，不会干什么坏事。我们的宣传还真起了作用，起飞时间已过了二十分钟，一位校级的边防官员终于拍板放行，说出了问题他负责。我们一行跑着登上飞机，只听见机舱里一片骂声——"你们早干什么去了！"我们当然无话可说。回国后听说机场向编译局道歉了，编译局是有权发放"出关卡"的。

会议有19个国家130位学者参加。中国学者出席会议使许多人感到意外，都以为我们不会被允许参加此类会议了。会议主持人很体谅我们的处境，特意嘱咐与会者不要向中国朋友提他们国内政治问题。由于会议研讨的是一个在国际共运史上极有争议的人物，所以会议一开始主持人就强调这是一个关于托洛茨基的学术研讨会，不是托派的会议。请所有未得到正式邀请的人员退场。有几位当即退出，也有不走的，声称警察不来，就不走！欧洲还是有托派活动的。有一位英国汉学家提交的论文题目为"中国的托派"，被退回。后来改为"中国革命和托洛茨基"，才被接受。

学术会议是自由发言、自由讨论的，可以对发言人提各种各样的问题。有一位西方学者提问，你们社会主义国家的学者连托洛茨基的著作都看不到，是怎么研究托洛茨基的呢？这位西方学者问得有道理。在社会主义国家，长期以来托洛茨基是研究的禁区。按照传统教育，只知道托洛茨基是叛徒，西方帝国主义的间谍、走狗，至于他到底说了些什么，做了些什么，人们并不清楚。在苏联，托洛茨基著作被密藏在少数图书馆的特藏库，即使学者也难以看到。那里有不成文的规定，文章中不能直接引用托洛茨基的原话，而只能转述，否则就是宣传托洛茨基言论。我在列宁格勒大学历史系上学的时候，由于毕业论文是论述1925年的"新反对派"的，那时中苏关系比较好，我在学校旁边的苏联科学院图书馆东方阅览室可以借到存放在特藏库的反对派著作，但在毕业论文中由于直接引用了反对派的言论，受到评议老师的指责。回国后分在中央编译局工作，头二十年主要就是编译"灰皮书"托洛茨基和布哈林的著作，同时也向人民出版社推荐供翻译出版的托洛茨基著作，人民出版社组织翻译了托洛茨基的主要著作，作为"灰皮书"出版，供少数写作反修文章的同志参考。所以我在会上当即起来列举了中国出版的托洛茨基的主要著作，如《新方针》《俄国局势真相》《不断革命论》《被背叛的革命》《斯大林评传》以及1949年前出版的《俄国革命史》等等，可以说托洛茨基的主要著作都已经有了中文版。那位学者追问了一句，学者都能够看到吗？我回答说，现在凡是研究托洛茨基问题和苏联问题的学者都能够看到。能够这样回答当然要归功于改革开放的政策，要是以前，这些书只有那些够级别的领导才能看到！

为院士祝寿的学术会议

20世纪90年代,我在国务院发展研究中心下属的欧亚社会发展研究所担任兼职研究员,还担任了他们的政治和理论研究室主任。1997年5月奉命率团去哈萨克斯坦参加一个国际学术会议。

我们乘机抵达阿拉木图,立即被送到一个会议室,那里已经坐满了人。我就座后,发现原来是一个给他们的院长祝寿的会,与会者依次发言歌颂院长对自己的帮助,对学院的贡献,对国家学术进步的贡献。这是第一天。

次日科学院举行一个庆祝这位科学院院士六十大寿的隆重典礼。这可开了眼界了。除了致颂词外还依次登台送礼,礼物主要是民族形式的帽子和长袍,细数下来寿星收到的这种礼物在两位数。我很好奇,这些衣帽是真的用来穿戴的,还是留下来再作为礼物转送给其他的寿星的?我想,送这种礼物也许是哈萨克斯坦的传统习俗。

我们代表团当然没有准备礼物。邀请我们参加的是为庆祝院长六十大寿举行的学术讨论会,所以我在会上做了关于中国改革开放经济发展的报告。对报告的结尾临时做了修改,说几句祝寿和加强中哈学术交流的话,其中说了院长的论文在我国的刊物上发表。最后握手拥抱的时候他附耳对我说,说说发表文章的杂志的名称!

这次正式祝寿仪式结束后,事情并没有完。第三天在

"学者之家"的大厅举办了盛大的宴会和舞会。算来整整花了三天的时间来办这场祝寿大典,我们代表团是唯一来祝寿的外国代表团,我作为团长总感觉有点不是滋味!

不过祝寿会议结束后我们又访问了吉尔吉斯斯坦和乌兹别克斯坦两国,进行了正常的学术交流。后来所领导对我说,你们这次访问中亚三国,使馆和访问对象反应都很好。我想原因之一是团里还有一位张晶女士俄语很好,熟悉经济问题,我们可以同三国朋友直接对话,坦诚交流。这点非常重要,如果对话要通过翻译,那就要大打折扣。

一个东道主不花钱的国际会议

2002年俄国立萨尔蒂科夫—谢德林公共图书馆下属的

2002年郑异凡(左侧第三)参加"纪念普列汉诺夫逝世85周年学术研讨会"

"普列汉诺夫之家"（普列汉诺夫纪念馆）邀请我们出席纪念普列汉诺夫逝世85周年学术研讨会。我和同事王丽华女士应邀参会。我们先到莫斯科，然后乘火车去彼得堡。到车站来接的不是"普列汉诺夫之家"的人员，而是我的列宁格勒大学老同学希罗柯拉德教授，教授的夫人伊琳娜是我的历史系同班同学，她同馆长达季扬娜·菲里蒙诺娃的关系很好，所以接站的事就交给教授了。

他带我们乘有轨电车来到交通大学的宿舍，那里已经给我们订好了房间，顺利入住了。住在这里的还有一位日本学者。还多亏有朋友来接，要我自己找还真要费一番功夫的。

把我们安排在交通大学宿舍，是因为它位于地铁站附近，方便我们去普列汉诺夫之家开会。这样，三天会议都是我们自己乘地铁来来去去的。

第一天会议我们到的时候，会议桌旁的位子已经坐满了人，我们找了外边的椅子坐下，就这样开了三天的会，只有发言的时候坐到会议桌旁边。

会议由馆长菲里蒙诺娃一人主持，没有另找名人主持。她负责按次序招呼发言人发言，维持会场秩序，出现跑题时总能把话题拉回来。她的主持能力不错，会议开得井井有条。

上午会议结束时，她介绍了附近哪里有餐厅，哪里有咖啡馆，哪里有小卖部，让与会者自己去找地方解决午餐问题。会议这种安排是我前所未见的，国内无论开国际会议还是国内会议，吃饭问题总得由东道主提供，哪有参会者自己去找食的！

第一天我们胡乱找个地方对付着吃了就是。第二天我们还真在附近发现一个相当不错的颇有情调的餐馆，一人花一百卢布（约三美元）吃了一顿正正经经的西餐。第三天我们请了老同学伊琳娜一起就餐，她也觉得很不错。

东道主这种安排是非常经济的，不过下午开会时就有点稀稀落落的了，因为各人就餐所花的时间不一样，不可能准时回来开会。

会议结束后菲里蒙诺娃给了我们一张费用清单，那是替我们办理签证等的手续费，每人约五十美元，这是要我们自己付账的。我们在交通大学的住宿费自然也是我们自己掏钱的。这就是说，普列汉诺夫之家召开一次国际学术会议，邀请了中国、日本、德国等国家的学者与会，却没有花一分钱，这在我们中国这样慷慨好客的国家是难以想象的！

这是一个非常好的会议模式，不花钱，质量高。真应该改一下举办国际会议大把撒钱的会风了！

2002年是普列汉诺夫逝世85周年，会议第二天下午组织与会者去普列汉诺夫墓敬献花圈。普列汉诺夫于1918年春去世，埋葬在圣彼得堡的伏尔科沃公墓。

伏尔科沃公墓是封闭不开放的。我们到达后会议主办人联系了管理处，才有人来开门。门口张贴着告示，未经允许禁止入内。伏尔科沃公墓和莫斯科的新圣母公墓一样，里面葬有大量名人。由于不开放，墓地静悄悄的，只听见鸟鸣和风吹树叶的瑟瑟声音。普列汉诺夫墓有一个他的半身雕塑，好像还在思考俄国的命运问题。

献过花圈后，在墓旁边看了看，不远处就是乌里扬诺夫家族的墓地，有列宁母亲以及其他亲人的墓，还有列宁母亲的全身雕像。传说列宁生前要求把自己葬在母亲墓旁，说的就是这个地方。天下本无事，如果当年不是斯大林和加里宁等人坚持像东正教的传统那样保存列宁遗体，把列宁安葬在这里，今天的俄国就不会出现如何处理遗体的争论，列宁也不会躺在热闹的红场，让那些领导人任意爬上墓顶，随意践踏——无论谁的墓都是神圣的，后人把他葬在这里是为了让先人得到安息。把陵墓作为热闹的检阅台，红场是独此一家！

普列汉诺夫之家藏有大量普列汉诺夫及其亲友的档案文献和有关图书，其中包括中文译本。菲里蒙诺娃给我们看了中文图书的卡片，我们一看大吃一惊，书名全是用俄文按照发音拼写的，不仅俄国人看不懂，中国人也看不懂，根本无法据此还原为中文书名。我们答应回国后替他们整理一份中俄文对照的普列汉诺夫著作以及有关著作的中译本书目。上世纪60年代"反修斗争"中把马克思主义者普列汉诺夫打入机会主义者行列。人民出版社内部印行的《修正主义者、机会主义者著作目录》中就有我编写的普列汉诺夫著作目录。我做了两件事，一是搜集各大图书馆中的普列汉诺夫著作，二是把二十四卷《普列汉诺夫全集》的目录翻译成中文。我的同事王丽华在会上的发言内容就是普列汉诺夫著作在中国传播，所以做这份目录并不困难。回国后她整理了这份中俄对照的书目寄给他们，这就帮助他们解决了一个大问题，也为中俄文化交流尽了一份力。

并非题外话——语言问题

2001年我局组织了一个学术代表团，去俄国进行学术交流。代表团成员有列斯室的翟民刚、高晓惠，图书馆的王新颖，苏东处的金雁和我。

第一天访问的是独立研究所，是由苏共马列研究院改组而来的，这一天的座谈没有翻译。晚上我问大家听明白没有？大家都说没有听懂。这里面有的同志俄文笔译很好，但缺少听说的训练，有的虽然是从事苏联问题研究的，但是俄语不过关。怎么办？从第二天开始，我就成了随团翻译了。语言不通，影响了双方的学术交流，也占用了交流的时间，会见俄共领导人的时候，他只给了我们半个小时的时间，为让他多讲一点，我没有做现场翻译。

回局后我同韦建桦局长谈起访问情况，我说要搞好对外的学术交流，必须解决外语的听、说问题，通过翻译固然也行，但会打很大的折扣。他很理解，他说他访问德国也遇到过同样的问题。

不过话说回来，这次访问收获还是很大的，我们看到了剧变十年后的俄国，同莫斯科和彼得堡的学者进行了交流，了解了俄国社会科学的状况，特别是历史学的发展变化。我写了一个《我们没有主流史学》的访问报告交给局领导。这份报告现在看来还是有一定价值的。

编后记

马克思主义经典著作编译是一项系统工程，与经典著作编译工作者同行的，还有默默奉献的一群人，他们也是"播火者"的一员。在风雨如晦的革命年代，许多马克思主义理论家、翻译家、出版家为传播真理呕心沥血、无私奉献，用心血、汗水乃至生命铸就了马克思主义经典著作编译事业的基业。在新中国曙光照耀下成立的中央编译局，为经典著作编译事业发展注入新的力量，她的成立标志着经典著作在中国的编译和传播进入全新的历史阶段。在这里，一代代马克思主义经典著作编译、研究和宣传工作者，怀着无比坚定的信仰和无比笃定的志向，赓续先驱者的精神，让"为圣人立言"的崇高事业永续相承。

众所周知，经典著作编译从来不是单一的孤立的工作，不只是文本的翻译和话语的转换，而是一项复杂的系统工程。从以中央编译局为主体的编译事业发展来看，党和国家领导人著作以及中央文献是马克思主义中国化时代化的重要理论成果，自上个世纪党中央组织翻译《毛泽东选集》开始，中央文献翻译工作就成为经典著作编译的重要组成部分；翻译和研究是一个硬币的两面，没有高水平的研究就没有高质量的翻译，重视马克思主义理论研究，秉持翻译与研究并重的理念是编译局的老传统；丰富马克思主义文献典藏，构建专业的文献资源体系是做好经典著作编译和研究的基础与保障；马克思主义不是书斋里的学说，经典著作要走向社会、走向世界就离不开宣传普及，离不开学术交流，举办展览活动、创办学术期刊、开展交流合作，都是经典著作编译事业不可或缺的重要环节。这些工作领域，与马克思主义经典著作编译相伴相生、相辅相成，共同构成经典著作编译事业的完整体系。

作为马克思主义经典编译口述史的一部分，本卷主要辑录有关中央文献翻译，马克思主义理论研究、宣传普及和文献典藏，以及期刊编辑出版和国内外学术交流等方面具有一定代表性的事件或人物的回忆。共收录口述资料或回忆文章43篇，尽可能涵盖与经典著作编译相关的各项工作，展现70多年来马克思主义经典著作编译人"严谨治学、无私奉献、追求理想、传播真理"的崇高品格和精神风范。

本卷编辑工作由总编魏海生同志统揽，在框架构建、资料整理、编辑方法、内容编排等方面得到他悉心细致的指导。副总编刘强同志以及编委会成员给予了很多帮助；部分文稿素材的整理得到了冯雷、霍娜、于琦、蒋明炜、刘思妗、路军等领导和同事们的大力支持和帮助。在此一并致以谢意！

马克思主义经典著作编译事业源远流长、成果丰厚。在编辑过程中，我们坚持尊重作者、尊重历史、尊重原创的原则，力求保持口述资料的原貌，部分选编的资料经过作者本人的审定。遗憾的是，本书编辑时有一些老前辈已经辞世，涉及他们的文稿无法经由本人审定，在此表达深深地怀念和敬意。囿于一些客观原因,本卷所收资料尽可能兼顾方方面面的代表性,但仍不能反映经典著作编译的全部工作领域和历史时期,这是我们无法主动弥补的缺憾。诚然,资料选用和口述回忆都带有一定的主观性,书中难免有疏漏和不当之处,恳请读者包容并提出宝贵意见。

编者
2024 年 12 月

图书在版编目（CIP）数据

为了共同的事业 / 刘强，柳宁主编 . -- 北京 : 中央编译出版社, 2025.4. -- （马克思主义经典文献编译口述史 / 魏海生总主编）. -- ISBN 978-7-5117-4876-8

Ⅰ . A85

中国国家版本馆 CIP 数据核字第 202531285H 号

为了共同的事业

选题策划	张远航
责任编辑	赵可佳　李媛媛
责任印制	李　颖
出版发行	中央编译出版社
网　　址	www.cctpcm.com
地　　址	北京市海淀区北四环西路 69 号（100080）
电　　话	（010）55627391（总编室）　（010）55627313（编辑室） （010）55627320（发行部）　（010）55627377（新技术部）
经　　销	全国新华书店
印　　刷	北京盛通印刷股份有限公司
开　　本	710 毫米 ×1000 毫米　1/16
字　　数	307 千字
印　　张	32
版　　次	2025 年 4 月第 1 版
印　　次	2025 年 4 月第 1 次印刷
定　　价	135.00 元

新浪微博：@ 中央编译出版社　　微　信：中央编译出版社（ID：cctphome）
淘宝店铺：中央编译出版社直销店（http://shop108367160.taobao.com）（010）55627331

本社常年法律顾问：北京市吴栾赵阎律师事务所律师　闫军　梁勤
凡有印装质量问题，本社负责调换，电话：（010）55627320